张廷茂　著

COLECÇÃO CULTURA DE MACAU

澳门文化丛书

晚清澳门
海上贸易研究

A Research of Macao's Maritime
Trade during the Late-Qing Dynasty

社会科学文献出版社
SOCIAL SCIENCES ACADEMIC PRESS(CHINA)

澳門特別行政區政府文化局
INSTITUTO CULTURAL do Governo da R.A.E. de Macau

出版说明

　　国学大师季羡林曾说:"在中国5000多年的历史上,文化交流有过几次高潮,最后一次也是最重要的一次是西方文化的传入,这一次传入的起点在时间上是明末清初,在地域上就是澳门。"

　　澳门是我国南方一个弹丸之地,因历史的风云际会,成为明清时期"西学东渐"与"东学西传"的桥头堡,并在中西文化碰撞与交融的互动下,形成独树一帜的文化特色。

　　从成立伊始,文化局就全力支持与澳门或中外文化交流相关的学术研究,设立学术奖励金制度,广邀中外学者参与,在400多年积淀下来的历史滩岸边,披沙拣金,论述澳门文化的底蕴与意义,凸显澳门在中外文化交流中所发挥的积极作用。

　　2012年适逢文化局成立30周年志庆,在社会科学文献出版社的鼎力支持下,澳门文化局精选学术奖励金的研究成果,特别策划并资助出版"澳门文化丛书",旨在推介研究澳门与中外文化交流方面的学术成就,以促进学术界对澳门研究的关注。

　　期望"澳门文化丛书"的出版,能积跬步而至千里,描绘出澳门文化的无限风光。

澳门特区政府文化局

社会科学文献出版社　　谨识

目　录

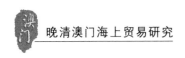

导　论

一　选题的依据与意义

随着中葡两国解决澳门问题的步伐逐渐加快，中外学者掀起了研究澳门历史及中葡关系史的热潮。经过多年的努力，澳门历史研究在史料整理和选题拓展等方面取得了令人鼓舞的成就，国内外相继出版了多部有关澳门历史的专著，发表了一大批论文。

不过，中外学者们将较多的精力集中于早期阶段，即 19 世纪中叶以前的历史阶段，有关这一时期的研究成果相对较为显著。而对于 19 世纪中叶以来的阶段，则主要集中于中葡两国围绕澳门问题而进行的交涉①，相比之下，对此一阶段澳门历史的其他各方面则关注不多，研究成果相对较少②。

---

① 代表性著作有：萨安东（António Vasconcelos de Saldanha）：《葡萄牙在华外交政策（1841～1854）》，金国平译，里斯本：葡中关系研究中心、澳门基金会，1997；António Vasconcelos de Saldanha，*O Tratado Impossível：Um Exercício de Diplomacia Luso-Chinesa num Contexto Internacional em Mudança 1842 - 1887*（Lisboa：Ministério dos Negócios Estrangeiros，Portugal，2006）。

② 文德泉神父（Pe. Manuel Teixeira）的《澳门的军人》《澳门地名录》《澳门医学》，施白蒂（Beatriz Basto da Silva）的《澳门编年史》（4～5卷）等著作，有关于近代澳门历史若干方面的论述。此外，自澳门回归以来，澳门近代华商、澳门博彩、澳门城市等方面，开始受到重视，并有研究成果问世。

众所周知，澳门首先是一个港口，其四个多世纪历史存在的主要价值就在于沟通中国与西方特别是葡语世界的联系。因此，研究该港口的贸易史，应该是澳门历史研究中一个不可忽视的主题。与澳门历史研究的总体状况相同，长期以来对澳门海上贸易史的研究也多集中于早期阶段，中外学者已有多部专著问世①。而对于 19 世纪中叶以来的澳门海上贸易史，则未投入足够的力量，至今缺少专门的研究性论著。

就晚清时期澳门海上贸易史而言，目前的研究成果，除了文德泉和施白蒂有关苦力贸易的两本小册子外，主要见于通史类著作中的相关章节，仍缺少较有分量的专题研究论文。

就葡萄牙学者的相关成果而言，徐萨斯（C. A. Montalto de Jessu）在其所著《历史上的澳门》（*Macau Histórico*）第 24、第 25 章分别涉及该时期澳门的苦力贸易和丝绸茶叶贸易。前者着重讲述澳葡政府所采取的规范此项贸易的措施和规定，以及澳葡当局在此问题上与港英当局的争执，此外并无多少具体的内容；后一章内容太过简单，远不能反映澳门港口一般货物贸易的情况②。

文德泉所著《澳门的奴隶贸易》引了较多的文献，披露了一些具体细节，但其基本立意似乎在于为葡萄牙洗刷奴隶贸易的污点，对此项贸易活动缺少整体的分析③。施白蒂所著《澳门档案中的苦力贸易》一

---

① 例如，C. R. Boxer, *The Great Ship from Amacon*：*Annals of Macao and the Old Japan Trade 1550 - 1640*（Lisboa：Centro de Estudos Históricos Ultramarinos, 1959）；Benjamim Videira Pires, S. J., *A Viagem de Comércio Macau-Manila nos Séculos XVI a XIX*（2ª ed., Macau：Centro de Estudos Marítimos the Macau, 1987）；George Bryan Souza, *The Survival of Empire*：*Portugues Trade and Society in China and the South China Sea, 1630 - 1754*（Cambridge：Cambridge University Press, 1986）；张廷茂：《明清时期澳门海上贸易史》，澳门：澳亚周刊出版有限公司，2004。

② C. A. Montalto de Jessu, *Macau Histórico*（Macau：Primeira Edição Portuguesa da Versão Appreendida de 1926, Livros do Oriente, 1990），pp. 271 - 284.

③ Pe. Manuel Teixeira, *O Comercio de Escravos em Macau*（Macau：Imprensa Nacional, 1976）.

书勾勒了澳门苦力贸易发展的基本过程，汇集了一些统计资料，包括来自《澳门宪报》的资料①。

古万年（Custódio N. P. S. Cónim）和戴敏丽（Maria Fernanda Bragança Teixeira）在《澳门及其人口五百年》第 20 章"港口动态与海上贸易"节讨论了晚清时期澳门港口的航运贸易活动。其中主要引用《1896 年人口普查报告》中的"澳门贸易统计"资料②，编制了 1880～1895 年两类商船的进出口贸易值和进出口船数、1888～1895 年华船进出口艘数和贸易值在香港和中国内地口岸的相对比重、1895 年华船与中国口岸贸易值的地区结构、1888～1895 年华船与中国口岸贸易的类型结构、1888～1895 年华船与中国口岸贸易主要货物结构等多个统计图表，并对相关变化做了一定的分析③。

在奥立维拉·马尔格斯（A. H. de Oliveira Marques）主编的《葡萄牙人在远东的历史》第三卷中，由费尔南多·菲格雷多（Fernanado Figueiredo）撰写的"经济的向量"（Os Vectores de Economia）一章分三个阶段研究了晚清时期澳门的海上贸易活动。其中引用《澳门宪报》等报刊资料，编制了多个统计图表："1840～1844 年澳门港进港商船数量""1846、1849 年进出口商船的地域构成""1856～1873 年澳门港载运苦力出洋的船数、人数以及目的地""1855 年、1860 年两年海船往返地区结构""1864～1866 年两类商船进出口贸易值""1864～1866 年鸦片与一般货物进出口值的比重""1871～1880 年进出船数及首尾两年贸易值""1880 年澳门港进出口主要货物值""1881～1890 年进出口商船数和货物值""1891～1900 年进出口船数与贸易值""1905～1910 年

---

① Beatriz Basto da Silva, *Emigração de Cules-Dossier Macau 1851 – 1894* (Macau: Fundação Oriente, 1994).

② "Relatorio da Commissão Nomeada pela Portaria Provincial N.º 56 de 27 de Dezembro de 1895," *Boletim Official* 6 (1897): 85 – 89.

③ Custódio N. P. S. Cónim e Maria Fernanda Bragança Teixeira, *Macau e a Sua População 1500 – 2000: Aspectos Demográficos, Sociais e Económicos* (Macau, Direcção dos Serviços de Estatistica e Censos de Macau, 1999), pp. 421 – 430; Anexo, pp. 305 – 307.

进出口船数与贸易值"等。文中还描述了华人在澳门经贸活动中的重要地位，并分析了若干年份贸易的变化①。该章内容为葡萄牙学者有关该课题最重要的前期研究成果，对本书的写作有重要的参考价值。

以中国学者而言，黄鸿钊的《澳门史》有"鸦片战争后的苦力贸易"一节②，邓开颂的《澳门历史（1840~1945）》有鸦片贸易和奴隶贸易的专节③。他们从姚贤镐的《中国近代对外贸易史资料》、陈翰笙的《华工出国史料汇编》及《国际移民》等书中征引了相关的文献和数据，并进行了一定的分析。但总体而言，引用文献比较有限，分析也有待深入。另外，值得注意的是莫世祥的《近代澳门贸易地位的变迁》一文。该文依据作者主持编译的《近代拱北海关报告》中的数据，对近代澳门港口贸易地位的变迁进行了论述。其中肯定了晚清时期澳门贸易地位的复兴，指出了 19 世纪末期 20 世纪早期澳门贸易地位的下降，并分析了下降的原因，对该课题的研究有重要的参考价值。但是，该文引用文献仍不够全面，1887 年以前的时段，仅摘引了《粤海关报告》中披露的几个点缀性的数据，1887 年以后的时段，也只包括华船贸易资料，并未论及远洋船和轮船的贸易④。所以，文中对澳门贸易地位的概括仍不够全面。

本课题将在此基础上，以更广泛的史料开拓来展开研究，使研究成果进一步得到丰富，拟就鸦片战争后到中华民国建立这一历史阶段澳门港口的海上贸易演变与发展的过程进行一项全面系统的专门研究，以填补这方面的空缺，并为将来撰写全新的《澳门通史》做出一定的贡献。

---

① Fernanado Figueiredo, "Os Vectores de Economia," in A. H. de Oliveira Marques, dir., *História dos Portugueses no Extremo Oriente*, 3.° Volume: *Macau e Timor-Do Antigo Regime à República* (Lisboa: Fundação Oriente, 2000), pp. 158 – 279.

② 黄鸿钊:《澳门史》，福州：福建人民出版社，1999。

③ 邓开颂:《澳门历史（1840~1945）》，澳门：澳门历史学会，1995。

④ 莫世祥:《近代澳门贸易地位的变迁——拱北海关报告展示的历史轨迹》，《中国社会科学》1999 年第 6 期，第 173~186 页。

二　课题研究的基本思路

（1）在史料开掘和利用上实现新的突破。努力挖掘有关史料，梳理航海贸易数据，构建数据系列，以使该课题的研究建立在丰富可靠的史料基础之上。晚清时期澳门海上贸易史是以往学者们关注较少的领域，有关该时期澳门海上航行贸易的史料未获全面搜集与利用。本项研究将广泛利用下文所述的中葡文献特别是将深度利用《澳门宪报》中公布的葡语文献和档案馆所藏手稿文献资料，以便在史料的挖掘上有较显著的突破。

（2）在梳理具体历史数据的基础上对澳门海上贸易内部结构和具体运作过程做细致的考察，再现此一发展进程的阶段性，分析发展的基本趋势，使该课题在研究的深度和广度上有较为明显的提升。

（3）走出"衰落模式"的思维误区。晚清70余年间，中国逐步形成了多口通商的对外贸易格局，而葡萄牙当局亦逐步实现澳界扩张和管辖。在此格局之下，本研究计划放弃以明代澳门海贸的繁荣为参照系的思维定式，从晚清历史时代的特点出发，具体深入地考察澳门港口航行和贸易发展的实际进展，致力于探讨澳门海贸的内在结构及其运作过程，而不是仅仅描述如何衰落并解释原因，分析相关因素的相互作用，从而正确把握澳门港口的角色转变。

三　课题研究的主要史料依据

搜集有关该时期澳门港口进出口商贸统计资料有相当的复杂性。首先就是资料的语种。晚清时期澳门港口实际上由葡萄牙当局管理，澳葡当局设立船政厅，对进出港口的船只进行登记和汇报。因此，反映该时期澳门港口进出口商贸的统计资料主要以葡文资料的形式存在于葡文的报纸杂志和政府文献中。相比之下，中文文献载录澳门港口进出口航运贸易的资料则较少。对于1887年拱北海关建立之前的时期而言，《粤海关报告集》中包含一些澳门口岸的记载，但并非专门数据，远远不够系统。所以，研究此前的澳门贸易史，几乎完全要靠搜集葡文文献来获得所需要的数据。拱北海关建立之后的历年海关报告提供了研究澳门海上贸易的重要资料。但是，由于拱北海关只登录往返澳门与香港、广州及中国其他口岸间的华船（亦作"民船"）数据，并不包括洋船的进出口资料①，因此，要全面构建晚清时期澳门港口进出口船数及吨位的系列数据，不得不主要求助于葡文文献中的载录。而在各类葡语文献载体中最为重要者，首推澳葡当局的政府公报——《澳门宪报》②。

《澳门宪报》本为葡语刊物，1854～1855 年有少量的汉语译文，此后便停止刊登汉语译文，直到 1879 年方始恢复刊登汉语译文。虽然《澳门宪报》自 1879 年起刊登了较多的汉语译文，但是，有关航运贸易的文献仍以葡语文本刊布。迄今为止，前述葡萄牙学者戴敏丽、菲格雷多等在相关研究中部分地引用过这批文献，而中国学者在有关晚清澳门港口和近代澳门经济发展的有关论述中似未见征引。2007 年以来，笔者因承担澳门特别行政区政府文化局学术研究奖励课题"晚清澳门海上贸易研究"之研究任务，逐页查阅和复制了《澳门宪报》中的有关史料。

总之，搜集、整理和利用《澳门宪报》葡语文献及各类"海关报告"中的航海贸易史料，对晚清时期澳门海上贸易的发展演变过程开展全面系统的研究，形成一项具有史料原创性的研究成果，乃是本项研究拟实现的目标③。

1. 中文档案与文献

（1）《近代广州口岸经济社会概况——粤海关报告汇集》，由广州市方志办和广州海关志编委会合作编译。在这套海关报告中，涉及澳门

---

① 莫世祥、虞和平、陈奕平编译《近代拱北海关报告汇编（一八八七—一九四六）》，澳门基金会，1998；中华人民共和国拱北海关编《拱北海关志》，珠海：拱北海关印刷，1997，第 25 页。

② 该报的葡文名称前后多有变化，但行文中多简称"Boletim Official"，1880 年起报头始有汉名"宪报"字样。本书为行文方便，中文表述统一用《澳门宪报》，注释中则用"Boletim Official"，跟进标注期号、年份和页码。

③ 参见张廷茂《〈澳门宪报〉中有关晚清澳门海上贸易的葡语史料》，载《珠海澳门与近代中西文化交流——"首届珠澳文化论坛"论文集》，北京：社会科学文献出版社，2010，第 434～453 页。

港口进出口贸易的资料有近百条，史料价值很高，构成该项研究的主要史料依据之一。

（2）《近代拱北海关报告汇编（一八八七——一九四六）》，收录该课题所论时间范围内拱北海关十年贸易报告 3 份以及年度报告 25 份，包含了澳门港口进出口贸易的统计资料，构成该课题研究的又一重要史料来源。

（3）《明清时期澳门问题档案文献汇编》（2～4 册），其中 20 多份清代宫廷档案包含有澳门海上贸易活动的具体资料，亦为该课题研究的重要史料来源。

2. 近代中文报刊数据

近代报刊资料同样是研究澳门海上贸易史的重要史料来源，例如《遐迩贯珍》《中西闻见录》《华字日报》《申报》《循环日报》《镜海丛报》《知新报》《广东日报》等近代报刊，载有澳门海上航行和贸易的信息，值得加以整理和利用。

3. 外文档案与文献

（1）《澳门宪报》（*Boletim Official*）。经查阅，该刊辟有"海事消息"和"港口动态"栏目，刊载晚清 70 余年间绝大部分年份澳门港进出口贸易的统计资料，均来自澳葡船政厅官员的报告，系最为系统的港口航运贸易档案数据，具有极高的史料价值，构成本项研究最重要的史料来源。经过一年多的艰苦努力，笔者已逐一查阅了晚清 70 余年间各期《澳门宪报》，将其中有关澳门海上贸易的资料全部复制辑出，并进行了大量统计加工处理，使这批宝贵史料得到充分利用。这将是《澳门宪报》中所载航运贸易史料的首次较大规模的整理和利用①。

（2）《澳门议事会档案》。经查阅《澳门历史档案馆公报》（*Boletim do Arquivo Histórico de Macau*），获知在《澳门议事会档案》中，有近 50

---

① 详见张廷茂《〈澳门宪报〉中有关晚清澳门海上贸易的葡语史料》，载《珠海澳门与近代中西文化交流——"首届珠澳文化论坛"论文集》，北京：社会科学文献出版社，2010。

篇有关该时期澳门海上航行和贸易的档案（包括船政厅报告）。

（3）葡萄牙海外历史档案馆藏澳门档案。查阅《海外历史档案馆藏澳门与东方的档案》（*Macau e o Oriente no Arquivo Histórico Ultramarino 1833 - 1911*）一书，获知在澳门历史档案馆所拍摄的缩微胶卷中，有70多篇有关晚清时期澳门海上航行和贸易的档案（包括多份海关报表）。

（4）葡萄牙国家档案馆藏澳门档案。查阅《葡萄牙国家档案馆藏有关澳门与东方的档案》（*Macau e o Oriente nos Arquivos Nacionais da Torre do Tombo*）一书，获知在澳门历史档案馆所拍摄的缩微胶卷中，有30余篇有关该时期澳门海上航行和贸易的文件。

（5）英国议会文件：经查阅，中国国家图书馆藏有《英国议会文件》中国部分的全部卷册，内有多份英国驻澳领事的报告。陈翰笙在编译《华工出国史料》时翻译了其中有关澳门口岸苦力贸易的内容，但尚有若干关于其他贸易情况的报告有待开发利用。

4. 近代西文报刊资料

据查阅，《中国丛报》（*The Chinese Repository*）、《澳门的曙光》（*A Aurora Macaense*）、《澳门土生代言人》（*O Procurador dos Macaistas*）、《大西洋国》（*Ta-Ssi-Yang-Kuo*）、《独立者》（*O Independente*）、《澳门新闻》（*O Noticiário Macaense*）、《澳门帝汶报》（*Gazeta de Macau e Timor*）、《未来报》（*O Porvir*）等近代西文报刊，均程度不同地刊载澳门海上航行和贸易活动的信息，因而可对澳门海上贸易史研究提供重要的补充。

5. 近人著述

（1）文德泉神父在其所著《澳门奴隶贸易》（*O Comercio de Escravos em Macau*）和施白蒂所著《苦力移民》（*Emigração de Cules-Dossier Macau 1851 - 1894*）①两书中转录和刊布了一些重要的文献，如《澳门帝汶

---

① Beatriz Basto da Silva, *Emigração de Cules-Dossier Macau 1851 - 1894*（Lisboa：Fundação Oriente, 1994）.

报》（*Gazeta de Macau e Timor*）关于苦力贸易的报道、《1872 年华工出洋规章》、香港《广告人日报》中的两篇报道、手稿《百年前秘鲁的华人苦力》的部分内容、葡萄牙驻哈瓦那领事埃萨·德·凯罗斯致葡外交部的四份公文、《1856 ~ 1873 年经由澳门出口苦力的统计资料》等。

（2）陈翰笙主编《华工出国史料汇编》、聂宝璋编《中国近代航运史料》、姚贤镐编《中国近代对外贸易史料》（第二册）及邓开颂编《澳门港史数据汇编》等书，收录有关数据，亦具有一定的参考利用价值。

6. 关于本书统计资料的说明

正像政治史和文化史的研究需要征引大量文本一样，经济史、贸易史的研究自然需要尽可能详细的系列统计数据。得益于《澳门宪报》"海关报告"等史料载体，我们得以整理和编制出迄今为止最大数量的系列统计表格，从而可以对晚清时期澳门港口航运和贸易的运作进程做出具体的描述和量化的分析。为了避免表格过多而影响行文的顺畅，本书仅将少量表格放入正文，而将大量的统计表格放在附录中，编制了附录"统计表"。

鉴于本项研究是对晚清澳门港口航运贸易史料的首次全面整理，除了一些经过船政厅官员加工汇总的统计外，我们还不得不面对大量未经整理和汇总的原始记录。例如华船与海船、进口与出口、商船数量与吨位、载货品种及其量值等资料往往分开刊布，甚至不少年份仅提供月份资料。对于这些原始记录，必须做大量艰苦的统计工作，先获得有关方面的一个年度资料，才能编入某个时段的汇总表格。更有甚者，关于不定期航运的数据，分别刊登于各期的"港口动态"栏目，系每周一刊，更需要大量烦琐的汇总，才能得到一个年度资料。是故，本书在汇总的表格之后保留了完整的"资料来源"，既是为了保持史料来源清晰，也是为了给学术批评和深入研究提供一个快捷方式。

此外，一些年份的港口航运贸易数据没有在《澳门宪报》上刊布，而是藏在档案馆的手稿文档中，搜索起来有很大的难度。例如 1901 ~

1904 年的航运贸易情况，长期以来统计资料阙如，即使葡萄牙学者的研究论著亦不例外。笔者经过艰苦的搜求，在澳门历史档案馆所藏葡萄牙海外历史档案馆的缩微胶卷中找到了其中的大部分，据此我们得以对 20 世纪最初几年澳门港口的航运贸易活动进行量化分析和研究。

总之，笔者希望通过该项研究工作，在近代澳门史料学上做出自己的贡献。

四　本书的结构

本书由导论、正文（六章）、结束语和附录等构成。导论部分阐述本项研究的选题和基本研究思路，概述有关的学术史，并解说主要的史料依据，勾勒本书的主要结构和内容。

第一章"总体历史背景：中外贸易格局的变化"，综述前人的研究成果（包括笔者对早期澳门海上贸易史的研究），勾勒鸦片战争前后中外贸易格局的变化和澳门海上贸易发展的基本趋势，作为全文研究的基础和出发点。

第二章"19 世纪四五十年代：挫折与恢复"，尽力通过葡文报章搜索有关澳门港口航运贸易资料，再现鸦片战争后 20 年间澳门港口航运所经历的挫折与恢复，论定澳门贸易在鸦片战争后"一落千丈"之说为"文学想象"。

第三章"19 世纪六七十年代：稳中趋增"，利用《澳门宪报》和"海关报告"等原始资料，陈述了澳门进出口航运和贸易增减变化的历程，并阐述了其内部结构的变化，得出了澳门贸易总体表现为"稳中趋增"的特点。

第四章"19 世纪八九十年代：增长与调整"，以搜索编制的大量统计表为基础，详细考察了澳门航运贸易总量的增长及其内部结构的演变，评估了贸易格局变化对澳门贸易不同分支的影响，认为鸦片战争之后中外贸易格局变化对澳门贸易的最大影响，在于改变了澳门贸易的结构，而非造成贸易规模的绝对缩减和澳门港口的衰落。

第五章"20世纪初期：新角色与新地位的确立"，通过对20世纪初期澳门港口航运贸易资料的统计和分析，考察了澳门港口航运贸易发展的基本趋势，并从其结构的分析中揭示澳门港口新角色的最后确立。

第六章"澳门港口的管理与设施建设"，利用较多文献陈述了澳葡当局对澳门的治理和港口设施的建设，评估了澳葡当局的管治对于澳门航运贸易的效果，指出了治理澳门措施的缺失及其对澳门贸易的影响。

"结束语"部分对全文进行概括和总结，从八个方面提出本书的研究结论。

"附录"部分为"统计表"，系笔者搜集、整理、统计和编制的49个"统计表"，其中包括转录澳葡当局船政厅官员汇总过的完整现成的统计报表，自葡语报章搜索所得的分散数据统计而形成的表格，从档案馆手稿文件搜索所得资料加以统计所形成的表格。这些统计表与正文中的55个统计表一起，构成迄今为止最为完备的晚清澳门港口航运贸易的统计资料。

关于书中数据，因原始资料来源不一，个别资料不够详细，细微之处可能存在差异，因此有时会略有出入，但不影响总体分析，特此说明。如无特别说明，本书中的货币单位"元"为墨西哥元。

第一章 总体历史背景：中外贸易 格局的变化

鸦片战争是中国与西方国家关系史上的重要转折点，也是澳门历史的转折点。战后中国逐渐丧失了在对外事务中的主动权，《南京条约》规定开放五口通商，传统的广州独口通商贸易体制随之结束；同时，葡萄牙改变了对澳门的政策，澳葡当局对澳门实施武力扩张与占领。这一切，既改变了中外贸易的总体格局，也改变了澳门港口在其中所处的地位。晚清澳门港口贸易演变与发展正是从这个总体历史背景下展开的。本章将概述这些变化并预测性地分析其对澳门港口的可能性影响。

第一节 19世纪初中外贸易发展的基本趋势

明末清初是中国对外贸易的重要转变时期。其间，传统的朝贡贸易日益走向衰落，私人海上贸易逐渐获得发展。与此同时，西方国家纷纷来华，不断拓展与中国的贸易。在经历了明清鼎革之际的"禁海"和"迁界"后，清政府于1684年全面解除海禁，分别设立江海关、浙海关、闽海关和粤海关四大海关，中国海外贸易进入四口通商时期。鉴于澳门的特殊地位，清政府于同年在澳门设立粤海关的分支机构——澳门关部行台，澳门港口被纳入广州贸易管理体系之内。按照当时规定，葡萄牙商船仍停泊澳门，由中国商人载货下澳与他们贸易；其他国家的商船在澳门接受检验，领到航行准照并得到引水和通事后，一律驶入黄埔停泊，与广州十三行的行商交易。1757 年，清政府下令关闭江、浙、闽三海关，仅留粤海关一口，中国海外贸易由此进入广州一口通商时期。将中外海上贸易限于广州一口，由广州十三行的行商垄断经营，以广州为贸易场所、以黄埔和澳门为广州的外港，由此构成了清代中叶中国海外贸易的广州独口通商体制，即外商所谓的"广州体制"（The Canton System）。

一　广州一口通商体制下的中西贸易

1. 西方来华贸易的规模

在广州一口通商体制下，西方国家对华贸易主要集中到广州口岸，而且规模不断发展。西方主要国家先后组织了对华贸易的公司。18 世纪末期，每年入泊黄埔、来广州贸易的外国商船已经接近百艘。据统计，1758～1838 年，粤海关登记的外国商船共计 5107 艘，年均为 63.8 艘①。到 19 世纪初期，每年来华贸易的外国商船更达到 100 多艘，每年的进出口贸易额亦空前增加，达到每年数千万元。据当时生活在澳门的瑞典商人龙思泰统计，1832～1833 年度，来华贸易的外国商船合计达 140 艘；仅英美两国的贸易额即达 57372660 元②。西方国家来华贸易的总体规模有了空前的增长。

2. 中英贸易关系的重要地位

16 世纪中期以来，西欧国家的力量对比也在发生重大变化。西班牙、葡萄牙相继走向衰落，英、法等国则逐步兴起，尤其是英国。18 世纪中期，英国率先开始了工业革命，迅速提升了国家的经济实力，到

---

① 严中平等编《中国近代经济史统计资料选辑》，北京：科学出版社，1955，第 4～5 页。

② "Description of the City of Canton," in Anders Ljungstedt, *An Historical Sketch of the Portuguese Settlements in China and of the Roman Catholic Church and Mission in China* (Boston, 1836; Hong Kong, Viking Hong Kong Publications, 1992), p. 225.

19 世纪 20 年代，英国已被称为"世界工厂"（The Workshop of the World）。西欧国家力量对比的变化，反映到中西关系上，表现为西方国家在对华贸易中的相对地位发生了重要变化，英国在对华贸易的比重迅速上升，成为中西贸易的主体。到 18 世纪末期和 19 世纪初期，英国已经牢固地占据了中西贸易的主导地位。19 世纪初期，每年来华的英国商船达到数十艘，几乎是其他西方国家的总和，贸易额也遥遥领先于其他西方国家。据统计，1832 年来华英国商船共计 87 艘次，进出口贸易总值达到 40637514 元①。中英贸易关系日益成为中西贸易的主体，与此同时，中英冲突也日益成为中西冲突的主体。

3. 十三行的地位与作用

在鸦片战争之前，西方国家对华贸易由广州十三行垄断经营。尽管学术界对于十三行的起始时间尚有不同意见②，但可以肯定的是，及至广州一口通商的广州体制形成时，十三行已经在中西海外贸易进程中发挥重要作用，并且构成广州体制的重要组成部分。据亲历者美国居华商人亨特描述：

> 行商，或者按中国人的称呼叫做洋行商人，有十三家之数，经北京的帝国政府发给特别执照，准与外国人贸易，并要求管理监督他们，还要为他们担保，不让他们违犯法律或不遵守老规矩，所以又称为保商。他们享有控制整个广州港对外贸易的垄断权……他们联合起来的职能，是作为地方政府与广州外国侨民之间的一切事情以及他们的生命财产安全的媒介。③

---

① "Description of the City of Canton," in Anders Ljungstedt, *An Historical Sketch of the Portuguese Settlements in China and of the Roman Catholic Church and Mission in China* (Boston, 1836; Hong Kong, Viking Hong Kong Publications, 1992), p. 224.

② 参见赵春晨《有关广州十三行起始时间的争议》，载赵春晨、冷东主编《广州十三行研究回顾与展望》，广州：广东世界图书出版公司，2010，第 169～178 页。

③ 亨特：《旧中国杂记》（第 2 版），沈正邦译，章文钦校，广州：广东人民出版社，2000，第 241～242 页。

十三行作为享有垄断地位的贸易机构，负责收购外国公司进口的洋货，并为外国公司承办出口华货。关于十三行的作用，依据梁嘉彬诸先贤的研究概述如下：乾隆十九年（1754年），政府更令以后凡外船之船税、贡银、出口货税等事，俱由行商负责；乾隆二十年（1755年）复申非属行商团体内之买卖人不得参与外国贸易；外洋夷船到粤贸易，其行市、课税等向设行商代理，于各行商内择殷实之人作为保商以专责成；外人到粤须寓居行商馆内，并须由行商负责稽查，购买货物须经行商之手；外商有大小事情不得径直申诉大府，须得由行商转递；比至乾隆初年，广东对外贸易纳饷诸务俱由十三行行商办理，行商遂独享外洋贸易之利；公行性质原属专揽茶丝及各大宗货易，乾隆四十年（1775年）重组后权力日渐扩张；保商对外商及其船舶、水手之一切行动负责；外商只能将货物卖与行商，欲购入丝茶等货亦须委托行商办理；行商须在官吏与外商之间充当媒介，并须监视外商使其服从禁令及各项通商条例；外商上省下澳须由行商代为向政府请领通行证①。

总之，十三行是清政府有限开放政策的产物，充当外商与中国市场之间的中介，负有经营贸易和监管外商的双重使命，具有封建体制的特征。

二　澳门海上贸易的发展与演变

明朝嘉靖年间葡萄牙人入居澳门后，将其纳入了他们所经营的欧亚国际贸易航线，同时得益于明朝政府的特殊政策，澳门港口经历了大约半个世纪的独占性繁荣。明清鼎革之际，澳门葡萄牙人经受了禁海和迁界的考验而幸存下来。清政府实行四口通商后，澳门各条航线的贸易相继恢复，但是，由于受到其他国家来华贸易商人的竞争，澳门作为广州唯一外港的独占性地位被打破，在中国对外贸易中不再占有显耀地

---

① 参见梁嘉彬《广东十三行考》，广州：广东人民出版社，1999，第91、98、101～102、143～145、347～348、350～351、358～359、373～374、378～379页。

位①。在广州一口通商时期，作为广州的外港，依托广州的特殊地位，澳门港口的海上贸易获得一定程度的发展，并且在诸多方面发生了值得注意的变化。

1. 船队规模与航行密度

18 世纪 60 年代以降，在经历了一段时间的低潮后，澳门海上贸易开始恢复。商船队伍规模逐渐得到恢复。在 1770～1834 年有统计的 24 个年度，澳门商船数量为 530 艘，年均 22 艘，已经接近清初雍正年间题定的额船规模（25 艘）。随着商船队伍的恢复，海上航行日趋活跃。1784～1805 年，澳葡议事会共向葡船发出航行护照 371 件，年均 18 件。以此为基础，航行次数也明显增加。据不完全统计，1760～1817 年，澳葡商船实际完成航行 601 次，年均 13 次。考虑到统计数据的不完整、航线长短的差异和航行灾害等因素，可以肯定，绝大部分商船实现了预定的航行目的。从商船队伍的规模、议事会发放的航行护照数以及实际完成航行次数来看，在 1760 年以后的大约半个世纪中，澳门海上贸易有所回升，已经接近南洋贸易禁令期间的水平②。

2. 主要航线相对地位的变化

18 世纪末 19 世纪早期，随着商船队伍的恢复，澳门商船在西起毛里求斯（As Ilhas Maurícias）、东到摩鹿加群岛（As Molucas）的广泛区域内挂帆往返，而通向美洲东北海岸和里斯本的大西洋航线，亦成为澳门商船的重要航行区域。

在原有航运网络中，港口的功能以及各条航线的相对地位发生了变化，一些港口仅作为航行过程的中转港，而另一些港口则成为澳门商船经常出入的终点港。在传统航线中，印度海岸各港口特别是孟加拉的重要性显著增强，澳门－印度航线成为澳门商船最重要的航线。澳门商船

---

① 详见张廷茂《明清时期澳门海上贸易史》，澳门：澳亚周刊出版有限公司，2004，第 77～270 页。

② 详见张廷茂《明清时期澳门海上贸易史》，澳门：澳亚周刊出版有限公司，2004，第 276～279 页。

不仅保持着向印度各口岸航行的连续性，而且在较多的年份商船维持着较高的航行密度。与此同时，新的航线开辟出来。18 世纪后期，澳门商船开始航行东非口岸，在航行抵押借款文书和航行护照中，多次提及弗蓝萨岛（Ilha de França）、毛里求斯和莫桑比克（Moçambique）。经过澳葡议事会的长期努力，流亡巴西的葡萄牙摄政王于 1809 年签署了批准巴西与澳门自由贸易的敕令，澳葡商人多年来的愿望终于得以实现。澳门 – 东非航线和澳门 – 巴西航线的开辟，是澳门海上贸易航线最显著的变化，它进一步拓展了澳门港口的贸易视野，为澳门商人提供了新的发展机会。

3. 进出口货物构成

广州一口通商时期，澳门贸易的货物构成发生了变化。主要表现在：鸦片贸易的急增、印度洋沿岸贸易量的增大、输入里斯本的中国货物的增多等。以进口贸易而论，鸦片已经成为澳门进口贸易的支柱产品。19 世纪初期的数十年间，澳门的鸦片进口量一直保持每年 2000 多箱的记录，有些年份甚至高达 3000 箱。就一般货物的进口而言，原有的各种入华货物在进口贸易中的相对地位发生变化，更有一些新的产品进入进口贸易的行列。来自印度的棉花，在 19 世纪初期的几十年间，成为仅次于鸦片的主要进口商品，每年进口 15000 ~ 20000 包。来自菲律宾的大米也有显著增长。根据澳门港口登记，1835 年 1 月 2 日至 7月 11 日，仅西班牙商船就从菲律宾运进大米 383702 包[①]。自印度进口的檀香木也大大超过帝汶檀香木。以一般货物的出口而言，在经常输入葡萄牙的华货中，最引人注目的是各种茶叶、陶瓷和织物。随着巴西航线的开通，直接输入拉丁美洲的中国货物种类增加，包括茶叶、药材（中国根、大黄等）、各种质地的布品（普通细丝、南京丝、手帕、被服、衣褂、缎质床单、南京棉布等）、纸画和绢画、扇子、女性饰物、漆器、普通陶器、陶罐、瓷器、"澳门瓷"、家具、艺术品、烟花等[②]。

---

① *Chronica de Macao* 20（1835）：86 – 87.

② 莫拉：《十九世纪上半叶澳门与巴西的关系》，《文化杂志》中文版第 22 期，澳门文化司署 1995 年春季刊，第 29 页。

澳门出口贸易结构的这一变化，扩大了中国市场与拉美地区的贸易关系，给东西方之间的经贸、文化交流注入了新的活力。

4. 商船来源国籍结构的多元化

在广州一口通商时期，澳门港口的进出口商船来源国籍结构也在发生变化，其基本趋势是国籍结构的多元化。首先是菲律宾的西班牙船进港艘次显著增多。据港口报告，自 1835 年 1 月 2 日至 7 月 11 日，有 19 艘西班牙商船向澳门港进行了 51 次航行①。另据 1838 年《澳门宪报》资料统计，自 1838 年 9 月 11 日至 12 月 26 日，进出澳门港口的英国商船分别有 39 艘和 32 艘；另有西班牙、葡萄牙、荷兰、美国、法国等国商船数艘②。进出澳门港口船舶国籍之多元化，是清代中叶澳门海上贸易发展的重要趋势，也是晚清时期影响澳门海外贸易发展的重要因素。

第二节　鸦片战争后中外贸易格局的演变

鸦片战争是中国近代史的开端，也是中外关系的转折点。鸦片战争前，中国在与西方国家的关系中处于主动地位，享有决策的自主权。就对外贸易而言，以公行制度将对外贸易纳入广州独口通商体制下，对贸易的各个环节采取有效的控制。鸦片战争后，中国在处理西方国家的关系问题时逐渐丧失主动权，被迫加入世界交往的近代国际体系中去，中西关系的基本格局发生了重大变化。而就对外贸易而言，则是政府逐渐对其失去了全面的控制，导致中外贸易的格局发生了全面的改变。最直接的表现，就是广州一口通商体系的瓦解。

---

① *Chronica de Macao* 20 (1835)：86.

② *Boletim Official do Governo de Macao* 3 – 7 (1838)：12 – 68. 《澳门宪报》葡文全称前后多有变化，一些论著（包括葡萄牙学者的论著）的披露也颇多差异。有鉴于此，本人通过实际翻阅，已将《澳门宪报》葡文全称各卷期的变化详列于本书附录部分的参考文献内。

一　广州一口通商体系的解体

1. 条约港口体系的逐步建立

广州体制的解体，首先是由于条约港口体系的逐步建立。鸦片战争后，中国政府与英国签订了《南京条约》，中国政府被迫开放广州、福州、上海、宁波、厦门为通商口岸。该条约规定："凡大英国商民在粤贸易，向例全归额设行商亦称公行者承办，今大皇帝准以嗣后不必仍照向例，乃凡有英商等赴各该口贸易者，勿论与何商交易，均听其便。"① 由此，广州一口通商体系逐渐被打破，与此相应的公行制度也走向解体，外商获得了在通商口岸直接与中国商人贸易的自由。1858 年的中英《天津条约》、中法《天津条约》和 1860 年的中英《北京条约》、中法《北京条约》，又增开牛庄（后改营口）、登州（后改烟台）、台南、淡水、潮州（后改汕头）、琼州、汉口、九江、镇江、南京、天津等为通商口岸②。随着一系列不平等条约的签订，不断增批新的口岸，条约港口不断增多，逐渐形成条约港口体系。至 1863 年，中国的开放口岸已有 13 处之多③。近代以来中国的对外贸易就通过条约港口进行。中国对外贸易进入条约港口贸易时期。

2. 公行制度的废除

随着广州一口通商体系被打破，外商获得了在通商口岸直接与中国商人贸易的自由。《南京条约》明确规定取消公行制度，英商赴各口贸易不必遵照"全归额设行商承办"之向例，于是，十三行之独揽外国贸易遂告废除。正如马士所言："西洋商人在条约所准许的自由下前往发展对中国的贸易，在 1834 年他们已经从东印度公司的垄断所加在英

---

① 王铁崖编《中外旧约章汇编》第一册，北京：生活·读书·新知三联书店，1959，第 31 页。

② 王铁崖编《中外旧约章汇编》第一册，北京：生活·读书·新知三联书店，1959，第 131 页。

③ 参见本书附录"统计表"之表 1–1。

国商人的桎梏中解放出来，在 1842 年中国垄断的重担也被撤除，他们得到了在五个口岸无限制通商的权利，不再限于广州一地。"① 作为广州体制重要组成部分的公行保商制度为领事监督制度所取代，粤海关关税体制为协议关税取代，这是一个新旧体制交替的过程。

十三行丧失垄断地位之后并未马上停止其经营活动，而是改称茶行，专营茶丝等大宗生意，及至 1856 年（咸丰六年）一火，十三行之命运遂告终结②。

十三行退出历史舞台，是近代中外贸易体制变革的重要内容，为中外贸易的发展提供了有利条件。

二 中外贸易的全面开放

1. 中外贸易的全面开放

条约港口相继开放的直接结果是中国对外贸易的全面开放。在广州一口通商时期，全国各地货物必须经过内陆长途运输，汇集到广州出口，外国货物同样必须经过广州一口转销内地，贸易管道单一，贸易区域狭窄。因此，中外贸易局限在有限的地域范围内，中国对外贸易的规模必然受到严重制约。

随着五口通商乃至于十口通商的实行，中国门户被打开，对外贸易得到全面开放。条约港口由北而南广泛分布于中国东南沿海，形成了多个港口通向外洋的格局。内地经济发达地区，分别有了与本地更加接近的港口作为出海口，全国范围内的进出口贸易形成了多个中心并存的局面。中国对外贸易同时在多个贸易区域展开，贸易区域得到空前的扩大。五口乃至多口通商后，各生产中心与距离最近、运输最便捷的港口形成贸易链条，货物的地区流向发生改流，港口与腹地的关系进一步重组，贸易管道出现多元化，形成了以就近原则、便捷原则和最大获利原则为基础的多港口－

---

① 马士：《中华帝国对外关系史》第一卷，张汇文等译，上海：上海书店出版社，2006，第 377 页。
② 参见梁嘉彬《广东十三行考》，广州：广东人民出版社，1999，第 219、227 页。

多腹地格局，贸易活动在空前大的地域范围内实现了全方位的开放。

2. 中外贸易总体规模的扩大

广州一口通商体系的瓦解和中国对外贸易的全面开放，还导致了对外贸易总量的急速扩大。随着五口通商后中外贸易区域的扩大和贸易管道的多元化，条约港口的相继开放，增加了贸易通道，加速了地区之间的货物流动，使得进出口贸易的总体规模迅速扩大。以 1864 年为例，是年进入中国 13 个开放口岸的商船共计 17976 艘，登记吨位 6635505 吨（1863 年的相应数字为 19433 艘和 6444700 吨）；中国 13 个开放口岸与外国港口实现贸易值 116647936 两；这些口岸共征得关税 8138102 两①。从来航商船数量和吨位、实现的贸易价值额以及所征关税来看，较之于广州一口通商时期，条约港口时代中外贸易的总体规模已有大幅度扩增。

三　中外贸易的地区与产品结构的演变

条约口岸体系的形成、贸易的全面开放、通商口岸布局的改变，还进一步改变了中国进出口贸易的地区布局与产品结构。

1. 进出口贸易地域关系的演变

广州一口通商时期，内地主要出口产品生产区均构成广州港的腹地，形成一口多腹地结构，进出口贸易在地域关系上表现出单一性。五口乃至多口通商后，港口布局发生了重大变化，内地生产中心与港口关系重组，货物流向改道，从而引起进出口贸易在地域布局商的重构。一口多腹地结构被打破，逐渐形成多港口多腹地结构。特别突出的是，广州失去了从前的大量腹地；而靠近江浙地区的上海港则异军突起，迅速上升为中国对外贸易的中心。以中国传统出口大项生丝而论，1843～1853 年，广州出口生丝大幅减少，而上海的出口量则急速上升，取代广州而成为中国生丝出口的中心②。又如，在 1864 年进入中国 13 个开

---

① 参见本书附录"统计表"之表 1－1。
② 刘永连：《近代广东对外丝绸贸易研究》，北京：中华书局，2006，第 54 页。

放口岸的商船总数（17976 艘、6635505 吨）中，上海港就有 5352 艘，登记吨位 1870909 吨，分别占总和的 29.7% 和 28.2%[①]，两个指标都接近总数的 1/3。可见，上海已经成为全国对外贸易的最大中心[②]。可见，条约港口体制下中国对外贸易在地域关系上发生了多元化进程，重心逐渐向江浙流域北移。

2. 进出口商品结构的改变

五口通商后，中国进出口贸易的商品结构亦发生了显著的变化。

首先是鸦片进口的畸形增长。19 世纪初以来，美、英等国即设法以鸦片输华取代白银，以平衡他们的对华贸易，致使鸦片进口迅速增长。鸦片战争后，鸦片贸易取得合法地位，加之走私猖獗，导致鸦片入华数量急剧增长。据英国公布的《1849 年中国各口贸易报告》称："目前中国每年鸦片消费量约为五万箱。"[③] 鸦片入华数量激增，导致更为严重的白银外流，严重加剧了中国的社会、经济危机。

机成棉布的增加是西方国家输华货物结构的重要变化。在英国输华货物中，棉纺织品的价值由 1842 年的 70 多万英镑增加到 1845 年的 173 万英镑[④]。此外，印度的棉花、东南亚的大米和英国的百货等，也有较大增长。

出口货物中，增长最为迅速的是丝绸、茶叶等。茶叶的出口由 1843 年的 1300 万斤增加到 1855 年的 8400 万斤；丝货出口由 1843 年的 1000 多包增加到 1855 年的 56000 多包[⑤]。

3. 中外贸易性质的变化

在五口通商时期，中外贸易的性质发生了显著变化。中国在战败的形势下被迫增开口岸，开放对外贸易。"广州体制"被"条约体制"所

---

① 参见本书附录"统计表"之表 1 - 1。
② 参见费正清、刘广京编《剑桥中国晚清史》（上卷），中国社会科学院历史研究所编译室译，北京：中国社会科学出版社，1985，第 230 ~ 236 页。
③ 姚贤镐编《中国近代对外贸易史料》（第 1 册），北京：中华书局，1962，第 420 页。
④ 李侃等：《中国近代史》（第四版），北京：中华书局，1994，第 32 页。
⑤ 李侃等：《中国近代史》（第四版），北京：中华书局，1994，第 34 页。

取代，封建垄断为自由竞争所取代，中国的海外贸易被动地经历了制度的变迁。从此，外商获得了直接接触中国物产地区的许可，逐步深入中国的消费领域。结果是，外资侵入中国经济腹地，在进出口商品结构和贸易运行机制等方面，逐渐占据了主导地位。在通商口岸地区出现畸形繁荣，中国对外贸易逐步走上依附于西方资本的道路，中国开始沦为半殖民地半封建社会。

第三节　澳门港政治经济地位的演变

鸦片战争不仅是中国历史的转折点，也是中葡关系和澳门历史的转折点。鸦片战争对中葡关系的最大影响在于，此次战争所造成的英国割占香港的结局刺激了葡萄牙政府，导致了葡萄牙对华政策的改变。

一　葡萄牙对澳门的武力扩占与管治

1. 葡萄牙要求改变澳门政治地位的对华政策

鸦片战争后，葡萄牙政府趁中国在鸦片战争中的失败改变了对华政策，确立了改变澳门的独立政治地位，获取葡萄牙对澳门的管理权的政治目标。

《南京条约》签订后仅一个月，澳葡法官巴斯托斯（Rodrigues de Bastos）即向葡萄牙海事海外部部长呈禀，建议"彻底铲除澳门在中华帝国秩序内的传统地位"。1843 年 3 月 31 日，海事海外部部长向澳门总督下达部令，命他尽量争取获得巴斯托斯的建议中所列举的各项"特许权"，主要内容包括：

①将领土出让至前山，或至少扩至莲花茎的尽头。②随着地界的扩展，在中国官吏撤退后，上述地区，连同澳门，将被视为完全的葡萄牙领土，如同荷兰人在爪哇、英国人在海峡殖民地那样，对

那里的华人居民进行管辖。将由居民中的长者推举出（的）保甲长隶属于议事亭理事官。遇有重大案件时，则有理事官备文，将犯人（未归化葡籍者）交送中国官吏。③如同英国人做到的那样，与中国官员文书中采取完全平等的格式，停止使用申请这样不光彩的格式。④澳门港同享香港将取得的一切优惠。一般来讲，葡萄牙作为与中国友谊最长，始终不渝的朋友应为最惠国。①

该部令的主要内容，在此后的部令中得到重申和强调。

由此可见，对澳门进行武力扩占以使之摆脱中国政府的管理，将澳门地区纳入葡萄牙的直接管理之下，已经成为葡萄牙对华政策的既定目标。1846 年 1 月，海事海外部向拟任澳督亚马留（J. M. Ferreira do Amaral）下达部令，要求他努力实现将澳门变成"一块完全从新改建的居留地"这一"严重、困难"的使命②。由此，亚马留便成为第一个为实现葡萄牙对华新政策而采取武力行动的澳门总督。

2. 澳葡当局对澳门半岛和离岛的武力扩占

葡萄牙人在澳门的活动区域历来限于 17 世纪 20 年代修筑起来的围墙以内。1843 年（道光二十三年）澳葡当局向中国提出占领关闸至围墙地带，遭中国政府严词拒绝。1847 年（道光二十七年），澳门总督亚马留以治理城市为名，不顾中国政府的反对，在此强行修筑公路。1848 年（道光二十八年），亚马留又擅自从澳门界墙的水坑尾门起，向北开辟经龙田村背后直出马交石、黑沙环而到达关闸的马路。由于马路经过的地区有不少中国村民的祖坟，亚马留便宣布村民必须赶迁祖坟，从者给银一两四钱，不从者夷平坟墓，将骸骨扔进大海。这样，龙田村的田园土地惨遭蹂躏，东望洋山麓的许多中国村民的祖坟多被毁坏。亚马留

---

① 萨安东：《葡萄牙在华外交政策（1851~1854）》，金国平译，里斯本：葡中关系研究中心、澳门基金会，1997，第 13~14、230 页。

② 萨安东：《葡萄牙在华外交政策（1851~1854）》，金国平译，里斯本：葡中关系研究中心、澳门基金会，1997，第 241 页。

还宣布，自三巴门至关闸之间的所有中国村民凡拥有土地者必须向澳葡当局交纳地租，而以往他们都是向位于望厦村内的香山县丞衙门交税的。这样就把葡萄牙人的管理范围扩大到关闸以南、澳门界墙以北的地区。此外，他还在澳门推行街道命名，编写门牌。

此外，亚马留还在凼仔岛三年前（1844年）建立的简陋据点的基础上建立了一座牢固的要塞，并升起了葡萄牙国旗。

3. 澳葡当局逐步实现对澳门的管治

1846年（道光二十六年）9月，亚马留宣布停泊在澳门的中国商船必须每月向澳葡当局缴纳一元税款。此项扩张举动激起了中国商民的反抗。1846年10月8日上午，当中国商船拒绝纳税时，亚马留出动军队镇压，激起1500余人向亚马留住处发动攻击，亚马留下令炮轰商船，将20艘帆船击沉，打死打伤大批船员。亚马留的暴行令中国商民悲愤不已。他们相继举行罢市抗议，停止向葡萄牙人供应食物。亚马留又宣称，各店铺若24小时内不恢复营业，将用大炮轰平市场区。结果，罢市未能坚持下去。当香山知县来澳门交涉时，亚马留既不用传统仪式接待，更不许官员的武装随从入澳，还在谈判中蛮不讲理地宣称，葡萄牙具有管辖在澳门的中国居民的充分权力，清政府无权过问他对居民采取的任何措施，他没有必要与中国官员磋商。亚马留的行为没有遭遇中国官员的有效抵制。

1846年10月21日，亚马留进一步宣布，澳门的中国居民应该向澳葡当局缴纳捐税，并将中国商铺编立字号，向业主勒收房税、地税，向中国工人勒索人头税。广东官员虽然一再交涉，但最终不得不让步，到1847年9月，在澳门城内的所有中国商民都须向澳葡当局纳税。

与此同时，亚马留进一步扩大对澳门华人的管辖，其中包括规定任何中国人准备在澳门兴建砖屋或草棚均须事先向澳葡当局申请。中国官员对此无动于衷，甚至连抗议也没有提出。在此期间，亚马留甚至开始对当局居民实行司法管辖，对于拒缴税款的中国居民，不仅派兵"拘拿"，还使用刑罚。对所谓犯法的中国下层居民，亚马留处以数百鞭打。与此同时，中国官员已经完全失去了对葡人的司法管辖权。

二　澳门自由港地位的确立

葡萄牙在逐步实现对澳门的管理过程中，还试图将其变成一个类似香港的自由港，以此来吸引进港船只，活跃澳门的贸易，提升澳门港口的国际地位。

1. 葡萄牙单方面宣布澳门为自由港

英国割占香港后立即宣布香港为自由港，实行"自由港政策"。作为对港英当局此项政策的回应，葡萄牙女王于 1845 年 11 月 20 日擅自宣布澳门为"自由港"，允许各国商船自由进入澳门贸易：

> 第一条：澳门这个城市的各港口，包括以内河（Rio）命名的内港及包括凼仔（Taipa）和沙沥（Rada）在内的外港区域（os externos），向所有国家宣布为自由港，允许他们在那里消耗、存放及再出口各种货物和经营任何性质的贸易。
>
> 第二条：本法令在澳门城市公布 30 天以后，进口到上述口岸的所有物品及货物，不论是什么国家的，完全免征进口税。①

然而，由于当时中国设在澳门的粤海关分部仍然存在，行使着管理澳门进出口贸易的权力，所以，葡萄牙官方擅自宣布的"自由港"令仅是一纸空文，并未得到实施。澳门仍然是处在中国海关管理下的港口。所以，"将澳门港向所有的国家船只及其贸易开放"构成了亚马留使命的重要内容。

2. 自由港地位的确立

亚马留总督到任后，作为其扩占目标的一部分，着手摆脱中国海关的管理，实现澳门自由港的地位。

---

① "Decreto datada em 20 de Novembro de 1845," *Boletim Official* 9（1846）：2. 又见 José António Maia, *Memória sobre a Franquia do Porto de Macao*（Lisboa：Typ. da Revolução de Septembro, 1849）, pp. 57 – 58。

1847 年（道光二十七年），亚马留派兵拘捕了南环码头的中国海关税口官员，将他们驱逐出澳门，并宣布没收南环关口房屋并公开拍卖。两广总督徐广缙去函质问时，亚马留竟宣称，葡女王已宣布澳门为自由港，澳门不需要任何人来澳门进行稽查走私活动，公然藐视中国政府的正当抗议，结果，中国官府对此没有反应，亚马留进一步削弱了中国政府对澳门的主权。

对于葡萄牙王室宣布的澳门自由港政策，当时曾有人提出异议。国会议员马亚（José António Maia）[1] 于 1846 年 5 月提出一份《关于澳门自由港的备忘录》，并于 1849 年加以补充。他认为，自由港理论不适合澳门；在澳门目前的形势下，施行自由港政策将带来诸多不便，并对支持论者的主要理据一一进行了反驳。他总结道：

> 澳门成为自由港可能增加外国人的贸易（我们对此表示怀疑）。外国人可能会来此定居；房屋的价格会上涨。一些商行可能会从外国公司代理处那里获取更大收益……然而，澳门将因此而丧失 45000 元的海关收入；失去来自里斯本的补贴；最后，失去澳门的航运业及其从业人员。[2]

然而，自由港政策构成了葡萄牙在澳门推行武力扩张和殖民管治进程的一部分，服务于夺取澳门管治权的最高政治目标，所以，葡萄牙政府非但没有取消此项政令，反而着令亚马留加以实施，将澳门变成一个

---

[1] Carlos Pinto Santos Orlando Neves ed., *De Longe à China*, *Macau na Historiografia e na Literatura Portuguesas*（Tomo II），（Macau：Instituto Cultural de Macau，1988），p. 467.

[2] "O porto franco de Macau aumentará（duvidamos）o comércio estrangeiro. Os estrangeiros virão（talvez）residir no estabelecimento；e as casas subirão de preço. Algumas casas comerciais（ao muito seis）poderão tirar maiores lucros de agências estrangeiras：［…］Porém，perde cinquenta mil patacas de rendimentos da alfandega；perde o subsídio que de Lisboa continuar a vir；e perde，finalmente，a nevegação de Macau e os indivíduos que nela se empregavam." in José António Maia，*Memória sobre a Franquia do Porto de Macao*（Lisboa：Typ. da Revolução de Septembro，1849），p. 37.

摆脱中国政府控制、向所有国家开放的自由港。

1849 年 3 月 5 日（道光二十九年二月十一日），亚马留悍然发布告示，封闭中国设在澳门的海关。其告示宣称："澳门已成为自由港，葡萄牙的海关已经关闭，自然不能容许一个外国海关继续在澳门办公。"亚马留下令中国海关自即日起不得向葡萄牙及其他国家商船征收关税，几天之后不得再向中国商船征收关税。3 月 8 日，亚马留照会广东总督徐广缙称："香港既不设关，澳门关口亦当依照裁撤。"3 月 13 日，亚马留不顾中国官府反对，率数十名葡萄牙士兵袭击了海关行台，钉闭了澳门海关的大门，推倒了悬挂在海关前的中国旗帜，驱逐了所有海关官员和丁役，封存了海关行台的大量财产①。

从此，葡萄牙当局终于摆脱了中国政府海关的管理，对澳门进行直接管理，澳门的自由港地位也随之确立。

三　新格局对澳门港的可能性影响

在中国对外贸易形成五口通商以及葡萄牙对澳门地区进行武力扩占和管治的格局下，澳门港口的政治地位和经济地位发生了相应的改变。这些变化对近代澳门港的海上贸易产生可能性影响。

1. 多口通商格局对澳门港原有地位的影响

多口通商格局对澳门港原有地位的影响可以归结为失去了广州的依托，从而失去了在中国对外贸易中的重要地位。在广州一口通商时期，特别是 19 世纪初期几十年，虽然面对其他欧洲国家的竞争，但是依托广州的独特地位，澳门港的贸易仍然保持适度的发展规模，并且渐趋活跃。五口通商后，广州在中国对外贸易中的中心地位不再，澳门港失去了以前的依托。与此同时，作为鸦片战争的结果，新的国际关系格局在

---

① 参见《筹办夷务始末（道光朝）》卷 80，齐思和等整理，中华书局，1964，第 40 页；A. Marques Pereira, *As Alfandegas Chinesas de Macau*（Macau：Typographia de J. da Silva, 1870），pp. 61 - 63；萨安东：《葡萄牙在华外交政策（1841 ~ 1854）》，金国平译，里斯本：葡中关系研究中心、澳门基金会，1997，第 119 页。

远东地区逐步形成，在澳门所在的珠江三角洲地区，出现了香港这个新的贸易集散中心。多元化的格局使得澳门港失去原有的独特性，而地区贸易关系的重组也为澳门这样的港口提供了一定的发展空间。这意味着澳门港的贸易活动，将要在一个新条件下运作。在新的国际关系体系和地区贸易结构中，澳门港必须重新确定自己的位置。这种地区贸易的重组，既使澳门受到其他港口的竞争，也为它带来新的机遇。

总之，中外贸易新格局的形成，对于澳门港来说是挑战与机遇并存的。唯其如此，晚清 70 余年间，在一些项目（如鸦片进口等）和一些地区（如粤西口岸）的贸易中，澳门港一直保持着一定程度的优势，从而赢得了一定的发展空间。

2. 澳门治权变更对贸易发展的影响

在广州一口通商时期，中国在澳门半岛派设各级官员管理澳门，特别是在澳门城内设有粤海关分支机构——关部行台，对澳门港进行直接的全面管理。鸦片战争后，葡萄牙当局对澳门进行武力扩占，并取代中国官员而对澳门实施管理，将澳门变为自由港。澳门治权的变更，是近代澳门历史的重要变化，也影响了澳门海上贸易的发展。澳葡当局先后制定和实施了管理澳门港口的章程和条例，采取了一系列措施，这一切都是鸦片战争之前所没有的，也对澳门航运贸易的运作产生了一定的作用。例如，澳门自由港地位的确立，可在一定程度上收到振兴澳门商务的效果[1]。再如，澳葡当局的港口收费标准、对商品进出口的禁限规定、进出口商船的检查、港口服务设施的建设等，都成为影响澳门进出口贸易进程的因素。其中特别重要的一点是，由于中国政府失去了对澳门的管治权，葡萄牙将鸦片贸易合法化，是故，在晚清时期，鸦片进口

① 关于澳门确立自由港后的初步效果，粤海关税务司曾评述道："葡萄牙人在 1846 年将澳门变成一个自由港，极大地推动了贸易的发展。作为远离本国的一隅，澳门的贸易很有特色。它既是在中国领土内的一个自治的自由港，又是一个几大类商品的非法贸易中心，并影响皇家的海关税收。"广州市地方志编纂委员会办公室、广州海关志编纂委员会编译《近代广州口岸经济社会概况——粤海关报告汇集》，广州：暨南大学出版社，1995，第 82 页。

长时间一直是澳门港最大的进口项目。

3. 澳门本地区人口、经济结构变化对澳门贸易的影响

晚清时期，澳门在葡萄牙当局扩占的背景下，其人口规模、经济生活等方面均有新的变化。以人口而论，在葡萄牙当局实现扩占的过程中，澳门地区人口特别是华人迅速增长。1856～1857 年，澳门人口方面仅华人人数已经超过 50000 人①。另据澳葡当局有关部门统计，到 1867 年，仅华人就达 78070 人（其中陆地居住者 56252 人，水上人口 21818 人）②。

随着人口规模的增大，澳门作为港口城市的消费功能有所增强。适应这一变化，澳门港口的贸易结构发生了相应的改变。作为一个不产盐米、一切仰给于外供的城市，进口为本地居民消费所需的生活必需品成为澳门港口海外贸易的一项重要功能。所以，主要生活品的进口一直是进口贸易中的大项，且保持进口总量大于出口（含再出口）的格局。

与此同时，澳门本地的加工业开始有所发展，例如咸鱼加工业、爆竹生产业和青洲的水泥生产等，使得澳门港口有了本地产品可供出口。

此外，随着澳门华人群体的壮大，华人参与澳门港口的航运贸易，成为晚清时期澳门贸易发展的新因素，澳门华船队伍不断壮大，发展成为海上贸易的重要力量。

这些变化都对澳门进出口贸易的结构产生了一定的影响。

小　结

综上所述，清代中叶，随着广州贸易向欧洲国家的开放，来华贸易的国家及其商船数量逐渐增加，对华贸易规模亦随之扩大；而澳门港不再享有明末时期的独占性繁荣，失去了作为中外贸易中心的独特地位。然而，在中国对外开放扩大和贸易增长的大场景中，澳门港仍获得了某

---

① C. A. Montalto de Jesus, *Macau Historico* (Macau: Primeira Edição Portuguesa da Versão Appreendida de 1926, Livros do Oriente, 1990), p. 279.

② *Boletim Official* 7 (1868): 41.

些发展机会，是故及至鸦片战争前夕，澳门港的海上贸易显示了某种发展的趋势。鸦片战争后，随着五口通商的实现，外国商业资本深入中国内地，中外贸易逐渐出现了新格局。随着条约港口体系的渐次形成，中国对外贸易空前开放，贸易总量急剧增大，港口腹地关系不断重组，多港口 – 多腹地结构逐步形成，导致进出口贸易出现多中心格局，从而完全改变了澳门港口的运作条件和环境。另外，澳门当局逐步实现对澳门的殖民管治，将其置于中华帝国体制之外，并推行自由港政策，使得澳门港的发展处于完全不同的政治结构之下。凡此种种，从根本上改变了澳门港的生存条件，将其置于了一种完全不同的政治结构和商业网络之中。这是我们在研究晚清时期澳门海上贸易时必须坚持的出发点。长期以来流行的衰落模式的缺陷就在于：缺少对鸦片战争前中国海外贸易特别是澳门海上贸易发展基本趋势的关注，又片面地理解战后新格局对澳门的影响，不适当地用明末特殊时期的独占性繁荣作为参照物，将澳门港口海外贸易的历史简单定位为衰落。事实上，鸦片战争后新格局是一个渐次形成的过程，其对澳门港口的影响在不同时间坐标处的表现是不平衡的；更值得注意的是，中外贸易格局深刻变化的大场景带给澳门港口的不仅是挑战，同时还为她创造了一定的条件和机遇，使这个古老的小港口赢得了一定的发展空间。用这个思路来考虑晚清时期澳门海上贸易的发展过程，我们的研究所获自然远非"衰落"模式下寥寥数语的空洞结论所能涵盖。

第二章　19 世纪四五十年代：挫折与恢复

鸦片战争爆发后，由于澳门以北的中国口岸受到战争的影响，澳门港口赢得了一定的贸易机会，加之葡萄牙商船自 1843 年起获准前往五个通商口岸贸易，其航运和贸易活动延续了鸦片战争前的发展趋势。亚马留在澳门的武力扩占引发了 1849 年的中葡关系危机，导致华商大量迁出澳门，贸易活动亦随之转移，澳门贸易遭受严重挫折。随着太平天国运动兴起之后大量人口的移入，大量资本回流澳门，澳门海上贸易很快从危机中摆脱出来，并逐渐得到恢复，从而为 19 世纪 60 年代以后的进一步发展奠定了基础。可见，鸦片战争后的近 20 年间，澳门海上贸易并未因为英人割占香港和五口通商而"一落千丈"。

第一节　进出口商船数量、吨位及其结构

一　进出口商船数量与吨位的总体规模

关于该时期澳门港口进出口商船的资料，散见于葡文报刊《澳门的曙光》（*A Aurora Macaense*）、《澳门土生葡人代言人》（*O Procurador dos Macaistas*）、《澳门宪报》等，兹将它们搜集整理，得出表 2 - 1。

表 2 − 1 1841 ~ 1860 年进出澳门港口的远洋商船

年份	进港:艘(吨)	出港:艘(吨)	总数:艘(吨)
1841	169	—	—
1842	294	—	—
1843(9 个月)	136	136	272
1844(10 个月)	246	172	418
1846(9 个月)	127	101	228
1849(约 8 个月)	152(40703 吨)	145(39751 吨)	297(80454 吨)
1851(8 个半月)	168(35532 吨)	146(32358 吨)	314(67890 吨)
1853(8 月份)	36(6863 吨)	36(6879 吨)	72(13742 吨)
1854(1 个半月)	14	13	27
1855(近 7 个月)	173	171	344
1856(近 1 个月)	14	11	25
1857(约 4 个月)	122	96(?)	218(?)
1858	357	342	699
1859	209	212	421
1860	260	253	513

注：1857 年出口船只资料内含获得护照运送苦力出港的船数（参见 *Boletim Official*，Vol. IV，N.º 18，27 − 02 − 1858，p. 69.）。

资料来源：A. H. de Oliveira Marques dir.，*História dos Portugueses no Extremo Oriente*，3.º Volume：*Macau e Timor-Do Antigo Regime à República*（Lisboa：Fundação Oriente，2000），p. 165；*A Aurora Macaense*（14 − 01 − 1843 a 03 − 02 − 1844）；*O Procurador dos Macaistas*（06 − 03 − 1844 a 02 − 09 − 1845）；*Boletim Official*（Vol. I，Janeiro-Setembro de 1846）；*Boletim Official*（IVº. Anno，01 − 02 − 1849 a 05 − 10 − 1849）；*Boletim Official*（Nova Serie Vol. 6，04 − 01 − 1851 a 22 − 11 − 1851）；*Boletim Official*（Vol. VIII，02 − 09 − 1853）：108 − 109；*Boletim Official*（Vol. I，13 − 11 − 1854 a 30 − 12 − 1854）；*Boletim Official*（Vol. I a II，06 − 01 − 1855 a 29 − 12 − 1855）；*Boletim Official*（Vol. IV a VII，02 − 01 − 1858 a 29 − 12 − 1860）。

表 2 − 1 资料虽然属于不完全统计，各年的商船数量也存在一定的波动，但是统计数据已经显示出，在鸦片战争后的近 20 年间，进出澳门港口的商船数量一般为 100 ~ 200 艘，有些年份甚至达到 300 艘以上。这样的规模远远超出鸦片战争前的任何一年。

以上统计所涵盖的仅仅是远洋商船（Navios de Alto Bordo）的资

料。实际上，19 世纪 40 年代后，澳门港口的葡萄牙的轻型船（Lorchas Portuguesas，采用蒸汽动力后称"小火船"）与中国北方的口岸也有相当活跃的航运贸易活动。根据一位护航舰长在 1851 年所搜集的资料，在 1835 年时，澳门港口拥有 18 艘远程商船，而 1851 年仅有 8 艘，分别是 3 艘三桅船、2 艘方帆双桅船和 3 艘双桅三角帆船。当时仍在营运的轻型船有 60 艘，总吨位在 4000 吨左右；其中 8 艘在 100 吨以上，最大的 1 艘吨位为 146 吨；34 艘吨位为 50～100 吨，最小的 1 艘为 38 吨。这些船航行于风高浪大的中国海，也前往马六甲海峡、马来群岛和孟加拉湾，甚至有 1 艘穿过太平洋到达了加利福尼亚。1837 年以前，这些船用于沿海贸易，并为澳门港口的火船上货下货；从 1843 年起，它们开始远行，从事北方的运输业务；中英战争结束后数量大增，每月获利 1200～1500 元；至 1846 年，其运输业务甚至延伸到了上海。当时这 60 艘轻型船中，40 艘活动于北方，其余则从事澳门与香港、广州等地的贸易。值得注意的是，这些轻型船从事各种不同的业务：它们不仅前往四个向外国人开放的口岸，还光顾和进入附近的其他港口和河流；当地的中国官员迁就商人和渔民的恳请，也为了自身的安全而把它们作为对付海盗的手段。同样值得注意的是，这些轻型船甚至前往朝鲜、日本和台湾海峡从事航运业务，每月获得 800～1200 元的收入。根据可靠资料进行计算，这些船只的总获利不少于 200000 元，在 1850 年，该项收入应不少于 100000 元①。

进入 19 世纪 50 年代中期以后，澳门葡人的轻型船的航运贸易活动获得较快发展，如表 2－2 所示。

同样值得注意的是，澳门与香港之间也在进行着规模不小的贸易。据《中国丛报》（The Chinese Repository）记载，1841 年 8 月至 1843 年 12 月，往返于澳门与香港之商船统计如表 2－3 所示。

---

① Carlos José Caldeira, *Apontamentos D'uma Viagem de Lisboa à China e da China a Lisboa* (Lisboa: Typographia de G. M. Martins, 1852), pp. 239, 241, 245, 246.

表2-2 1857~1860年自澳门港口开出的葡萄牙轻型船数量

年份	船数（艘）	年份	船数（艘）
1857	558	1859	137
1858	336	1860	49

资料来源：*Boletim Official* 48 （1884）：459。

表2-3 1841年8月至1843年12月往返澳门香港船数统计

年份	澳门—香港	香港—澳门	总船数	总吨位
1841年8~12月	69艘	30艘	99艘	29053吨
1842年1~12月	141艘	44艘	185艘	47888吨
1843年1~12月	67艘	28艘	95艘	26436吨

注：因有些船只缺少航行地或吨位等项资料，故以上统计为不完全统计。

资料来源：*The Chinese Repository* 1 （January，1843）：46 - 55；5 （May，1843）：270 -271；7 （July，1843）：368 - 370；2 （February，1843）：70 - 73。

另外据《澳门宪报》资料，香港东蕃火轮公司（Companhia Peninsular e Oriental）自1854年12月9日起，开办每周一班往返澳门—广州、澳门—香港的定期航运①。后来，逐渐有多艘蒸汽船开办往返港澳以及广州与澳门之间的定期航运。

从上述资料来看，就进出口商船数量和吨位而言，澳门港口并未因香港的开埠而立刻受到影响，澳门港口的商业活动不是减少了，而是增加了。如果再将此时尚无精确统计的华人商船往返中国内地口岸与澳门的商业活动考虑进去，那么，这个结论无疑会更为可靠。

二 贸易商船的主要类型

1. 澳门华人帆船

进入晚清时期，随着澳门华人人数的增加，华人逐渐控制了澳门的主要经济行业，甚至传统上主要由葡萄牙人经营的海上航运和贸易，也

---

① *Boletim Official* 8 （1854）：32.

逐渐变成以华人为主体。晚清时期澳门港口海上贸易最大的变化就在于，华人商船队伍的发展壮大，并成为澳门港口进出口贸易活动的重要力量。他们以传统的木帆船（juncos 或称 embarcações）为主要运输工具，经营澳门与珠江三角洲地区以及粤省附近口岸的沿海运输和贸易，并形成了近代澳门海上贸易的重要力量。澳葡官员的统计报表中称之为"华装商船"（juncos ou embarcações do trafico de cabotagem），简称华船，《粤海关报告》和《拱北海关报告》译为"民船"。

2. 澳葡轻型小船或者小火船

进入 19 世纪以来，为了适应新发展格局的需要，澳葡商人使用了一种新式样的商船，即轻型小船（lorchas）。它由西方式的快捷船体与中国帆混合组成，主要在 19 世纪四五十年代投入使用。后来，随着蒸汽运输的发展，这种早期的帆船改用蒸汽发动，加入了远洋汽船运输的行列，成为重要的补充，被称为小火船（lorchas a vapor）。在澳葡当局船政厅的港口统计资料中，这类小船常常与远洋商船合为一类。

3. 远洋商船（navios de alto bordo）

远洋商船是明清时期进出澳门港口的主要船只。进入晚清以来，仍然是澳门港口进出的主要商船。它们不定期地往返澳门与世界多个国家和地区的港口之间。虽然受到轮船的竞争，但在晚清 70 余年间始终来往不断。随着澳门在国际贸易中地位的改变，不定期远洋船的规模逐步减小，尤其在 1874 年苦力贸易废止后，在 20 世纪初期逐渐被轮船所取代。

4. 定期轮船（navios a vapor）

海上运输的机械化就是轮船代替帆船。在晚清时期，澳门海上贸易运输也经历了此一过程。在进出澳门港口的远洋运输中，汽船所占的比重也不断增加。尤其是在澳门与其附近地区的港口间，主要是广州和香港之间，定期的轮船运输逐渐发展起来了。随着远东贸易新格局的渐次出现，这类航船迅速成为澳门港口航运的主要工具，并促使澳门与香港、澳门与广州的定期航运贸易稳定增长，最终成为澳门海上贸易的主体部分。

三　远洋商船的国籍结构与地理分布

1. 进出口远洋商船的国籍结构

就国籍构成来看，晚清时期进出澳门港口的远洋商船主要有下列三个地域范围的商船。分析它们的构成变化，有利于深入了解澳门港口在晚清时期的角色转变。

（1）澳葡商船。

第一类是澳葡商船。鸦片战争前，作为澳门港口的租居者，葡萄牙商人享有 25 艘额船的优待，是澳门港口海贸活动的主要经营者。鸦片战争后，澳葡当局逐步取得了对澳门地区的管理权。在中国形成五口、十口乃至多口通商的新格局下，澳葡当局实行开放澳门港口贸易的政策。于是，葡萄牙商船虽然不再享有专营的特殊地位，但是每年仍有一定数量的葡萄牙商船进出澳门港口，或者为居澳葡人所有，或者属于葡萄牙商船。澳葡商船是经常光顾澳门港口的商船。根据有关学者的不完全统计，1840～1844 年的五年间，至少有 65 艘葡萄牙商船载货来航澳门①。另据澳门总督基马良士于 1859 年向里斯本提交的报告，澳门有 26 艘轻型船（lorchas）和 8 艘大船（navios），其中包括 4 艘属于味拿·先努·非难地（Bernardino de Sena Fernandes）的汽船②。

（2）欧美商船。

在中国门户洞开、条约港口体系逐步形成的情势下，澳葡当局在澳门实行自由港政策，吸引了葡萄牙以外的欧洲国家商船前来澳门贸易。晚清时期，不少欧洲、美洲国家经常派船前来澳门贸易，特别是一些在清代中叶以前很少来中国贸易的国家，相继派船到澳门来贸易，通过与

---

① A. H. de Oliveira Marques, dir., *História dos Portugueses no Extremo Oriente*, 3.° Volume, *Macau e Timor-Do Antigo Regime à República*, p. 165.

② AHU., *Macau-Timor*, Pasta 27, Capilha 1, Doc. n.° 4., in A. H. de Oliveira Marques, dir., *História dos Portugueses no Extremo Oriente*, 3.° Volume, *Macau e Timor-Do Antigo Regime à República*, p. 182.

澳门港口之间的通航，建立中国市场与其国家之间的贸易联系，构成中国与欧洲国家经济关系的重要补充。根据前引有关学者对1840~1844年的统计暨下文表2-4的统计，主要有葡萄牙、西班牙、法国、荷兰、英国、美国等国的商船。值得注意的是，由于苦力贸易的发展，哈瓦那、卡亚俄等港口的商船也频繁来航澳门。欧美国家的商船来航澳门港口，是澳门海上贸易的重要变化，也是近代澳门港口角色转变的重要体现。

（3）亚洲商船。

明清以来，亚洲地区特别是葡属印度和东南亚各国，就是澳门港口葡萄牙商船经常航行的地区。进入近代以来，随着中国海岸的全面开放、多口通商体系的形成以及澳门自由港地位的确立，仍有亚洲国家的商船来澳门贸易。见于19世纪四五十年代港口记录的主要有马六甲、新加坡、印度尼西亚、帝汶、菲律宾、暹罗（泰国）、印度、孟加拉和日本等国。从表2-4的统计来看，印度尼西亚、新加坡、菲律宾、马来亚等国家和地区的商船与澳门的商业活动依然相当活跃。此外，澳大利亚商船偶尔也来澳门贸易。

2. 进出口远洋船的地区结构

进出口远洋船和轮船的地区结构，在一定程度上反映澳门港口进出口的地理分布，从而反映澳门对外贸易的地域联系，因而也是必须考察的重要方面。

晚清时期的较早阶段，由于数据相对缺少，我们仅搜集到一些年份的统计资料，不能构成完备的数据系列。表2-4是笔者依据《澳门宪报》中的部分资料统计得出的结果。

统计显示，在19世纪40年代中期到末期，进出澳门港口的远洋商船的来源地和目的港显示出较显著的多元化，澳门港口与不少于15个国家或地区的港口保持着贸易关系，其中比较重要的有：菲律宾、新加坡、印度、印度尼西亚和美国等。这从进出口商船的地域分布上反映了澳门港口的贸易网络的开放性。

表 2-4 1846年、1849年澳门港进出口远洋船的地域结构

国家或地区	1846年（9个月）		1849年（8个月）	
	始发港	目的港	始发港	目的港
中国其他口岸	28（22%）	29（29%）	37（26%）	39（29%）
中国香港	24（19%）	22（22%）	35（25%）	41（30%）
新加坡	21（17%）	8（8%）	20（14%）	9（7%）
印度尼西亚	10（8%）	5（5%）	14（10%）	4（3%）
帝 汶	1（0.7%）	0	0	0
菲律宾	17（13%）	23（23%）	22（15.6%）	26（19%）
暹罗（泰国）	1（0.7%）	0	0	0
印 度	14（11%）	4（4%）	9（c）（6.4%）	10（7.4%）
葡萄牙	0	0	1（0.7%）	0
西班牙	1（0.7%）	0	0	0
法 国	1（0.7%）	1（1%）	1（0.7%）	0
荷 兰	1（0.7%）	2（2%）	1（0.7%）	0
英 国	0	1（1%）	0	1（0.7%）
美 国	7（6%）	5（5%）	1（0.7%）	5（3.7%）
卡亚俄	1（0.7%）	0	0	0
总 计	127（100%）	100（100%）	141（100%）	135（100%）

注：c表示来自 Goa。

资料来源：*Boletim Official* I（January-Setembro de 1846）；*Boletim Official* IV（1 de Febrary a 5 de October de 1849）。

表 2-4 显示的另一个值得注意的现象是，香港及其他中国港口占有较高的比重，并且明显呈增长趋势：进出口商船数所占的比重由50%左右上升到70%～80%。这个现象反映了英国割占香港、多口通商格局下澳门海上贸易的新变化，也反映澳门港口角色的转变。

进入19世纪50年代，澳门港口的远洋贸易仍处在这样的格局之下。笔者依据有关资料统计得出了表 2-5。

从表 2-5 看出，在有统计数据的1855年和1860年，经由澳门往来香港和中国其他口岸的商船合计达452艘，占总数的51%。除此之外，菲律宾仍保持较重要的地位，次之则有新加坡、印度尼西亚、马来亚，而越南、暹罗（泰国）亦有了较为稳定的增长。

表 2-5 1855 年、1860 年澳门港进出口远洋船的地域结构

国家/地区	始发港			目的港			进出口合计	
	1855 年	1860 年	合计	1855 年	1860 年	合计	2 年合计	
中国其他口岸	67	86	153	55	50	105	258	29.10%
中国香港	43	76	119	34	41	75	194	21.87%
新加坡	10	16	26	12	25	37	63	7.10%
印度尼西亚、马来亚	4	28	32	3	31	34	66	7.45%
帝 汶	0	0	0	1	0	1	1	0.12%
澳大利亚	0	1	1	1	0	1	2	0.23%
菲律宾	43	20	63	54	21	75	138	15.55%
印度支那	0	24	24	0	18	18	42	4.73%
暹罗(泰国)	0	20	20	0	20	20	40	4.50%
日 本	0	0	0	0	2	2	2	0.23%
印 度	1	2	3	3	7	10	13	1.46%
欧 洲	2	1	3	1	26	27	30	3.38%
美 洲	3	1	4	7	27	34	38	4.28%
总 计	173	275	448	171	268	439	887	100.00%

资料来源：*Boletim Official*, Ano de 1855；*Boletim Official*, Ano de 1860. in A. H. de Oliveira Marques, dir., *História dos Portugueses no Extremo Oriente*, 3.° Volume：*Macau e Timor-Do Antigo Regime à República*, p. 213。

此外，表 2-5 显示，开往美洲的商船数量也有显著增加。这在很大程度上是苦力贸易发展所致。根据澳葡当局华工出洋监理处官员的统计，1856～1860 年 4 月，几乎每年都有苦力船从澳门前往古巴和秘鲁，运送苦力人数分别为 28629 名和 1618 名①。显然，向美洲运送华工，成为推动澳门远洋航运发展的一个重要因素。

四 华船队伍的船型结构

华船贸易的特点是依靠传统的运输方式来进行的。因此，考察和分

---

① A. Marques Pereira, *Relatorio da Emigração Chineza e do Porto de Macau Dirigido a S. Ex.ª o Governador Geral de Macau Isidoro Francisco Guimarães* (Macau：Typographia de José da Silva, 1861), p. 28. 并见 *Relatorio e Documentos sobre a Abolição da Emigração de Chinas Contratados em Macau Apresentado às Côrtes Sessão Legislativo de 1874 pelo Ministro e Secretario D'estado dos Negócios da Marinha e Ultramar* (Lisboa：Imprensa Nacional, 1874), p. 71。

析澳门华船的类型构成以及航行规模的变化趋势，有利于全面把握晚清时期澳门港口海上贸易的实际运作过程，从而对澳门港口的角色有一个中肯的评估。

根据《澳门宪报》所刊布的澳门统计部门（Repartição de Estatística de Macau）官员桑巴约（Manuel de Castro Sampaio）于 1868 年 2 月 12 日提交的报告，澳门华人商船队伍主要由下列船型的船只组成：①拖船（Tus）；②头猛船（Taumões）；③扒艇（Patiões）；④扇艇（Chan-suin）；⑤三扒（Chat-pom）；⑥扒仔（Contiões）。其中，拖船吨位比较小，一般只有三四十吨，头猛船一般为 40～80 吨，其余都是十几吨到二三十吨的小船[①]。

在晚清时期，澳门华人就是利用这些载重吨位并不大的传统船只，发展了澳门与香港以及中国内地其他口岸之间的短途贸易。不过，在实际运营过程中，这些船型并非均衡使用，而是有所侧重的，其中尤以拖船和头猛船使用较多。头猛船仅次于海舶，属于较大的货船，经常航行于东西海岸的多个港口。

亚马留总督到任后，相继颁布命令向澳门华人征税，其中包括向华船发放许可证以进行征税和管理。根据澳葡当局公物会的收支统计，仅 1847 年 1～6 月，澳葡当局即向华船发出许可证 168 件，收得牌照规费约 119 两[②]，反映了华船贸易增长的趋势。

第二节　贸易规模与结构分析

一　贸易量值总体规模

正如商船数据的缺乏一样，在晚清时期的较早阶段，即 19 世纪四

---

① "Relatório da Repartição de Estatística de Macau acerca da População Chinesa da Mesma Colónia," *Boletim Official* 7（1868）：38－41.

② *Boletim Official* 27－28（1847）：106.

五十年代，关于进出口贸易的货物量和价值也缺少完整系统的统计数据。目前，我们只在一些葡文报章上搜集到若干年份部分商船的贸易量的资料。

《澳门曙光》（1843～1844年）设有"商业观察"（Observaçoens Commerciaes）栏目，其中主要是披露有关鸦片进口和市场价格等方面的数据，偶尔也披露有关其他货物销售情况的资料①。

此外，我们在《澳门宪报》中查阅到一些有关澳门港进出口货物量的记录，即商船的货物报关单（Manifesto）。表2－6A和2－6B是1846年25艘商船申报的进口货物清单和3艘商船的出口货物清单。

表 2－6A   1846 年 25 艘商船的进口货物

货物	数量	货物	数量
稻米	22252 袋 11727 担 19Gunes	菜豆、芒果	228 担
铜（片）	1309 担 10 箱	可可油	15 担 4 瓶
兽皮/皮革	1174 担 4 包 1525 张	竹笋、竹竿	2 担 1190 根
苏木	6766 担	铅	141 担 4791 块 250 巴塔
杂货	43 箱 53 包,12 万元	锡	1 箱 654 巴塔
货币	2 箱,8500 元	硝石	660 担 1000 袋 327Gunes
沉香	12 箱	胡椒	424 Gunes
棉花	192 包	羽毛	22 箱
鱼翅	28 担 58 筐 123 包 1 袋	人心果	41 箱
海参	140 担 340 筐 35 袋	樟脑	7 箱
铁炮	38 门	核桃仁/杏仁	11 担 1 包 3Gunes
鱼肚	34 担 91 筐 66 包	象牙	105 棵 1 袋 2 捆
煤炭	21 担	丁香	8 箱 21 袋
药材	107.5 箱	铁/铁环	100 包 50 捆
席子	893 捆 10 包	镜子	8 箱
鱼饵	23 担 1 筐	木薯粉	560 小桶 18 大桶
燕窝	44 担 17 箱 6 斤	亚麻缆绳	106 件
肉豆蔻	21.5 担 2 箱 4 桶	耶子壳纤维绳	320 件 1000 阿罗巴
白藤	1335 担 19076 捆	帆布	70 件

———————————

① *A Aurora Macaense* 1（1843）：3；8（1843）：38－39.

续表

货物	数量	货物	数量
龙血树脂	6 担 14 Gunes	奶油	13 桶
啤酒	100 箱	苹果	13 箱
地板砖	75 担	烟草	262 箱 3108 桶
木材（柚木）	48 块	鸦片	33 箱
玻璃（碎片）	5 箱 145 担 3 桶	水牛角	283 只
葡萄酒	1017 箱 1689 阿尔穆德 2240 桶	Ninho branco	17 箱
橄榄油	51 箱 41 阿尔穆德 63 桶	Ninho Cabello	20 箱 20 筐
肥皂	322 箱 175 担 30 筐 34Gunes	蜂蜡	6 箱 1 包
醋	17 桶 90 阿尔穆德	土豆	10 筐
羊毛布料	50 件 41 包	火药	20 桶
杜松子酒	150 盒	包裹	73 件
彩色手帕	79 件 1 箱 1 包		

表 2－6B　1846 年 1 月 3 艘商船的出口货物

货物	数量	货物	数量
水果干	5 大桶	茶 叶	5416 包
食 糖	5 大桶	杂 货	6 箱 19 包
书 籍	2 箱	龟 甲	4 箱
扇 子	6 箱	陶 瓷	7 箱
桂 皮	4211 箱	大 黄	2 箱
雪茄烟	1 箱	海 螺	1 箱
漆 器	2 箱	白 藤	2285 捆
鞋 子	1 箱	白 矾	933 袋
画 册	1 箱	木 材	20 块
辰 砂	3 箱		

注：进口货物包括 1 月、3~4 月及 9 月初 25 艘商船的货载，商船分别为：西班牙美丽号、西班牙和平号、4 艘外国船、西班牙威螺蛳号、西班牙新比把努号、2 艘免税外国船、荷兰苏门达拉号、西班牙圣博尼度号、西班牙比斯开孖号、英国道格拉斯号、西班牙希尔号、英国鲁巴瑞号、西班牙科美他号、西班牙友谊号、西班牙威卢斯号、英国雷切斯特号、小火船、马忌士号、特列麦加号、阿布克尔克号、希望号。进口商品有 70 余种。进口量较小者：胭脂红 3 箱、鼻烟 2 箱、钟表 1 箱、帽子 1 箱、檀香木 3 捆、果干 1 箱；出口货物仅为 1 月内 3 艘商船的货物，商船分别是：葡萄牙行动号、葡萄牙新邮船号、葡萄牙埃玛号。

资料来源：*Boletim Official* 6（1846）；19（1846）；36（1846）。

在《澳门宪报》的其他卷号上，类似的商船货物报单尚有多件，如 1847 年 6 月 10 日 1 艘商船的进货单，内有 597 袋稻米、2 箱龟皮、7 筐海参、1 箱樟脑、340 包棉花、1 箱咖啡、26 包铅、1 箱巧克力和 15 箱各色货物等。1852 年 6 月内 4 艘商船的进货清单包括：7305 捆白藤、5007 担稻米、120 担谷子、72 箱 98 包肥皂、5 箱 126 筐鱼肚、30 包鱼翅、3884 块铜、2 箱雀巢、11 箱 2 包布料、21 袋罗望子果、36 箱西米、102 担胡椒、6 箱丁香、6 袋咸鱼、2 捆兽皮、506 张皮革、2 桶 2 瓶生油、2 箱巧克力、5 箱乌龟、2 箱樟脑、90 箱烟草、29 箱葡萄酒、272 袋咖啡、763 袋芒果、184 担苏木、2 吨 42 块柚木板、111 包耶子壳缆绳和 1 包席子等①。

除了这些不完全的货物报单以外，当时人的记载同样是值得注意的重要史料。曾于 1843～1844 年旅居香港的达维森（G. F. Davidson）在其游记中两处描述了鸦片战争结束后澳门贸易恢复的情况：

> 对华战争开始以来，澳门逐渐兴旺起来，她的许多居民成了富人，因为形势的发展把英国对华贸易转移到了她的港口。当地政府趁此有利时机，改善城市，重铺街道，建起一座漂亮的海关大楼，还改善了对约翰牛（英国）的开销。

> 对华战争以前，澳门的贸易微不足道，财政一向入不敷出。为形势所迫，英商不得不离开广州，几乎全部来到澳门栖身，直到澳葡当局应中国方面要求而不再对英商加以保护为止。接下来，他们又不得不到他们的船上躲避，不少人在船上待了近一年，直到战争爆发才得以返回澳门。他们的到来迅速吸引了数以百计富有而体面的华商前来，澳门的贸易和收入因此而翻了两番。澳门总督得以向里斯本献上一笔数额可观的汇款（而此前他照例每年要从里斯本

---

① *Boletim Official* 23－24（1847）：93；*Boletim Official* 13（1852）：48. 略去了一些进口量较小的项目。

获得 4 万元），重建了许多公共建筑，全面改善市容，同时给这里生活的每一位妇女和儿童增加了财富和舒适。①

亚马留总督在澳门的扩张导致中葡关系紧张和出现危机，特别是中国海关遭到驱逐而移设黄埔后，引发了人口和资本撤离澳门的现象，令澳门港口的贸易遭受严重挫折。卡尔代拉（Carlos José Caldeira）描述了他 1850 年 6 月到达澳门时所看到的情况：

> 以上就是我到达澳门时这个殖民地的政治和财政状况。贸易状况同样不佳：港口一片冷清；几乎没有生意，市场也没有货物；所剩不多的鸦片贸易也在缩减；澳门商人在鸦片和汇兑方面进行的投机活动都在广州完成。②

然而，这种挫折并没有持续下去，而是随着新因素的出现而中断了。卫三畏（S. W. Williams）在其编写的《中国商业指南》中称：

> 然而，两三年之后，这个殖民地的贸易开始恢复了，在 1854 年和 1855 年广州府地区陷于兵荒马乱期间，澳门的繁荣几乎达到了 1843 年的程度。贸易的最大部分是由轻型船完成的，其中不少归华人所有或者由他们管理，至少运送 3 名葡萄牙人以管理贸易。这些船出没于上海到海南之间的沿海，有一些经过较长时间的间隔

---

① G. F. Davidson, *Trade and Travel in the Far East*; *or*, *Recollections of Twenty-One Years Passed in Java*, *Singapore*, *Australia*, *and China* (London: Madden, 1846), pp. 217, 229.

② "Tal era á minha chegada a Macáo a situação politica e financeira desta colonia. O estado do commercio tambem nada tinha de favoravel: o porto estava deserto; quasi nenhumas trasacções havia, nem generos na praça sobre que se fizessem; algum resto de commercio de opio hia de todo escaceando, e as especulações que ainda faziam os negociantes de Macao sobre opio e cambios eram todas effectuadas em Cantão." in Carlos José Caldeira, *Apontamentos D'uma Viagem de Lisboa à China e da China a Lisboa* (Lisboa: Typographia de G. M. Martins, 1852), p. 120.

后回到澳门。许多船被华人用来运送和保护他们的中式平底船免受沿海海盗的侵害。它们也载运货物前往许多小地方，招来一些沿海当地人怀疑的眼光。澳门本身没有加工业和出口货，与葡萄牙的贸易非常少。与马尼拉、新加坡和马来群岛其他地方的贸易仍然占用着 3 ~ 4 艘船。①

1854 年 8 月 19 日，澳门总督基马良士（Isidoro Francisco Guimarães）在给葡萄牙海事海外部的公文中报告了贸易恢复的情况：

> 广东省大量的华人逃入该地，导致这里居民大增，引起生活必需品价格昂贵和房租上涨，商业活动也随之增加。今天运来大量的丝绸、烟草、茶叶以及其他此前只经由广州和黄埔出口的货物。该市的仓库已被租用一空。②

20 世纪早期的历史学家，依据他们所掌握的史料，对澳门贸易的恢复亦有所论述。徐萨斯（C. A. Montalto de Jesus）依据有关资料指出：

> 得益于基马良士（Isidoro Francisco Guimarães）总督的出色管理以及太平军暴动、亚罗号战争期间人口和商业的涌入，澳门的财

---

① S. Wells. Williams, *A Chinese Commercial Guide*, *Consisting of a Collection of Details and Regulations Respecting Foreign Trade with China*, *Sailing Directions*, *Tables*, *&c* (Canton: Fourth Edition, Revised and Enlarged, The Office of The Chinese Repository, 1856), pp. 265 – 266.

② "O acréscimo de habitants em consequência do grande número de Chinas de Cantão que aqui vieram refugiar-se, tém produzido enorme crestia nos comestíveis e rendas das Casas. […] e bastante tem aumentado o comércio deste Estabelecimento, vindo hoje a Macau muita seda, tabaco, chá, e outros géneros que dantes se exportavam somente de Whampoa e Cantão. Os Armazéns que há na Cidade estão todos alugados […]" in Alfredo Gomes Dias, *Sob o Signo da Transição-Macau no Século XIX* (Macau: Imstituto Português do Oriente, 1998), pp. 98, 101.

政状况得到改善。华人群体现已增至 5 万，而葡萄牙人则持续减少。仅在 1857 年 5 ~ 6 月间的一个月内，就有 60 艘商船进入澳门港口，这是鸦片战争以来从未有过的数目。①

克伦班（Eudore de Colomban）亦写道：

得益于中国海关（Ho-Pu）的撤离，1849 年大危机之后出现了一个新的繁荣时期。广东省所经历的大暴乱，使得大量中国人逃入澳门，为之带来了大量的资本和生意。丝绸和茶叶的制造与销售已成为重要行业，爆竹、草席等其他行业也为该殖民地增添了活力。②

众所周知，航行活动是贸易发展的基础和条件。参照前节所述澳门商船活动的数据，加之有记载的部分商船的货物清单，并参照时人的原始记载，可以肯定，在 19 世纪四五十年代，澳门港口的进出口贸易处于发展的态势。

二　贸易结构分析

上节对进出口贸易总值的考察表明，在晚清头 20 年间，澳门

---

① "A situação financeira de Macau não teria ficado melhor, não fosse a excelente administração do governador Guimarães e um influxo de gente e de comércio durante a rebelião Taiping e a guerra do Arrow. A comunidade chinesa excedia agora os cinquenta mil, enquanto a portuguesa decrescia constantemente. Só num mes, Maio a Junho de 1857, sessenta barcos entraram no porto de Macau, um número sem precedents desde os dias da Guerra do ópio." in C. A. Montalto de Jesus, *Macau Histórico*（Macau：Primeira Edição Portuguesa da Versão Appreendida de 1926, Livros do Oriente, 1990）, p. 279.

② "Após a grande crise de 1849 devida à extinção do Ho-Pu, surgiu uma nova era de prosperidade. A grande rebelião que assolou a província de Cuang-Tung, fez afugentar para Macau muitos chineses ricos, que para esta cidade trouxeram os seus capitais e negócios. O fabrico e comércio das sedas e do cha tomou grande importancia. Outras indústrias como as dos panchões, esteiras, etc., davam tambem vida à Colónia." in Eudore de Colomban, *Resumo da História de Macau*（Macau：Editor Jacinto José do Nascimento Moura, 1927）, p. 125.

港口的贸易处于发展态势，而不是一个衰落的过程。为了进一步深入考察，需要对总量变化过程中内部结构的变化加以考察。这种考察有助于揭示澳门发展进程的内在联系，观察澳门港口贸易发展的基本走向，从而客观把握澳门港口在晚清时期所扮演的角色。

本节将从两个方面入手，讨论澳门海上贸易的下列两种结构，即进出口贸易的商品结构与进出口贸易的地区结构。

1. 进出口贸易商品种类

有数据显示，在鸦片战争爆发后的 1841～1842 年，每年有 2 艘商船由里斯本起航，中经里约热内卢，载运葡萄牙的葡萄酒和白酒、钱款、食醋、大麦米和玻璃品；也运载来自印度、马来港口和爪哇的货物，如槟榔、象牙、燕窝、檀香木等①。《澳门的曙光》（*A Aurora Macaense*）1843 年 2 月 15 日第 2 号附刊"商业观察"栏目述及主要贸易项目的情况，其中除详述鸦片进口规模及行情外，还提到棉花、茶叶、生丝、蔗糖以及其他中国货物②。

此外，我们在《澳门土生代言人》和《澳门宪报》上获得了若干份有关进出口货物及其价格的数据。透过这些数据，我们可以对较早阶段澳门港口贸易的主要商品种类有一个大致的认识。

《澳门土生代言人》的"商业观察"栏目中，除了披露有关鸦片进口和销售行情外，还刊布进出口主要货物及其价格。表 2 - 7 是该报于 1844 年 3 月 13 日公布的进出口主要货物及其价格。

随着贸易活动的逐渐恢复，见诸记载的进出口商品的种类也在增加。以下是《澳门宪报》于 1849 年 5 月 12 日刊登的一份进出口货物品种及其价格的数据：

---

① A. H. de Oliveira Marques, dir. , *História dos Portugueses no Extremo Oriente*, 3.°
Volume, *Macau e Timor-Do Antigo Regime à República*, pp. 165 – 166.

② *A Aurora Macaense* 5（1843）：25.

进口货物：犀牛角（交趾支那及马来亚海）、沉香（一、二等）、棉花（菲律宾、马德拉斯、孟加拉国、孟买、美洲）、槟榔、稻米（菲律宾、孟加拉国、爪哇）、鲨鱼翅（一、二等）、嘲鹈翅（一、二等）、椰子油、海草、黑海参、鱼肚、白兰地、羊毛布（荷兰、英国）、亚麻绳、耶子壳纤维绳、锡（班卡、海峡）、铅（卷装、条材）、樟脑（马来亚沿岸）、小豆蔻、丁香（摩鹿加、毛里求斯）、槟榔香料（勃固、马来亚沿岸）、大麦米、雪茄烟（马尼拉）、胶、胭脂红、贝壳、虾干、水牛角、蜂蜡（生蜡、蜡烛）、原皮（水牛、母牛）、Cato gambel、象牙（一、二、三等）、乌木、席子（草、芦苇）、铁（条材、软条、薄片、钉）、肉豆蔻花、野生豆蔻花、杜松子酒、肉豆蔻（精选、带皮、野生）、雀巢（一至四等）、Ninho de cabello、金粉、鸦片（帕特那、贝纳尔、麻尔瓦）、Pucho、燧石（天然的、切过的）、火药（粗的、罐装精细）、胡椒（黑、白）、西洋火腿、鸟羽毛、鲍鱼、杜父鱼、雌犀牛皮、白藤（班加尔、海峡）、硝石（孟加拉国）、西米（珍珠、普通）、Seriboa、檀香木（马拉巴尔、帝汶、桑德维奇）、皮革、肥皂（西洋、孟加拉国、孟买、西班牙）、啤酒、烟叶、龟甲（一、二、三等，细薄，带角）、碎玻璃、红白葡萄酒（马德拉、波尔图、安达卢西亚、波尔多）、淡红葡萄酒。

出口货物：泉州块状糖、广州糖、粒状糖、茶叶（Hisson、Pauchom、色种 Suchom、Perola、Huichin、Sequim、工夫 Confú）、桂皮、樟脑、花布、南京布（一、二等）、黄布（一、二等）、漆器（Lanquas）、黑羽纱、染色羽纱、Naucim preto、Naucim de cores、金箔、金条、白矾、中国根（Pao China）、爆竹、纸张、砷酸、大黄、黑缎子、染色缎子、生丝（一、二、三等）、泉州烟草。①

---

① *Boletim Official* 64（1849）：26.

表 2-7　澳门进出口货物及其价格（1844 年 3 月 13 日）

进口		出口	
货物	价格	货物	价格
孟加拉国棉花	10～11 元	广州糖	—
马德拉斯棉花	10～10.5 元	泉州糖	—
孟买棉花	8.5～9 元	樟脑	28～30 元
槟榔	4～4.5 元	樟脑	8～9 元
锡	15～16 元	白矾	—
黑胡椒	5～5.5 元	头等生丝	—
帝汶檀香木	5～6 元	二等生丝	—
马拉巴尔檀香木	7～8 元	头等粗丝	—
新地檀香木	5～6 元	二等粗丝	—
哥斯达白藤	3.5～4 元		
班加尔白藤	4～4.5 元		

资料来源：*O Procurador dos Macaistas* 2（1844）。

　　尽管这些清单缺少各种商品进出口数量和价值的总量数据，但毕竟是我们所能得到的为数不多的宝贵史料。根据这些记载，我们还是能够对主要的进出口货物种类有一个基本的了解。从这两份清单来看，进口商品种类大约 60 种，远远多于出口产品（近 30 种）。这是澳门海上贸易适应澳门人口增长、城市消费功能增强而出现的结构调整。此外，货物列表显示，较之于鸦片战争前，澳门进出口商品结构并无显著变化，这说明，鸦片战争后的新格局尚在形成之中，它对澳门贸易尚未产生立竿见影的效果。

　　2. 地域分布

　　进出口贸易的地区结构，是贸易活动在地域分布上的展开，反映贸易关系的性质，体现港口在贸易网络关系中的角色和地位。因此，考察澳门海上贸易的地区分布结构，是分析澳门港口贸易发展和角色转变的题内应有之论。

　　（1）远洋船进出口贸易的地域分布。

　　根据澳葡船政厅的统计，晚清时期澳门远洋海船和轮船贸易可分为两组：一是传统上进行的澳门与外国港口之间的不定期贸易；二是澳门与香港、广州等口岸之间的定期轮船贸易。就实际运作过程而言，又可进一步分为三个地域：一是澳门与香港之间的贸易；二是澳门与广州等中国内地口岸间的贸易；三是澳门与外国港口之间的长途国际贸易。在晚清70余年的不同阶段，这三个领域的贸易各有增减变化，它们的相对地位和重要性也前后不同。分析这种差异和变化，有助于对澳门海上贸易变化的进程做出总体评价。

发展的基本趋势：不定期远洋贸易在鸦片战争之后的数十年间，显示出较好的发展势头；印度西部口岸（特别是果阿和孟买）、爪哇、菲律宾口岸（主要是巴达维亚和马尼拉）构成最重要的货物来源地；而孟加拉国、新加坡和索洛则构成航行密度较小的贸易领域；各类一般性货物规模大小不等地从这些港口汇集到澳门①。根据《澳门的曙光》1843年2月15日附刊披露，在该季风期内，澳门港有2艘开往加尔各答、1艘开往孟买，1艘开往果阿、2艘开往帝汶，6艘开往巴达维亚②。澳门与香港之间的定期航运贸易则处于起步阶段，从无到有，由小到大，逐步增加。澳门与广州之间的贸易较为稳定，没有明显增加。这种地域分布，反映了鸦片战争后澳门贸易关系的新变化。

（2）华船进出口贸易的地域分布。

作为晚清时期澳门港口贸易新发展的领域，华船贸易在其发展的不同阶段，经历了规模上的变化和结构上的调整，在整个进出口贸易中发挥了不同的作用。

正如前章所述，澳门华船贸易作为晚清时期澳门海上贸易发展的新现象，主要是往返于近海领域，沟通澳门与香港及中国内地港口之间的贸易联系。与航行船数与吨位的变化相联系，两个区域在贸易额的分布上也表现出不同。

---

① A. H. de Oliveira Marques, dir., *História dos Portugueses no Extremo Oriente*, 3.°Volume, Macau e Timor-Do Antigo Regime à República, p. 166.

② *A Aurora Macaense* 5（1843）：25.

澳门与香港之间的贸易是澳门华人帆船贸易的重要领域。由于交易货物以及沿海地域关系的变化，澳门与香港之间的贸易在晚清时期经历了前后不同的发展速度。就本章所论时期而言，由于香港尚在建设当中，且依照章程不能与非条约口岸贸易。所以，澳门华船在沟通香港与中国内地口岸特别是粤西口岸之间的贸易中赢得了一定的发展空间。

澳门与广州等中国内地口岸之间的贸易，占据澳门华船贸易的较大部分。根据一份专门研究澳门华船贸易的报告，澳门华船与中国内地口岸间的贸易实际上由四个部分构成：①由澳门向中国内地出口外国货；②由澳门向中国内地再出口华货；③进口华货向海外再出口；④进口华货用于当地消费①。这样的构成，反映了鸦片战争后澳门贸易关系的变化，也体现了澳门贸易功能的转变。作为一个传统的国际贸易港口，澳门继续扮演着华货（如丝绸、茶叶等）出洋和洋货（鸦片、稻米、生油等）入华转运港的角色，同时，也增强了为澳门本身提供消费品的贸易功能。

小　结

针对长期流行的衰落模式缺乏具体历史数据支持的缺陷，本章尽可能搜集了有关澳门港口航运贸易的原始资料。这些数据尽管还不够全面和系统，但足以揭示这样的事实，即在鸦片战争后的近 20 年间，除去短暂的挫折，进出澳门港口的各类商船的数量和吨位保持着较高的数值，澳门港口的商业活动不是减少了，而是增加了。不仅如此，还有新的贸易力量和船型加入澳门港口的贸易队伍，船舶的国籍结构亦更加开放，并开拓了新的航运贸易区域。

这种局面的出现，是可以得到合理解释的。

---

① "Relatório da Commissão Nomeada para Estudar as Causas da Decadência da Navegação Costeira para Macau," *Boletim Official* 45（1889）：344.

　　正如本书首章所指出的，鸦片战争后中外贸易新格局的形成需要一个过程，而香港的开发也需要时日。事实上，"香港作为一个货物集散中心的地位，直到1860年左右还没有确立下来。在1850年之前，香港主要是一个行政中心和军事中心"①。因此，英人割占香港，不可能对澳门港口的贸易立即产生的影响。事实上，作为一个有几百年海外贸易历史的港口，在鸦片战争结束后，很自然地恢复并延续了战前的发展。

　　1849年中葡关系的危机的确曾使澳门的贸易遭受严重挫折。然而，这种挫折并没有持续下去，而是随着新的因素的出现而中断了。结果，澳门港口的航运贸易又恢复了先前的发展趋势。

　　这一时期澳门港口商业活动的增长，主要归因于太平天国运动在广东地区所产生的影响。它使接受西方列强商船的中国港口陷入瘫痪，从而促进了澳门商业活动的增长。根据有关文献记载，太平天国运动爆发后，澳葡当局从自身利益的考虑出发，采取中立立场，声称对进入澳门的华人加以保护。于是，大量华人因为躲避战乱而涌入澳门，其中不乏携带资本者，从而为澳门带来了商机。

　　于是乎，澳门港口的贸易摆脱了挫折，保持了持续发展的势头，而且为19世纪60年代后更大规模的发展奠定了基础。本章的研究结果表明，衰落模式认为鸦片战争后澳门海上贸易"一落千丈"的定论，不是来自对历史事实研究的结果，而是一种文学想象。

---

① Baruch Boxer, *Ocean Shipping in the Evolution of Hongkong*, p. 14, 转引自聂宝章编《中国近代航运史资料》第一辑（1840~1895）（上册），上海：上海人民出版社，1983，第316页。

第三章　19 世纪六七十年代：
稳中趋增

在经历了 19 世纪 50 年代的恢复之后，澳门港口的航运贸易在进入 60 年代后继续保持发展。"葡萄牙人在 1846 年将澳门变成一个自由港，极大地推动了贸易发展。作为远离本国的一隅，澳门的贸易有很多特色。它既是在中国领土内的一个自治的自由港，又是一个几大类商品的非法贸易中心，并影响皇家的海关税收和其他税收。围绕澳门周围的海关警戒圈最近已组成，货物偷漏税已降到最低程度。"① 1861 年，澳门总督基马良士在一份有关澳门形势的报告中，曾预测澳门的贸易状况："总体而言，可以认为澳门的贸易处于繁荣的状态；巴萨尔商业区（Bazar）供货充足，华人社群进行大量的贸易。……物价居高不下，房屋租金也并不低于大部分外国人撤往香港前所希望的数字。"②

第一节　航运规模与结构的变化趋势

自 19 世纪 60 年代起，随着《澳门宪报》出版的定期化，我们得

---

① 《1871～1872 年广州口岸贸易报告》（粤海关 1873 年 1 月 31 日），载广州市地方志编纂委员会办公室、广州海关志编纂委员会编译《近代广州口岸经济社会概况——粤海关报告汇集》，广州：暨南大学出版社，1995，第 82 页。

② A. H. U., *Macau-Timor*, Pasta 28, Capilha 1, Documentação N.º 4, in A. H. de Oliveira Marques, dir., *História dos Portugueses no Extremo Oriente*, 3.º Volume, *Macau e Timor-Do Antigo Regime à República* (Lisboa: Fundação Oriente, 2000), p. 182.

以通过该报获得较为系统的港口登记数据。按照澳葡当局的规定，船政厅（Capitania do Porto de Macau）官员负责搜集有关进出口贸易的资料，并定期在《澳门宪报》的"港口动态"（Movimento do Porto）栏目中刊布，内容包括船名、国籍、吨位（自 1863 年 7 月 1 日起）、船长、来源地和目的地、货载等信息。由此，我们可以根据官方统计资料对进出口商船数量与吨位的总体规模及其内部结构进行量化考察。

一　商业航运总体规模的波动与增长

1. 进出口商船数与吨位的系列数据

1868 年之前，船政厅所提供并刊布的澳门港口航运和贸易的资料仅包括进出澳门港口的远洋商船；对于往返于澳门与中国内地口岸的华船的航运贸易活动，则缺少具体的统计资料。有关远洋海船的航运贸易资料每周一次，刊布在《澳门宪报》的"港口动态"栏目中。表 3 - 1 是笔者依据《澳门宪报》相应年份的资料统计出来的结果。

表 3 - 1　1861 ~ 1870 年澳门港进出口船只数量与吨位

年份	进港（艘/吨）	出港（艘/吨）	合计（艘/吨）
1861	193	197	390
1862	202	198	400
1863	199	187	386
1864	264	250	514
1865	277	265	542
1866	185/87543	187/87870	372/175413
1867	146/72646	153/75225	299/147871
1868	110/54487	121/49520	231/104007
1869	96/49132	103/53588	199/102720
1870	103/57737	98/53100	201/110837

资料来源：*Boletim Official VII – XIII*（4 de 1 de 1861 a 11 de 2 de 1867）；*Boletim Official XIII – XIV*（18 de 02 de 1867 a 21 de 12 de 1868。1866 年见 *Boletim Official* 22（1867）：124 - 125；1867 年见 *Boletim Official* 6（1868）：34；1868 年见 *Boletim Official* 6（1869）：30 - 31；1866 ~ 1870 年又见 *Relatorio e Documentos sobre a Abolição da Emigração de Chinas Contratados em Macau Apresentado às Côrtes Sessão Legislativo de 1874 pelo Ministro e Secretario D'estado dos Negócios da Marinha e Ultramar*（Lisboa：Imprensa Nacional，1874），p. 80。

表 3 - 1 显示，在 19 世纪 60 年代的 10 年间，进出澳门港口的远洋商船，最少的年份为 199 艘，最多的年份为 542 艘，而年均达到 370 艘。显然，仅就远洋航运而言，澳门港口的航运较 50 年代有了大幅度增长。此外，澳门与广州、香港之间有定期的轮船航运，澳门与中国内地口岸（特别是粤西口岸）则有大量的华船贸易。如果将这些航运活动一并考虑进去的话，那么增长的幅度会更大，澳门港口的商业航运显示出明显的增长势头。

19 世纪 60 年代澳门远洋航运业的增长，与苦力贸易的发展有着极为密切的关系。根据澳葡华工出洋监理署官员马忌士（A. Marques Pereira）所提供的资料统计得出，1860 年 6 月至 1861 年 3 月间，由澳门港口驶出的苦力船为 17 艘，总吨位达 15575 吨，平均吨位为 916 吨，合共向古巴和秘鲁运送华工 7718 人[1]。美洲殖民地对出洋华工的需求，构成澳门远洋航运业的一个重要动力。

19 世纪 60 年代澳门航运贸易的增长也在很大程度上得益于第二次鸦片战争的影响。葡萄牙海事海外部于 1869 年 12 月向葡萄牙立法会提交的报告称：

> （中英、中法战争）带来了同样的效果，为澳门城带来了更多的人员及现金。人口从 3.5 万人剧增至 8 万。收入从 5 万（元）升至 25 万（元）。通过澳门港的移民的发展，也为（对）此造成了影响，不仅为它带来了大量的资金，而且刺激了财物部门（即公物会——引者注）拍卖的专营权的价格。[2]

自 1864 年首季起，澳葡政府辅政司署开始在《澳门宪报》上公布

---

[1] A. Marques Pereira, *Relatorio da Emigração Chineza e do Porto de Macau Dirigido a S. Ex.ª o Governador Geral de Macau Isidoro Francisco Guimarães* (Macau: Typographia de José da Silva, 1861), p. 34.

[2] 萨安东：《葡萄牙在华外交政策（1851～1854）》，金国平译，里斯本：葡中关系研究中心、澳门基金会，1997，第 214 页。

有关澳门华船进出贸易货物数量和价值的数据，这使得我们有了澳门港口各类船只的全面系统的数据。但是，仍然缺少华船数量的数据。自1868年10月起，《澳门宪报》开始按月刊布有关华船进出澳门港口的数量、类型以及主要进出口货物的数据。据统计，1868年10～12月间，进出澳门港口的华船分别为1251艘和1321艘，总数为2572艘①。

及至1884年12月5日，澳葡辅政司署在《澳门宪报》上公布了由船政厅提供的一份长篇报告，内有1869～1883年华船和远洋船航运情况的统计报表。由此，我们得到了有关19世纪60年代末及整个70年代澳门港口进出船只数量及其吨位的统计资料，如表3－2所示。

表3－2 1869～1880年澳门港进出口船只数量与吨位

年份	进港		出港		合计	
	艘数	吨位	艘数	吨位	艘数	吨位
1869	6171	654926	5912	631855	12083	1286781
1870	6368	676222	6091	648075	12459	1324297
1871	5570	620061	5477	612239	11047	1232300
1872	5579	626235	5556	624960	11135	1251195
1873	5584	626064	5137	582475	10721	1208539
1874	4975	481243	4716	507417	9691	988660
1875	4701	485919	4565	474068	9266	959987
1876	4746	490196	4645	480588	9391	970784
1877	4808	494889	4716	486658	9524	981547
1878	4643	483576	4308	470328	8951	953904
1879	4682	513345	4467	496059	9149	1009404
1880	4730	577309	4267	539736	8997	1117045
平均	5213	560832	4988	546205	10201	1107037

注：保留整数，小数点后四舍五入。

资料来源：*Boletim Official* 48（1884）：456－457。

2. 对系列数据的分析与说明

由表3－2可见，在19世纪60年代末以及整个70年代，每年进出澳门港口的两类商船数量为8900～12400艘，年均达到10201艘；总吨位为95万～132万吨，年均110.7万吨。很明显，就商船数量与吨位

————————

① *Boletim Official* 44（1868）：201；49（1868）：228；2（1869）：7。

来看，澳门港口的航运规模比 19 世纪四五十年代有了大幅度的增加。

此外，该项统计结果也显示了澳门港口进出口船舶规模的波动性。表 3 - 2 中的数据显示，在第一个五年（1869 ~ 1873 年），进出口商船总数和总吨位都处于一个较高的水平，年均分别为 11489 艘和 1260622 吨。此间进出口船数和吨位维持较高的水平与苦力贸易的发展有很直接的关系，因为这个时期正是澳门港口苦力贸易发展的高峰时期。据笔者依据《澳门宪报》资料所进行的统计（详见本书附录"统计表"之表 3 - 1），1868 ~ 1873 年，出入澳门口岸的苦力船共有 196 艘，年均 33 艘；总吨位 156270 吨，年均 26045 吨。苦力船的规模一般比较大，动辄数百吨甚至上千吨，平均规模则为 700 ~ 900 吨①。因此，苦力贸易的大发展促成了此期间澳门进出口船数和吨位的高数值。

在接下来的 7 年间（1874 ~ 1880 年），进出口船数和吨位出现了一个下降的时期，船数由原来的年均 1.1 万艘降至 9000 余艘，再降为 8000 余艘；总吨位则由原来的年均 126 万余吨降至 90 余万吨②。这一变化的重要原因之一是苦力贸易的终止。在国际社会一片呼声之下，葡萄牙政府通过禁令，废止苦力贸易，并从 1874 年 4 月起执行③。在此后几年《澳门宪报》的"港口动态"栏目中，很少能看到此前的大吨位苦力船光顾澳门港的信息。于是，大量的苦力船改往他处，导致了澳门进出口船数和吨位的降低。此外，1874 年 9 月的台风也对航运贸易造成了一定的影响。根据相关部门的调查报告，各类船舶的损失估计接近 100 万元；各华人商行的货物损失达 334500 元，总的损失估计达 40

---

① 1871 ~ 1873 年，年均 29.3 艘。参见 *Relatorio e Documentos sobre a Abolição da Emigração de Chinas Contratados em Macau Apresentado às Côrtes Sesssão Legislativo de 1874 pelo Ministro e Secretario D'estado dos Negócios da Marinha e Ultramar*（Lisboa：Imprensa Nacional，1874），p. 57。

② 著名港口工程师洛雷罗（Adolpho Ferreira de Loureiro）在其于 1884 年提交的报告中，对 1869 ~ 1883 年澳门港口进出口船只数量和吨位有另外一个统计表。详见本书附录"统计表"之表 3 - 2。

③ 详见 "Portaria N.º 1 para se Executar o Disposto na Portaria N.º 89 de 27 de Dezembro de 1873, 2 de Janeiro de 1874," *Boletim Official* 1（1874）：1。

万元；台风期间倒塌的华人房屋达 1172 间①。

不过，值得注意的是，苦力贸易终止对澳门航运的影响并未持续下去，在 19 世纪 70 年代末，虽然进出口船数尚未回升，但吨位数已见恢复，接近此前的数字。这不仅为 80 年代以后的更快增长奠定了基础，并且为两类商船相对地位的改变准备了前提。

二　航运规模的船型结构

在澳门船政厅的统计资料中，一般是将参与澳门港口贸易的各种商船归为两大类，即华船单独统计，而把远洋船和轮船合为一组统计。为了进一步考察航运总体规模变化的具体因素，须考察两类商船的相对构成。以下，我们将按照两组统计资料，考察这两类商船在进出口总吨位中的相对地位。先看表 3 - 3。

表 3 - 3　1869～1880 年澳门港进出口商船及其吨位构成

年份	华船		远洋船/小火船	
	船数	吨位	船数	吨位
1869	10989	973288	1094	318492
1870	11366	1002882	1093	321415
1871	9760	861176	1287	371124
1872	9907	874148	1228	377048
1873	9698	855705	1083	348834
1874	8700	731647	991	257013
1875	8232	726353	1034	289534
1876	8174	721235	1217	250049
1877	8308	733059	1216	248488
1878	7889	696088	1244	257816
1879	7700	679412	1449	328373
1880	7155	630415	1842	486430
平均	8990	790451	1232	321218

注：平均值计算保留整数，小数点后四舍五入。

资料来源：*Boletim Official* 48（1884）：456. 另见 Adolpho Ferreira de Loureiro，*O Porto de Macau-Ante-Projecto para o seu Melhoramento*，（Coimbra：Imprensa da Universidade，1884）pp. 36，37. 该书个别数据计算有误。

---

① *Tufão de 74*［*Texto dactilografado*］：22 e 23 de Setembro de 1874：*Relatorios*，etc.（Macau：s. n.，1874），pp. 25，26，29.

表 3 - 3 显示，在 19 世纪 60 年代末及整个 70 年代，华船进出口船数年均 8990 艘，年均总吨位为 790451 吨，分别是远洋船的 7.3 倍和 2.5 倍。可见，华船不仅在进出口船数上，而且在进出口吨位上，都远远超过远洋船。这种数量关系反映了澳门华船在澳门海上贸易中的重要地位。

从表 3 - 3 还可以看出，从 19 世纪 60 年代末至 70 年代末，进出澳门港口的华船从船数到吨位都出现了持续的下降，分别由 1 万艘以上和 90 万吨以上降到了 7000 余艘和 60 余万吨；而远洋船方面则出现了短暂小降后持续回升的局面：前 5 年（1869～1873 年）保持 1000 余艘和 30 万吨以上的数字，在经历了由于废止苦力贸易而导致的缩减（1874 年仅有 900 余艘和 25 万多吨）之后，船数和吨位均持续回升，到这个时期结束时已经接近或者超过此前的水平，在船数和吨位数上与华船运输的差距也大为缩小。正是后者的增长使得整个时期进出口总船数和总吨位仍保持较大的规模；前文所述航运总体规模的缩减，主要是由于华船航运规模的持续下降。

三 远洋船/轮船数量与吨位的结构变化

1. 增长趋势的变化

按照葡澳当局海关的统计，轮船航运资料归为两类：不定期的远洋运输和定期的轮船运输（含小火船运输）。在进出口商船数量和吨位总量增长的过程中，这类商船的航运也经历着内部结构的改变，如表 3 - 4 所示。

统计表显示了若干重要事实。首先，在统计资料涵盖的前 5 年，不定期航行每年进出口船数为 174～237 艘，吨位为 10 万～15 万吨；定期航行的进出口船数为 900～1000 艘，吨位则保持在 21 万～23 万吨。可见，两类商船的进出港规模均维持在较高的水平。

然而，在接下来的 7 年间，两类商船显示出不同的发展轨迹。不定期远洋船在 1874 年骤降至 90 艘，吨位减至 4.7 万吨；1877 年更降至

表 3 - 4　1869～1880 年澳门港远洋轮船进出口船数与吨位

年份	不定期航运		定期航运		合计	
	船数	吨位	船数	吨位	船数	吨位
1869	194	103492	900	210000	1094	313492
1870	193	111416	900	210000	1093	321416
1871	237	140124	1050	230000	1287	370124
1872	228	153048	1000	224000	1228	377048
1873	174	142834	900	210000	1074	352834
1874	90	47013	900	210000	990	257013
1875	34	12034	1000	221500	1034	233534
1876	17	5549	1200	244500	1217	250049
1877	16	3988	1200	224500	1216	228488
1878	44	13316	1200	244500	1244	257816
1879	49	20873	1400	309120	1449	329993
1880	87	31363	1755	455267	1842	486630

资料来源：*Boletim Official* 48（1884）：456。又见本书附录"统计表"之表 3 - 3；1871～1880 年另见 Adolpho Ferreira de Loureiro, *O Porto de Macau-Ante-Projecto para o Seu Melhoramento*,（Coimbra：Imprensa da Universidade, 1884）p. 35。

16 艘，吨位则不足 4000 吨；虽然在本时期结束时已恢复到 87 艘和 3.1 万吨，但仍不及原来的一半。这一变化，正如前文分析的那样，与苦力贸易的废止有直接的关系。与此相反，定期航运非但未出现下降趋势，反而持续上升，到这个时期结束前的最后两年，船数增至 1400 艘和 1700 余艘，吨位则分别达到 30 万吨和 45 万吨。由此可见，苦力贸易的结束，影响主要在不定期远洋航运方面，导致了传统意义上的远洋航运规模的大幅度缩减；而定期汽船航运的稳定与增长，则使得轮船航运的总体规模持续回升并超过了此前的数字。

此外，从世界范围来看，近代航运业的发展经历了由帆船向蒸汽轮船的转变。这个转变同样反映在澳门近代航运业的进程之中。如前所述，澳穗、澳港之间的定期运输自始就是轮船运输；而在不定期的远洋运输中，则经历了一个由帆船向轮船的转变过程。具体统计结果如本书附录"统计表"之表 3 - 4 所示。表中数据显示，从 19 世纪 60 年代末期至 70 年代中期，在不定期远洋运输中是帆船占据明显优势。到 70 年代末期，轮船已经占据了优势。澳门港口航运经历的这个变化过程与世界远洋航运贸易的演变进程是一致的。

2. 远洋船的国籍结构

来航商船国籍结构的扩展，特别是欧美国家商船的增多，反映了近代时期澳门港口的开放性。依据《澳门宪报》刊布的有关资料，我们统计得出了 1863～1870 年澳门港进出口远洋船的国籍结构（详见本书附录"统计表"之表 3 - 5）。

该表显示，在 19 世纪 60 年代，进出澳门港口的远洋商船绝大部分来自欧美各国。其中最多的是英国（554 艘），其次是德国（425 艘）、西班牙（245 艘）、荷兰（213 艘）、葡萄牙（197 艘）、法国（188 艘）、意大利和丹麦（各 76 艘）等；值得注意的是，葡萄牙商船来航的规模已经逐步缩减，退居欧洲国家中的第五位。这个现象反映了葡萄牙在近代国际贸易中地位的变化，也说明了晚清时期澳门与葡萄牙关系在经贸领域的某种变化。同样值得注意的是，美洲国家中的美国（70 艘）、秘鲁（59 艘）、萨尔瓦多（66 艘）等加入了澳门港口的国际贸易。此一变化的历史背景是苦力贸易的发展。

依据《澳门宪报》所刊布的澳葡船政厅官员的统计报表，笔者加工整理出了 1870～1880 年澳门港进出口远洋商船的国籍结构的数据，如本书附录"统计表"之表 3 - 6 所示。

表中反映出这样一些值得注意的现象。首先是欧洲国家的商船占据着突出的位置。其中仍以英国最为突出（301 艘），英国商船一直保持着对澳门的连续航行，而且每年航行的船数一直保持最大规模。其他如德国（176 艘）、法国（105 艘）、荷兰（99 艘）、葡萄牙（65 艘）、西班牙（77 艘）等国，也保持着多数年份的对澳航行。此外，美洲的美国（74 艘）、秘鲁（126 艘）等国对澳门的航行逐步增多。其次是欧美各国商船往返澳门航行，高度集中于 1870～1874 年（合共 911 艘），而这正是澳门港口苦力贸易大规模发展的时期。这种对应关系，反映了苦力贸易对澳门港口的重要性。

3. 远洋船航运活动的地域构成

自 19 世纪 60 年代末期开始，借助于《澳门宪报》刊布的统计报表，我们有了关于 60 年代末期以迄整个 70 年代进出澳门港口的远洋商船的系统数据，详见本书附录"统计表"之表 3 – 7 和表 3 – 8。

附录中的表 3 – 7 和表 3 – 8 分别记载了 1869 ~ 1880 年不定期远洋船进出口航运的地域分布。统计数据显示了一些值得注意的现象。进出澳门港口的不定期远洋商船，总体规模呈下降趋势，虽然涉及的地区和港口增多了，但是航行密度显然稀疏了许多，绝大部分涉及的港口都不能保持连续性航行。根据 1864 年的统计，澳门港口的 17 艘商船中，5 艘航行马六甲海峡各港口，4 艘前往巴达维亚，1 艘往果阿，4 艘往哈瓦那，1 艘往卡亚俄，2 艘轻型船（lorcha）航行于东部海岸；又据 1869 年统计，2 艘往海峡各港口，1 艘往果阿，1 艘往哈瓦那和里斯本，1 艘往新加坡和孟买，1 艘与香港贸易[1]。在中国内地口岸中，除了广州（往返共 28 艘）外，黄埔（往返共 126 艘）、厦门（往返共 35 艘）的重要性有了显著增长，但仍不能保持每个年份的连续航行。英国管治下的香港继续与澳门保持连续性航行（往返共 486 艘），尽管航行密度特别是作为目的港口的航行密度较前有所减少。另一个值得注意的现象是，在 60 年代末期以迄 70 年代中期，卡亚俄、哈瓦那、伦敦、巴达维亚和三宝龙等外国港口的航行密度有了显著增长。卡亚俄（往返共 124 艘）和哈瓦那（往返共 52 艘）的增长，反映了苦力贸易的发展；而伦敦（出口 72 艘）则主要是向英国输入中国茶叶；巴达维亚、三宝龙等主要是进口稻米、出口茶叶等多种货物。

如前所述，穗澳之间、港澳之间以及澳门与西江流域港口之间的定

---

① A. H. U. , *Macau-Timor*, Pasta 28, Capilha 1, Documentação N.º 5; A. H. U. , *Macau-Timor*, Pasta 38, Capilha 1, Documentação N.º 34, in A. H. de Oliveira Marques, dir. , *História dos Portugueses no Extremo Oriente*, 3.º Volume, *Macau e Timor-Do Antigo Regime à República* (Lisboa: Fundação Oriente, 2000), p. 182.

期轮船贸易，是晚清时期澳门港口新发展起来的贸易分支，并构成晚清澳门贸易的重要组成部分。在这个领域的航行和贸易中，同样表现出船舶结构的多样性。

四　澳门华船队伍的规模与类型构成

1. 华船主要类型

前引澳葡统计部门官员桑巴约（Sampaio）在 1868 年完成的调查报告，提供了澳门华船的类型及其一般吨位规模，但未提供各类船在航运中相对结构的信息①。表 3 – 5 是笔者依据《澳门宪报》刊布的有关资料统计所得的华船航运的船型结构。

表 3 – 5　1868 ~ 1878 年澳门港进出口华船船型结构

年份	进口							出口						
	拖船	头猛船	Contiões	三扒	海舶	扒艇	其他	拖船	头猛船	Contiões	三扒	海舶	快艇	其他
1868	967	346	44	74	—	34	47	1005	309	50	55	5	41	35
1869	2702	2081	327	46	14	9	4	2893	1515	338	53	20	7	3
1870	2437	1265	225	19	—	—	—	2985	831	275	5	—	—	—
1871	1473	504	131	66	8	15	—	1616	326	142	39	6	4	1
1872	1774	370	123	56	2	75	—	2403	210	142	1	—	—	11
1878	816	186	40	6				806	156	41	2			

资料来源：1868 年（9 ~ 12 月）：*Boletim Official*，Vol. XV，№6，08 – 02 – 1869，p. 31；1869 年（11 个月）：*Boletim Official*，Vol. XV，№6，p. 31；№11，p. 64；№14，p. 79；№18，p. 95；№23，p. 115；№27，p. 131；№31，p. 147；№36，p. 167；№44，p. 199；№49，p. 219；Vol. XVI，№1，p. 2：9 月资料暂缺；1870 年（8 个月）：*Boletim Official*，Vol. XVI，№8，p. 40；№13，p. 60；№15，p. 68；№21，p. 92；№24，p. 103；№47，p. 197；№48，p. 201；№51，p. 214；№52，p. 218；Vol. XVII，№2，p. 9；6 ~ 8 月及 11 月进口数据月数据暂缺；1871 年（1 ~ 5 月）：*Boletim Official*，Vol. XVI，№7，p. 29；№8，p. 33；№11，p. 46；№12，p. 49；№16，p. 66；№17，p. 69；№20，p. 81；№22，p. 86；№24，p. 98；№26，p. 106；1872 年（上半年）：*Boletim Official*，Vol. XVIII，№34，17 – 08 – 1872，p. 149；1878 年（3 个月）：*Boletim Official*，Vol. XXIV，№36，07 – 09 – 1878，p. 142；№40，05 – 10 – 1878，p. 159；№47，23 – 11 – 1878，p. 188；№49，07 – 12 – 1878，p. 196；*Boletim Official*，Vol. XXV，№1，04 – 01 – 1879，p. 3。

---

① "Relatorio da Repartição de Estatistica de Macau sobre as Embarcações Chinezas de Macau e as Almas que nellas Habitavam, 12 de Fevereiro de 1868," *Boletim Official* 7（1868）：38 – 41.

从表 3 - 5 的统计结果来看，在 19 世纪 60 ~ 70 年代澳门华船运营过程中，拖船一直是使用量最大的船只，是澳门华船贸易的主要运输工具；位于第二位的是头猛船。这清楚地表明，澳门华人主要是依靠吨位较小的船只开展澳门与中国内地口岸之间的近距离航运和贸易。

2. 数量与吨位变化之原因

进入 19 世纪 60 年代以后，得益于当时的葡文报章，我们开始有了关于澳门华船活动的数据。据《大西洋国》刊布的资料，1864 年，进港华船 198 艘，登记吨位 296330 担（picos）；出港华船 130 艘，登记吨位 195570 担（picos）①。这是我们获得的第一份有关澳门华船活动的资料。另据《澳门宪报》刊载的一份"澳门商业统计"记载，1865 年进口华船 224 艘，登记吨位 307420 担，出口华船 164 艘，登记吨位 205720 担；1866 年进口华船 301 艘，登记吨位 406200 担，出口华船 175 艘，登记吨位 230476 担②。以上统计数据显示，在 60 年代前半期，进出澳门港口的华船数量和吨位都在稳步增长。另外，根据前引澳葡统计局官员桑巴约提交的一份调研报告，1868 年 1 月 25 日停泊在澳门内港和南湾一带的华船，属于澳门者 2471 艘，不属于澳门但经常往返澳门与内地口岸者 806 艘，合共 3277 艘；因为这一天是中国新年，习惯上船家是不出海的③，所以这个数据反映了澳门华船队伍的实际规模。这个时期澳门华船队伍的规模也印证了华船航运的增长情况。

从 1868 年 9 月起，澳门港口官员开始有了系统的澳门华船进出港口的数据，并在《澳门宪报》上予以刊布。据澳葡船政厅统计，在

---

① "Na exportação empregaram-se 244 navios redondos, medindo 84437 toneladas, e 130 barcos chinas, medindo 195570 picos. Na importação os navios de alto bordo empregados foram 248, medindo 88001 toneladas, e 198 barcos chineses, medindo 296330 picos." *Ta-Ssi-Yang-Kuo* 28（2.° Anno）：113.

② *Boletim Official* 22（1867）：125.

③ "Relatorio da Repartição de Estatistica de Macau sobre as embarcações chinezas de Macau e as almas que nellas habitavam, 12 de fevereiro de 1868," *Boletim Official* 7（1868）：38, 41.

1868 年的最后 4 个月间（9～12 月），澳门港进口华船共计 1512 艘，其中 1321 艘载货进港，191 艘压舱入港；出港华船 1501 艘，其中 1298 艘载货出航，203 艘压舱出航①。

自 1869 年起，澳门港口官员提供有关澳门华船进出澳门港口的全年活动资料。表 3－6 是澳葡船政厅官员刊布在《澳门宪报》上的一份统计报表。

表 3－6　1869～1880 年澳门港华船进出口数量与吨位

年份	进港		出港		合计	
	船数	吨位	船数	吨位	艘数	吨位
1869	5627	500171	5362	473118	10989	973289
1870	5819	513441	5547	489441	11366	1002882
1871	4926	434647	4834	426529	9760	861176
1872	4966	438176	4941	435971	9907	874147
1873	5038	444529	4660	411176	9698	855705
1874	4487	359912	4213	371735	8700	731647
1875	4185	369365	4047	357088	8232	726453
1876	4137	365029	4037	356206	8174	721235
1877	4200	370588	4108	362471	8308	733059
1878	4021	354794	3868	341294	7889	696088
1879	3958	349235	3742	330176	7700	679411
1880	3812	336333	3343	294082	7155	630415
平均	4598	403016	4392	387434	8990	790459

注：表中小数点后四舍五入。另见 Adolpho Ferreira de Loureiro, *O Porto de Macau-Ante-Projecto para o Seu Melhoramento* (Coimbra：Imprensa da Universidade, 1884), p. 36。

资料来源：*Boletim Official* 48 (1884)：457。

该统计表显示，进出澳门港口的华船数量及吨位在 1869～1870 年之交达到一个高峰，船数突破 1 万艘，而吨位达到 100 万吨上下。然后

---

① "Tendo o registro das embarcações chinezas principiado em setembro de 1868, não podemos n'este trabalho apresentar o movimento dos barcos costeiros senão nos ultimos quarto mezes do referido anno. As embarcações chinas entradas no referido periodo foram pois 1512, sendo com carga e passageiros 1321, e 191 em lastro. [⋯] Sahiram de Macau no citado periodo 1501 barcos chinas, 203 em lastro, e 1293 com carga." *Boletim Official* 6 (1869)：31.

进入70年代，船数和吨位经历了一个缓慢下降的过程。1873～1874年度形成一个明显的分界点。从1874年开始，船数和吨位数降到了新的低点，此后一直未见回升，及至1880年已减至7155艘，比最高年份的（1870年）11366艘少了4211艘。从进出口分别来看，华船航运的进口规模略大于出口，船数和吨位数分别比出口多206艘和15582吨。再从每艘船的平均吨位来看，这个时期除了1874年为84吨外，其余年份均为88吨，显示华船航运的船型结构并无大的变化。由此推断，下文将要论述的70年代华船贸易额的大幅增长，主要来源于船舶载货率的提高和货物价格的上涨。

第二节　贸易规模的稳增与结构的变化

一　贸易量值总体规模：稳中趋增

进入19世纪60年代以后，得益于《澳门宪报》刊布的港口登记，我们得以对澳门港口全年的进出口贸易进行数量统计。1863年11月，澳葡船政厅官员提供了第一个完整的澳门港口远洋船进出口货物的数量清单，但仍缺少相关价值量的数据；同年12月，船政厅官员首次提供了澳门远洋船进出口货物量值的完整数据①。从1864年起，澳葡船政厅在《澳门宪报》按月刊布远洋船进出口贸易量值，按季度刊布澳门华船进出口贸易量值的完整数据。以下是笔者依据这些资料统计得出的结果。

统计数据显示，1864～1866年，澳门港口进出口贸易总值达到了一个较大的规模，虽然小有波动，但平均水平仍维持在1251万元的较高水平。

---

① "Importação e Exportação de Macau em Novembro de 1863：Quantidades," *Boletim Official* IX，№54，14-12-1863，p.217；"Importação e Exportação de Macau em Dezembro de 1863：Quantidades e Valores." *Boletim Official* 5（1864）：17.

表 3-7　1864~1866 年澳门港海上贸易总值

单位：元（Patacas）*

年份	进口	出口	总值
1864	7146458	5268144	12414602
1865	7697966	5178226	12876192
1866	8182311	4069382	12251693
平均	7675578	4838584	12514162

　　* "Pataca"，全称 "Pataca Mexicana" 或 "Pataca Espanhola"，即墨西哥元或西班牙元。
亚太地区国际贸易中流通的货币之一。澳葡当局在贸易统计、专营承充等领域广泛使用之，
并将其汉译为 "元"，亦作 "圆" 或者 "员"。直到 1906 年，根据葡萄牙政府与大西洋国海
外汇理银行（Banco Nacional Ultramarino，即今之大西洋银行）于 1901 年 11 月 30 日签订的合
约，该银行在澳门发行纸币，"Pataca" 被采用，时称 "银纸"。新货币自 1906 年开始流通，
此即今日 "澳门币" 或 "澳门元" 之缘起。

　　资料来源：1864 年：*Boletim Official* 22，34（1864）：85，133；*Boletim Official* 3，14
（1865）：9，53。又见 *Ta-Ssi-Yang-Kuo*（《大西洋国》），28（2.° Anno，1865）：113。

　　1865 年：*Boletim Official* 22，37，49（1865）：87，147，195；*Boletim Official* 14（1866）：
53。其中第一季度数据 3571898 元有误，重新计算为 3535898 元。

　　另：英国驻澳门领事蓝萨（E. L. Lança）所提供的 1864~1865 年澳门港口进出口贸易值略
有不同（参见 Wm. Fred Mayers，N. B. Dennys and Chas. King，*The Treaty of China and Japan - A
Complete Guide to the Open Ports of Those Countries，Together with Peking，Yedo，HongKong and
Macao*（London：Trubnes and Co.，Paternoster Row；Hong Kong：A. Shortrede and Co.），p. 227.；
又参见 João de Andrade Corvo，*Estudos sobre as Provincias Ultramatinas*，Vol. IV，p. 152。）

　　1866 年：*Boletim Official* 24（1866）：93。第 2~4 季度进出口值及其合计取自 *Boletim
Official* 26，29，35，36，38，43，47（1866）：101，113，139，145，153，174，190；*Boletim
Official* 6，9，14，17，19（1867）：26，45，76，93，105。全年合计为自算，其中海船贸易
缺 2 月统计资料。另据一项商业统计报表，是年进口总值 8829687 元，出口总值 4290538 元，
合计为 13120225 元。参见 *Boletim Official* 22（1867）：125。

　　1865~1866 年又见 *Boletim Official* 22（1867）：125。1864~1866 年又见 *Relatorio e
Documentos sobre a Abolição da Emigração de Chinas Contratados em Macau Apresentado às Côrtes
Sessão Legislativo de 1874 pelo Ministro e Secretario D'estado dos Negócios da Marinha e Ultramar*
（Lisboa：Imprensa Nacional，1874），p. 76。

　　19 世纪 70 年代，《澳门宪报》未见刊布船政厅官员的连续性系列
报表，但是我们仍然查阅到几个年份的资料，并加以整理和统计，如表
3-8 所示。

　　表 3-8 显示，1871 年澳门港口的进出口贸易总值，较之 1865~
1866 年的平均水平略有增长，达到 1281 万元。此后经历了一个增长时
期，到了 1880 年，增加到 2490 多万元，比 1871 年增长 94.4%，几乎

表 3-8 1870~1880 年澳门港海上贸易总值

单位：元（Patacas）

年份	进口	出口	总值
1870（下半年）	1219956	1703218	2923174
1871	8197561	4613051	12810612
1872（上半年）	3374522	1724720	5099242
1880	13385034	11544703	24929737

资料来源：1870 年（7~12 月）：*Boletim Official* 47，52（1870）：196，217；*Boletim Official* 6，13（1871）：25，53。

1871 年：*Boletim Official* 27，33，36（1872）：118，145，157. 又见 João de Andrade Corvo，*Estudos sobre as Provincias Ultramatinas*，Vol. IV，pp. 152，165。

1872 年：取自 *Relatorio e Documentos sobre a Abolição da Emigração de Chinas Contratados em Macau Apresentado às Côrtes Sessão Legislativo de 1874 pelo Ministro e Secretario D'estado dos Negócios da Marinha e Ultramar*（Lisboa：Imprensa Nacional，1874），p. 76。原表内华船贸易值缺；货币单位为厘士（Reis），已按 850 厘士等于 1 元（Pataca）的比例换算为元。

1880 年：*Boletim Official* 48（1884）：461。

翻了一番。即使将统计缺项年份贸易值下降的可能性考虑进去，基本趋势仍然表现为上升。显然，就进出口贸易总值而言，19 世纪六七十年代澳门海上贸易虽有波动，但是，基本趋势是增长，而非持续下降，尤其在 70 年代后期，还有显著增长。此外，就进出口的关系而言，进口值大于出口值，反映了澳门港口消费功能的增强，即进口贸易的一部分是为了供本地需要。出口值较低的原因之一，可能与鸦片走私有关，因为，在 1887 年落实鸦片税厘并征和稽查洋药走私之前，由香港进口到澳门的鸦片，由华船大量走私进入了中国口岸。

二 贸易结构：增长中的转变

1. 船型结构：华船与远洋船比例的变动

19 世纪 60 年代以后，澳葡船政厅官员有了贸易额的报表，使得我们有可能进行这方面的计量研究。表 3-9 是笔者依据有关报表统计得出的 19 世纪 60~70 年代若干年份两类商船进出口贸易额的数据。

表 3 - 9　1864 ~ 1871 年澳门港海上贸易进出口总值

单位：元（Patacas）

年份	华船	远洋船	合计
1864	1332380（10.7%）	11078222（89.3%）	12410602
1865	1371108（10.6%）	11505084（89.4%）	12876192
1866	1292613（10.3%）	10959080（89.7%）	12251693
1870	1162636（39.6%）	1760538（60.4%）	2923174
1871	3236550（25.3%）	9574062（74.7%）	12810612
1879	—	2592376	—
1880	15621612（62.6%）	9308123（37.4%）	24929735

资料来源：1864 年：*Boletim Official* 9，12，17，23，25，29，35，38，43，47（1864）：33，45，65，89，97，113，137，149，169，185；1，5（1865）：1，17. *Boletim Official* 22，34（1864）：85，133；3，14（1865）：9，53。

1865 年：*Boletim Official* 10，15，17，21，26，31，35，38，45，48（1865）：37，57，68，83，104，123，139，151，179，191；1，6（1866）：1，21. *Boletim Official* 22，37，49（1865）：87，147，195；14（1866）：53。

1866 年：*Boletim Official* 10，20，22，26，29，35，36，43，47（1866）：37，79，85，101，113，139，145，174，190；9，14，17（1867）：45，76，93. *Boletim Official* 24，38（1866）：93，153；6，19（1867）：26，105. 全年合计为自算。

1870 年：仅包括 9 个月：*Boletim Official* 47（1870）：196；6（1871）：25；*Boletim Official* 52（1870）：217；13（1871）：53。

1864 ~ 1866 年、1870 ~ 1871 年：另参见 *Relatorio e Documentos sobre a Abolição da Emigração de Chinas Contratados em Macau Apresentado às Côrtes Sessão Legislativo de 1874 pelo Ministro e Secretario D'estado dos Negócios da Marinha e Ultramar*（Lisboa：Imprensa Nacional，1874），p. 76。

1879 年（远洋船第 4 季度）：*Boletim Official* 45（1880）：305。

1880 年：*Boletim Official* 6（1897）：86。

　　统计结果显示，在 19 世纪 60 年代的进出口贸易中，远洋船完成的贸易额占据绝大部分，接近总量的 90%，而华船贸易额仅占一成略多。到 70 年代初期，这一比例关系发生了较大变化，华船贸易额的比重上升到贸易总值的 1/4。此一变化的原因，一方面是因为华船贸易额有了大幅度增长（1.36 倍）；另一方面是因为远洋船中较多的吨位用于出口中国苦力，减少了远洋船的出口贸易量值，导致了远洋船贸易值所占比例的减少。而华船贸易额则持续增长，及至 1880 年，华船贸易额已远远超过远洋船贸易额，占据了贸易总值的 62.6%。由此可见，19 世纪 70 年代后期，华船贸易经历了一个大发展的时期。

2. 商品结构

19 世纪 60 年代以后，得益于葡文报章刊布的有关报告和统计，我们获得了较为系统的数据，可以对进出口商品的结构加以具体考察。根据《澳门宪报》的有关资料，笔者编制了"统计表"之表 3 - 11 和 3 - 14，并进一步将它们简化为表 3 - 10。

表 3 - 10　1864 年澳门进出口贸易的商品结构

单位：元（Patac）

进口		出口	
总值	7146458（100%）	总值	5268144（100%）
鸦片	3909891（54.7%）	硬币	1286496（24.4%）
稻米	849985（11.8%）	茶叶	1068494（20.3%）
硬币	731036（10.2%）	丝绸	642189（12.2%）
丝绸	195207（2.7%）	鸦片	309840（5.9%）
棉花	148557（2.0%）	桂皮	286121（5.4%）
má-cúu	127022（1.8%）	加工烟草	187207（3.5%）
生油	122772（1.7%）	茴香	154900（2.9%）
茶叶	73376（1.0%）	棉花	149100（2.8%）
其他货物	988612（15.9%）	其他货物	1183797（22.6%）

资料来源：附录"统计表"之表 3 - 11 和表 3 - 14。另参见 *Ta-Ssi-Yang-Kuo*（《大西洋国》），28（2.° Anno, 1865）：113。原注：既包括远洋船（navios de alto bordo），也包括沿海航行华船（embarcações chinas de cabotagem）。英国驻澳领事所提供的鸦片进口值和茶叶出口值数字略有不同，参见 Wm. Fred Mayers, N. B. Dennys and Chas. King, *The Treaty of China and Japan - A Complete Guide to the Open Ports of Those Countries, Together with Peking, Yedo, HongKong and Macao*（London：Trubnes and Co., Paternoster Row；Hong Kong：A. Shortrede and Co.），p. 227。百分比为自算。

表 3 - 10 显示，就 1864 年的进口贸易而言，除货币之外的 6 种价值 10 万元以上的进口项目占据了进口总值（7146458 元）的 74.7%，其中尤以鸦片为最，其占比高达 54.7%。另据英国驻澳领事提供的数据，1865 年澳门港进口鸦片 7593 箱，总价值为 3662919 元[1]，约占进

---

[1] Wm. Fred Mayers, N. B. Dennys and Chas. King, *The Treaty of China and Japan - A Complete Guide to the Open Ports of Those Countries, Together with Peking, Yedo, HongKong and Macao*（London：Trubnes and Co., Paternoster Row；Hong Kong：A. Shortrede and Co.），p. 227.

口总值的 47.6%。又据科尔沃（João de Andrade Corvo）提供的数据，1866 年，鸦片贸易占据澳门贸易总值的 43.3%①。仅次于鸦片的项目是稻米，占进口总值的 11.8%。丝绸和棉花进口保持一定规模，分别占 2.7% 和 2%。表 3-10 还显示，传统进口大项茶叶的贸易不景气，进口值降到了 1%。

就出口贸易而言，除货币之外的 7 种价值超过 10 万元的货物占了出口总值（5268144 元）的 53%，未见独占鳌头的项目，显示出口贸易比重的分布比较均衡，不如进口贸易那样高度集中于少数商品。出口项目中，除了硬币，地位显著的就是茶叶，占总出口值的 20.3%；仅次于茶叶的出口项目是丝绸（12.2%）。就进出口商品的结构来看，澳门港口延续了 19 世纪初期以来的发展趋势；鸦片贸易占据澳门贸易的显著地位②。值得注意的是，鸦片出口值远远低于进口值。之所以如此，一是由于进口鸦片在澳门本地有一定的消费；二是存在大量的走私活动，即进口到澳门的鸦片，大部分由华船走私进入中国内地口岸。从表 3-10 的统计来看，鸦片出口值不及进口值的 10%，这个数据大体上印证了后来人们关于进口鸦片报关纳税进入内地者不过十之一二的估计。

当时有著作称："亚马廖（José Rodrigues Coelho do Amaral）总督的任期（1862~1866 年）以大规模的公共工程、治安改革和贸易扩张著称。"③

---

① João de Andrade Corvo, *Estudos sobre as Provincias Ultramarinas*, Vol. IV, p. 156.

② 关于 1864~1866 年澳门港进出口贸易中鸦片与一般货物的相对比重，参见 *Relatorio e Documentos sobre a Abolição da Emigração de Chinas Contratados em Macau Apresentado às Côrtes Sessão Legislativo de 1874 pelo Ministro e Secretario D'estado dos Negócios da Marinha e Ultramar* (Lisboa: Imprensa Nacional, 1874), p. 77; João de Andrade Corvo, *Estudos sobre as Provincias Ultramarinas*, Vol. IV (Lisboa: Academia Real das Sciências, 1887): 156。

③ "[…] and in 1862, his successor was nominated in the person of Brigadier General José Rodrigues Coelho do Amaral, whose tenure of office was distinguished by extreme activity in the prosecution of public works, police reforms, and the extension of trade." in Wm. Fred Mayers, N. B. Dennys and Chas. King, *The Treaty of China and Japan - A Complete Guide to the Open Ports of Those Countries, Together with Peking, Yedo, HongKong and Macao* (London: Trubnes and Co., Paternoster Row; Hong Kong: A. Shortrede and Co.), p. 210.

克伦班也评述道："（及至 1866 年）丝绸和茶叶的加工与贸易获得了极大的重要性。其他工业诸如爆竹和草席等也为本殖民地带来了生机。"①这一年（1866 年），澳门港口主要进口商品为鸦片、稻米、生油、丝货、槟榔、生猪、蔗糖和货币；主要出口货物为茶叶、丝货、鸦片、货币、茴香、桂皮、香精和棉花②。

鸦片贸易的增长与下列因素有关。第二次鸦片战争之后，鸦片贸易被合法化。再者，1866 年，两广总督瑞麟为整顿鸦片走私和开辟新的税源，部分放宽国内民船运输鸦片的禁令，同意国内民船运载鸦片到东莞、新会、顺德、香山和开平③。这一措施虽未获得减少走私、增加税收的预期效果，却促进了澳门鸦片贸易的增长，并强化了澳门港口在粤西非通商口岸对外贸易中的中心地位。

1867 年 9 月，澳葡统计局官员桑巴约（Manuel de Castro Sampaio）经过调查完成了一份有关澳门华人的报告④，稍后收入其编著的《澳门华人》一书，其中开列的澳门进出口主要货物有：原棉（大量进口）、靛蓝、茴香籽与茴香油、槟榔、稻米（本地有大量消费）、糖、禽类、鱼翅与鱼肚（大量进口）、油、水银、含酒精饮料、海参（本地大量消费）、蚕丝、锡、竹竿（大量进口）、桂皮桂花桂油、植物油、蜂蜡、茶叶（当地有大量消费）、铅（小量进口）、胭脂红、珊瑚（小量进口）、丁香（进口量不大）、硫黄、麦面粉、华装与华鞋（大量进口）、

① "O fabrico e comércio das sedas e do chá tomou grande importancia. Outras indústrias como as dos panchões, esteiras, ect., davam também vida á Colonia." in Eudore de Colomban, *Resumo da História de Macau* (Macau：Editor Jacinto José do Nascimento Moura, 1927), p. 125.

② "No anno de 1866 os artigos de maior valor importados foram：arroz, opio, azeite, seda, areca, porcos, assucar e dinheiro；e em quanto aos exportados foram：chá, seda, opio, dinheiro, estrella de aniz, canella, oleos essenciaes, e algodão." *Boletim Official* 22 (1867)：125.

③ 中华人民共和国拱北海关编《拱北海关志》，珠海：拱北海关印刷，1997，第 2 页。

④ "Relatorio N.º 98 da Repartição de Estatistica de Macau," *Boletim Official* 38 (1867)：219 – 224.

白棉布与花棉布、毛料与毛布、铁、马口铁与铁皮、烟叶、生猪与生牛、良姜根、姜（大量进口）、芝麻与胡麻、粗棕糖、陶瓷、樟木、建筑木料、檀香木、芒果、燕窝、玻璃制品、金银制品、鸦片（大量进口并再出口）、爆竹（大量进口并再出口）、纸张（大量进口）、明矾、胡椒、沉香（大量进口与再出口）、草药、银子、白藤、硝石、铜钱、生丝与丝绸、苏木、中国阳伞、辰砂①。

　　至于 19 世纪 60 年代末期的贸易状况，目前缺少直接的统计数字，只能透过一些描述性数据有所了解。1870 年 3 月 25 日，澳葡华政衙门署理理事官马忌士（L. Marques）向 30 家澳门华商询问澳门贸易状况，得到的回答是：有些贸易分支减少了，另一些则没有减少。鸦片贸易没有减少。主要经营马六甲海峡出口生意的泉州商行的贸易大量减少。去年（1869 年），由于来航澳门的沿海海岸轻型船较前年增多，销售西部口岸货物的商行生意较好，虽然利润不是很大。丝货贸易减少了许多。1869 年茶叶贸易增长了，盐货贸易很兴旺，咸鱼贸易和稻米贸易减少了②。1870 年 3 月 31 日，澳葡船政厅官员斯卡尔尼沙（J. E. Scarnicha）向澳门总督报告称，1869 年澳门港口进口鸦片较 1868 年规模增大③。

　　进入 70 年代，澳门港口的进出口贸易在结构上依然继续着此前的

---

①　Manuel de Castro Sampaio, *Os Chins de Macau* （Hong Kong：Typographia de Noronha e Filhos, 1867）, pp. 119 – 129.

②　"que houve diminuição em alguns rumos de commercio e em outros não, e passando a detalhos dissem o seguinte：que o commercio do opio não diminio. Que o commercio particular dos hãos de chincheo, que consiste principalmente na exportação para os estreitos sofreu grande diminuição, por não ter aportado em Macau senão muipoucos navios. Que no anno passado tem vindo a Macau mais lorchas de costa d'oeste do que nos annos antecedente, e por isso os haõs de consignação tem tido mais commercio, ainda que o lucro não tenha sido muito. Que o commercio de seda diminuio muito. Que o commercio de chá teve augmente no anno passado. Que o commercio de sal foi muito prospero. Que o commercio de peixe salgado diminuio, assim como tambem o de arroz." *Boletim Official* 39 （1870）：165.

③　"que pelas informações a que procedi soube com exactidão que o opio importado pelo porto de Macau no anno de 1869 foi em maior escalla que o do anno de 1868," *Boletim Official* 39 （1870）：165.

基本趋势。依据《澳门宪报》刊登的 1871 年澳门港口两类商船进出口贸易的统计资料，我们整理得出了 1871 年澳门港口进出口主要货物量值表（详见附录"统计表"之表 3 - 10）。

表中数据显示，除金银币（187600 元）外，1871 年贸易额在 1 万元以上的进口货物有 29 种。它们的进口值占进口总值（8197561 元）的 95%。这个数据显示，澳门进口贸易拥有较为广泛的基础。以单项而论，鸦片进口 7932 箱，计值 5250532 元，占进口总值的 64%，仍遥居首位。鸦片以下依次为：稻米 240047 担，549633 元；生油 58220 担，357116 元；Macú 127491 担，223173 元；糖和粗棕糖 6776 担 41318 袋 19280 包，合计 210274 元；丝货 799 担 309 捆，158836 元；纱线 1357 包，118172 元；棉花 5093 包，108568 元；猪肉 19561 担，106209 元。以上 9 种 10 万元以上的货物进口值占进口总值的 86%。以下是 20 种贸易额在 1 万 ~ 10 万元的货物：象牙 2489 捆 3500 片，88995 元；靛蓝 45837 桶，76931 元；袋子 960869 个，71386 元；茶叶 6636 担，56792 元；粗棕糖 20477 担，55441 元；黄藤 234 箱，47400 元；谷子 19634 担，43036 元；席子 962811 张，40667 元；八角 2704 担，40233 元；鸟巢（有的资料中称"雀巢""燕窝"）357 箱，39618 元；锡 2495 担，29639 元；葡萄酒 1071 桶 551 箱，27935 元；铅 691 担，18755 元；茴芹油 501 担、甜茴芹油 57 担，合计 21999 元；树胶 950 担、虫胶 2572 担，合共 21961 元；白藤 5507 担，18651 元；纸张 16046 元[①]；羊毛毯 142 捆，12690 元；兽皮 2084 担，12668 元；牛犄角 4511 担，11492 元。这些货物合计占进口总值的 15%。

就出口货物而言，除金银币（1367656 元）外，1871 年贸易额在 1 万元以上的货物有 15 种。它们的贸易额占出口总值（4613501 元）的 62.7%。其中居于前两位的是：茶叶 22923 担 11757 罐，961385 元；鸦片 1540 箱，907644 元，分别约占出口总值的 21% 和 20%。接下来依次

---

① 数量不详。

是：丝货 1630 箱 2458 包，269300 元，占出口总值的 5.8%；象牙 103575 片 60 捆，252499 元；棉花 7531 担 2849 包，218969 元。以上 5 种贸易额在 10 万元以上的货物占出口总值的 56.6%，较 1864 年有所上升。贸易额在 1 万～10 万元的货物有 10 种：桂油 1013 箱 30 担，计 82278 元；茴芹油 439 担 272 箱，值 48525 元；纱线 474 包，36820 元；爆竹 7303 箱，26310 元；阳伞 5341 箱，21857 元；铅 3394 大瓶，21364 元；沉香 6259 箱，16572 元；纸张 3401 包，11599 元；美国斜纹布 2930 件，10189 元；烟草 1863 箱，10180 元。这些货物合计约占出口总值的 6.1%。

1871 年与 1864 年相比，进出口总货值有所增加，而具体项目的量值构成方面也有一些值得注意的要点。第一，29 种贸易额在 1 万元以上的货物占进口总值（8197561 元）的 95%，可见，这些产品构成了澳门进口贸易的主体产品，反映澳门进口贸易的产品基础有所扩大。第二，鸦片仍然在进口贸易中处于领先地位，而且绝对贸易价值显著增加，达到 5250532 元，占全年进口价值的 64%，较之于 1864 年的统计增长了近 10 个百分点。这说明，鸦片贸易是澳门进口贸易的支柱产品①。第三，在进口商品中，米、油、糖三类生活必需品分别位居第二、第三、第四位，保持较高的进口量值，而相应的出口量却很小，说明这些进口主要供澳门本地需要，反映了澳门港口城市消费功能的某种增强。第四，进口中有相当数量的货物是供再出口的，特别是一些中国货（即海关报告中的华货或者土货），如丝货（进口 158836 元、出口 269300 元）、茶叶（进口 56792 元、出口 961385 元）、棉花（进口 108568 元、出口 218969 元）、茴芹油（进口 21999 元、出口 48525 元）等，它们的稳定或增长成为澳门进口贸易的显著变化。第五，15 种贸

---

① 关于 1864～1866 年、1870～1872 年澳门港口贸易中鸦片与一般货物的比重，参见 *Relatorio e Documentos sobre a Abolição da Emigração de Chinas Contratados em Macau Apresentado às Côrtes Sessāo Legislativo de 1874 pelo Ministro e Secretario D'estado dos Negócios da Marinha e Ultramar*（Lisboa：Imprensa Nacional，1874），p. 77。

易额在 1 万元以上的货物占出口总值（4613501 元）的 62%，同样显示澳门港出口贸易产品结构的改善。第六，出口贸易（除钱币外）以茶叶（961385 元）和鸦片（907644 元）为最大，分别占出口总值的 21% 和 20%，两项合占进口总值的 41%，茶叶出口值略有下降而比重略有上升，取代钱币成为出口第一位，而鸦片出口则大幅度增加而成为出口第二大项。第七，出口货物中澳门加工业产品有了较大增加，如爆竹（26310 元）、阳伞（21857 元）、沉香（16572 元）和烟草（10180 元）等。本地加工的产品在出口结构中的增加，是晚清时期澳门进出口贸易的一个重要变化。

在 70 年代的进出口贸易中，最值得注意的是丝绸和茶叶。丝货贸易从 1869 年的缩减后开始恢复。从澳门用轮船运到香港销往欧美的丝货，1871 年约有 5892 担，价值 2356800 元；1872 年约有 8060 担，价值 3224000 元[1]。澳门丝货出口的增长，令粤海关感到了澳门的竞争力[2]。

茶叶贸易的增长也值得注意。粤海关的贸易报告指出：像丝一样，有许多理由可以相信，澳门是茶叶出口的一个强有力的竞争者，仅从澳门用洋船运往香港的茶叶：1871 年约 14551 担，平均值 392877 元；1872 年约 24972 担，平均值 686730 元。上述数量加上从澳门用洋船直接运往欧洲的数量：1871 年约 19299 担，约值 443877 元；1872 年约 21927 担，约值 504321 元[3]。据此，我们获得了 1871～1872 年澳门茶

①　《1871～1872 年广州口岸贸易报告》（粤海关 1873 年 1 月 31 日），载广州市地方志编纂委员会办公室、广州海关志编纂委员会编译《近代广州口岸经济社会概况——粤海关报告汇集》，广州：暨南大学出版社，1995，第 76 页。

②　粤海关 1874 年的报告指出：澳门的生丝出口前几年曾严重干扰了广州的出口贸易。《1874 年广州口岸贸易报告》（粤海关 1875 年 1 月 31 日），载广州市地方志编纂委员会办公室、广州海关志编纂委员会编译《近代广州口岸经济社会概况——粤海关报告汇集》，广州：暨南大学出版社，1995，第 95 页。

③　《1871～1872 年广州口岸贸易报告》（粤海关 1873 年 1 月 31 日），载广州市地方志编纂委员会办公室、广州海关志编纂委员会编译《近代广州口岸经济社会概况——粤海关报告汇集》，广州：暨南大学出版社，1995，第 79 页。

叶出口的基本资料为：1871 年出口茶叶 33850 担，价值 870604 元；1872 年出口 46899 担，价值 191051 元。这个数据显示，茶叶出口构成澳门出口贸易的一大支柱货品。

受 1873 年苦力贸易终止以及 1874 年 9 月台风灾害的影响，澳门贸易遭受挫折，经历了较大幅度的下降。对此，粤海关贸易报告曾记曰：

> 澳门的生丝出口前几年曾经严重干扰本口岸贸易，但现已几乎停止。这一方面是由于加强防范无数河道口的走私活动，另一方面是由于广东丝同业公会已成功地停止了本口岸与产地间不合法的厘金税。生丝自澳门输出目前需付同样的内陆税和海关税，小范围的走私虽未能禁止，但未致引诱本国卖主把产品送到小小的澳门市场。

> 澳门也有茶叶出口，其中部分是香茶，但大宗的是所谓新制功夫茶，以前输进时叫"大山功夫茶"，是由一种长叶捻制而成的，主要产于大山和鹤山地区。以后模仿福州功夫茶制法，而名之为"新制功夫茶"。澳门贸易情况很不好，当地茶行雇一定数量的劳力下乡收购茶叶，然后就地加工等候外商收购运往外国销售。给澳门人带来最高收入的苦力贸易的终止以及去年（即 1874 年——引者）9 月份恐怖的台风，使澳门贸易大减。与以前的繁荣相比，澳门贸易仅剩下一个影子。①

不过，19 世纪 70 年代中期以后，澳门贸易（至少是其中的某些分支）得到了恢复。根据科尔特－雷亚尔（J. A. Corte-Real）依据茶叶出口商的资料所进行的统计，1877 年，澳门共出口茶叶 41000 担（合 600

---

① 《1874 年广州口岸贸易报告》（粤海关 1875 年 1 月 31 日），载广州市地方志编纂委员会办公室、广州海关志编纂委员会编译《近代广州口岸经济社会概况——粤海关报告汇集》，广州：暨南大学出版社，1995，第 95、96 页。

万磅），价值 63 万两（合 87.5 万元），每担售价 14 两（合 19 元）①。另据一份有关载运茶叶前往澳门的商船数量的统计资料，在 1878 年，有 200 艘中国船运载茶叶进入澳门港口，其中只有 13 艘运茶叶出港②。这说明，华船运入澳门的茶叶，有少量被复出口到中国其他口岸，而大部分留在澳门。而留在澳门的茶叶，除本地消费外，大部分又被运往香港，或用于当地消费，或转而出口他处，特别是欧洲大陆。据《香港指南》刊布的一项统计资料，在 1878 年，每年有 70 万～80 万磅茶叶经由每日一班的定期航船运载出口到香港③。

鸦片进口贸易也在持续增长。根据粤海关的统计资料，1878 年由香港运进澳门的鸦片接近 1839 担④。

应该指出的是，19 世纪六七十年代，澳门港口的贸易未有显著增长与下列背景有一定的关系，即中国政府与澳葡当局就在澳门附近设立常关税厂和厘金卡的问题而发生的争执。1868 年，两广总督决定在前山、凼仔和路环设立收税站。鉴于凼仔和路环已被葡人占领，决定改在

---

① "calcula-se esta exportação, durante o anno de 1877, considerada como termo medio annual, em 41：000 picos, ou 6：000：000 de libras, no valor de 630：000 taeis, ou 875：000 patacas equivalentes a 14 taeis ou 19 patacas por pico, sem transporte nem direitos." in José Alberto Corte-Real, *O Commercio e a Industria do Chá em Macau e a Lei de 27 de Dezembro de 1870* （Macau：Typographia Mercantil, 1879）, p. 8.

② "Segundo ella, pois, durante o anno de 1878, entraram no porto d'esta cidade 200 embarcações chinas carregamento de chá, que, como disse, não me é possível agora especificar quanto em folha ou quanto preparado para consummo da cidade. Como esclarecimento somente, acrescentarei que ao passo que entraram n'este porto 200 embarcações chinas com chá, sahiam apenas 13 com o mesmo carregamento." in José Alberto Corte-Real, *O Commercio e a Industria do Chá em Macau e a Lei de 27 de Dezembro de 1870* （Macau：Typographia Mercantil, 1879）, p. 10.

③ "emquanto a estatistica publicada no directorio de Hong Kong avalia em 700：000 a 800：000 patacas o chá exportado anualmente de Macau para aquela colónia, para onde é transportado pelos vapores que fazem carreira da diária entre as duas cidades." in José Alberto Corte-Real, *O Commercio e a Industria do Chá em Macau e a Lei de 27 de Dezembro de 1870* （Macau：Typographia Mercantil, 1879）, p. 10.

④ 《1876 年广州口岸贸易报告》（粤海关 1877 年 3 月 26 日），载广州市地方志编纂委员会办公室、广州海关志编纂委会编译《近代广州口岸经济社会概况——粤海关报告汇集》，广州：暨南大学出版社，1995，第 143、151 页。

澳门内港入口处的拱北湾内一艘船上设站，征收鸦片厘金。1871 年 6 月 27 日，采纳赫德建议，中国政府在拱北和前山设立受户部控制的常关税厂。针对澳葡当局的蛮横抵制，两广总督派出兵船和缉私船在澳门水域巡逻，截查出入澳门船只，导致澳门更显死气沉沉[①]。

如前所述，及至 1880 年，澳门进出口贸易量值有了大幅增长，借助于《澳门宪报》刊布的统计资料（参见"统计表"之表 4 - 3 和表 4 - 4），我们可以了解进出口货物的结构。以进口而论，除货币以外，1880 年贸易额在 10 万元以上的货物有 17 种，合计占进口总值（13385043 元）的 86%。可见，随着进口额的增长，支柱产品的类项增多，贸易的基础进一步扩大。其中，仍以鸦片为最大进项，但进口值已减至 4132170 元，减少大约 100 万元，所占进口总值的比重亦降至 30.8%，下降约一半；位居第二的是茶叶，进口值达 1587307 元，增长近 27 倍，所占比重增至约 12%；第三位是丝绸，计值 934169 元，较 1871 年增长近 5 倍，比重增至约 7%；仅次于丝绸的是棉花，进口值达 815621 元，较之于 1871 年增长 6.5 倍，比重增至 6%；米、油、糖三类货品的位次有所后移，但进口值均有大幅增长（分别增加 10 万元、21 万元和 12.8 万元）；原来进口值不足 10 万元的纸张、靛蓝、布匹、水果、象牙、烟草、食盐和茴芹油等，均有大幅增长；棉线减至 10 万元以下（仅有 8.8 万元）。

就出口而言，除货币（256560 元）外，1880 年贸易额 10 万元以上的货物有 11 种，合计占出口总值的 90%。可见，如同进口一样，在出口值大幅增加的同时，出口贸易的商品结构亦在改善，显示贸易的基础不断强化。其中，鸦片出口值的增长最为显著，达到 4035309 元，较之 1871 年增长 3.4 倍，所占比重由 20% 增至 35%，已成为出口第一大项；茶叶出口虽退居第二位，所占比重亦降至 15%，出口值却增至 1737369 元，增长 81%；生油出口值由不足万元增至 967827 元，占出

---

① 中华人民共和国拱北海关编《拱北海关志》，珠海：拱北海关印刷，1997，第 2 页。

口总值的 8.4%，跃居出口第三位；丝绸出口退居第四位，但贸易值却由不足 269300 元增至 747400 元，增加 1.8 倍；咸鱼和糖的出口值分别由不足万元增至 610844 元和 463662 元，分居第五、第七位；象牙和棉花虽然由第四、第五位下降至第六、第八位，但是贸易值的增幅均在 1 倍以上（分别为 1.4 倍和 1.1 倍）；稻米和靛蓝由不足万元增至 355460 元和 228707 元；桂油与茴芹油也实现了小幅增长。

综合上述资料，经过 19 世纪 70 年代的发展，澳门贸易的货物结构发生了重要变化。以进口而言，鸦片进口值减少 100 万元，而进口总值却增加了 518 万元，则鸦片以外一般货物的进口值实际上增长了 610 余万元。由此可见，进口增长的动力完全来源于一般货物的进口，澳门进口贸易对鸦片的依赖程度显著降低。这个变化显示，澳门进口贸易总量增长伴随着商品结构的改善。以出口而言，最显著的变化是鸦片出口急增 312 余万元而跃居首位，且达到出口总值的 1/3。这显然是鸦片缉私活动所取得的成效，正如粤海关报告所言："由于有缉私艇有效的控制，特别是由于有澳门的分卡，鸦片税收稳步增加。"① 再者，鸦片出口增加 312 万元，而出口总值增加 693 万元，则一般货物出口增长 381 万元，一般货物与鸦片实现了同幅增长。这个数据显示，出口贸易的增长同时来自鸦片和一般货物两个方面的推动。这是澳门港出口贸易结构改善的又一重要标志。

3. 地域分布

进出口贸易的地区结构，是贸易活动在地域分布上的展开，反映贸易关系的性质，体现港口在贸易网络关系中的角色和地位。因此，考察澳门海上贸易的地区分布结构，是分析澳门港口贸易发展和角色转变的题内应有之论。

关于 19 世纪 60 年代早期的情况，限于统计资料的不完备，我们无

---

① 《1878 年广州口岸贸易报告》（粤海关 1879 年 3 月 3 日），载广州市地方志编纂委员会办公室、广州海关志编纂委会编译《近代广州口岸经济社会概况——粤海关报告汇集》，广州：暨南大学出版社，1995，第 231 页。

法列举每一种商品的来源地与目的地，只能就进出口主要货物的来源和去向做出大概的说明。根据《澳门宪报》所刊布的统计资料，1866 年主要进口货物中，稻米大部分来自马六甲海峡各口岸和西贡，糖、生油和猪肉来自中国西部口岸；出口的主要货物中，茶叶主要运往英国伦敦，香料和油运往汉堡和纽约，丝绸去往马尼拉，中国手工艺品运往海峡各口岸、巴达维亚和西贡①。

前揭桑巴约于 1867 年完成的调查报告对进出口主要货物的来源地和出口地有较为详细的说明，现摘译如下：

鸦片：大量进口和再出口。来自孟买和加尔各答，运往中国多个地方，主要是广州城和西部口岸；澳门也有大量消费。

稻米：来自中国多个地方以及马尼拉、西贡、暹罗、孟加拉国、爪哇和摩鹿加群岛。澳门当地有大量消费，因为它是华人的主食。中国稻米少量再出口到马尼拉和加利福尼亚，来自马尼拉和其他国家的稻米一般再出口到广东省。

生油：来自广东省，大量消费于澳门。

食糖：来自福建和广东两省。再出口到加利福尼亚和印度，特别是孟买；也有一部分质量较低的糖再出口到中国北方口岸。

生丝：来自广东省、上海和南京。后两处的丝品质高。出口到马尼拉、新加坡、美国、欧洲（主要是英格兰）。

丝绸：一般来自广东省，其再出口主要去往马尼拉、英格兰和美国。尽管欧洲丝绸在澳门有不错的消费，中国商人并不进口这种丝绸。

棉花：大量进口，中国货来自宁波、上海和天津，外国货来自

① "O arroz importado veio na maior parte dos portos dos estreitos e de Saigon; o assucar, azeite e porcos da costa de oeste da china. A maior exportação de chá foi para Londres. As especiarias e os oleos foram para Humburgo e Nova York. A seda foi para Manilla; e os artefactos chinas foram para os portos dos estreitos, Batavia e Saigon." *Boletim Official* 22 (1867): 125.

日本和印度，进口棉花主要再出口到中国西部口岸。

靛蓝：产自广东省，澳门消费少量，其余大部分再出口到上海。

茴香籽与茴香油：产自福建、江西和广东，再出口到欧洲主要是汉堡。

槟榔：干货来自槟城和其他马来亚岛屿，运往广东省；鲜货来自广州，用于澳门当地消费。

桂木桂花桂油：产于广西和海南，从广东进口。本地有一定量的消费，也运往附近岛屿。再出口大部分去往印度、大洋洲、美洲和欧洲，尤其是汉堡。

茶叶：多种质量等级。茶叶大量来自广东省和北方口岸。质量较低的茶叶在澳门加工。当地有大量的消费，也再出口到附近岛屿、印度、大洋洲、美洲和欧洲。

爆竹：成串来自广州，大量进口。澳门当地有大量消费，每年仅在普通的中国节日的消费就超过一万元。爆竹也被大量再出口到新加坡、槟城和美国等地。

纸张：有多个质量等级。大量来自广州和欧洲，用于当地消费。

线香：多种质量等级，大量进口和再出口。来自广州城，澳门当地亦大批制造，但质量不高。除大量消费于本地外，也大量再出口到加利福尼亚和马尼拉以及大洋洲的多个港口。

中国阳伞：来自广东和海南，进口量大，再出口到马尼拉、新加坡、果阿和孟买。

辰砂：来自广东省，运往中国北部口岸和印度。[1]

从前文所统计的鸦片进口值所占进口总值的3个百分比（54.7%、64.0%和35.0%）来看，鸦片构成进口贸易的主导产品；这一主导地

---

[1] Manuel de Castro Sampaio, *Os Chins de Macau* (Hong Kong: Typographia de Noronha e Filhos, 1867), pp. 119 – 129.

位也在很大程度上决定了澳门进出口贸易的地域关系。因为"从香港由轮船运到澳门的鸦片,其目的地却是整个西部沿海地区,包括海南岛和沿西江各市镇,并再从这些地方转运到广州。这种迂回的运输也是为了逃避进口税"①。鸦片之外,传统贸易大项茶叶和丝绸也增长显著。上述支柱产品的大幅增长,凸显了香港和粤西口岸对澳门贸易的重要性。正如粤海关报告所述:

> 到澳门的进口货物如鸦片、丝绸等,是从澳门中转到西海岸和西江地区的。出口的主要为苦力、茶叶和丝,大部分是从澳门周围农村走私到澳门的。而与西海岸地区的贸易是最为重要的,大量鸦片和外国丝从澳门用帆船运到电白、水东、海南和北海,再运回锡、东京丝、贵重药材和棕儿茶等,并从海南运回丝、牛和槟榔子等。②

茶叶和丝绸除运往香港外,还大量直接运往海外,尤其是英国和美国。1875 年,有大量茶叶由广州转运至澳门出口;经由广州和澳门出口到英国的茶叶两年来持续增加③。每年约有 400 万磅茶叶经常关运往澳门,然后再用轮船运往香港;1876 年有 1200~1500 担茶叶用民船运往澳门④。科尔特 – 雷亚尔在描述 1878 年澳门茶叶贸易时指出:"澳门消费的茶叶大部分或绝大部分来自广州、福州和华北、华南的其他港口;

---

① 《1871~1872 年广州口岸贸易报告》(粤海关 1873 年 1 月 31 日),载广州市地方志编纂委员会办公室、广州海关志编纂委员会编译《近代广州口岸经济社会概况——粤海关报告汇集》,广州:暨南大学出版社,1995,第 71 页。

② 《1871~1872 年广州口岸贸易报告》(粤海关 1873 年 1 月 31 日),广州市地方志编纂委员会办公室、广州海关志编纂委员会编译《近代广州口岸经济社会概况——粤海关报告汇集》,广州:暨南大学出版社,1995,第 82 页。

③ 《1875 年广州口岸贸易报告》(粤海关 1876 年 3 月 31 日),载广州市地方志编纂委员会办公室、广州海关志编纂委员会编译《近代广州口岸经济社会概况——粤海关报告汇集》,广州:暨南大学出版社,1995,第 132 页。

④ 《1876 年广州口岸贸易报告》(粤海关 1877 年 3 月 26 日),载广州市地方志编纂委员会办公室、广州海关志编纂委员会编译《近代广州口岸经济社会概况——粤海关报告汇集》,广州:暨南大学出版社,1995,第 160 页。

可以确信的是，一部分茶叶是由沿海商船载运而来的。""在澳门加工的茶叶专供出口，大部分不是在葡萄牙消费，而是运往英格兰。"①1879 年，市场对普通茶叶的需求仍殷，各种等级的茶叶每担已较上年末上涨 5～8 两。全年澳门茶市贸易较为稳定，其最大特点是有大量低级的普通茶从那里打包和装船出口。显然，澳门和广东红茶运输出口有很大的关系，1878 年和 1879 年经由澳门出口的红茶分别为 44688 担和 58696 担②。大米也是大进大出的货物，1876～1877 年，广东省内有大量价格较便宜的安南、东京、西贡、海防的大米，是从港澳由民船运进的③。大量棉花从印度和日本进口到澳门，进而转运至中国其他口岸。

上述货物地区分布显示了澳门港口贸易关系的特殊性：一方面，鸦片进出口的主导地位，使得澳门成为洋药输华的五个口岸之一，充当了英属印度鸦片进入中国内地，特别是粤西口岸的转运中心；另一方面，鸦片外一般货物增长的强劲势头，则使澳门港口还扮演了粤西各非通商条约港口土货出口和洋货进口的集散中心。

三 远洋船贸易的波动与结构转变

1. 贸易总量的变化

进入 19 世纪 60 年代以后，《澳门宪报》刊布了一些年份的贸易统计资料，据此，我们加工整理出了以下年份澳门港口海船（即远洋船）进出口贸易价值的统计表，由此可以对澳门海船的贸易量值进行数量分析（见表 3－11）。

---

① José Alberto Corte-Real, *O Commercio e a Industria do Chá em Macau e a Lei de 27 de Dezembro de 1870*（Macau: Typographia Mercantil, 1879）, pp. 9－10.

② 《1879 年广州口岸贸易报告》（粤海关 1880 年 3 月 23 日），载广州市地方志编纂委员会办公室、广州海关志编纂委会编译《近代广州口岸经济社会概况——粤海关报告汇集》，广州：暨南大学出版社，1995，第 239、240 页。

③ 《1877 年广州口岸贸易报告》（粤海关 1878 年 6 月 29 日），载广州市地方志编纂委员会办公室、广州海关志编纂委会编译《近代广州口岸经济社会概况——粤海关报告汇集》，广州：暨南大学出版社，1995，第 180 页。

表 3 - 11　1864～1880 年澳门港洋船进出口货物价值

单位：元（pataca）

年份	远洋轮船/小火船（Em vapors，navios d'alto bordo e lanchas a vapor）		
	进口	出口	合计
1864	6323980	4754242	11078222
1865	6840263	4664821	11505084
1866	7350638	3608442	10959080
1870	600954	1159584	1760538
1871	6387786	3186276	9574062
1872	3374522	1724720	5099242
1880	5859201	3448922	9308123
平均	5148192	3221001	8469193

资料来源：同表 3 - 9。其中 1870 年的资料为下半年，1872 年的数据为上半年。

　　表 3 - 11 所列年份虽然不全，但基本可以反映 19 世纪六七十年代海船贸易总量的实际规模。由表中的统计可知，这一阶段澳门海船的贸易值为 930 万～1150 万元，平均值达到 846.9 万元。在进出口贸易总量中一直占据显著地位。此外，该统计表亦显示了澳门海船贸易量值的波动，特别是 70 年代中后期出现了一个下降时期，其主要原因与苦力贸易的终结有关。及至 1880 年虽有一定的回升，但仍未达到 60 年代中期的水平。

2. 货物构成的变化

　　依据《澳门宪报》刊载的月份统计资料，我们统计得出了"1864 年澳门港海船进出口主要货物量值表"（详见附录"统计表"之表 3 - 11）。

　　从表中可知，就进口贸易而言，除钱币（731036 元）外，贸易额在万元以上的商品有 25 种，它们的贸易额合占进口总值（6327980 元）的 88%。其中，鸦片独占鳌头，进口 8423 箱，价值 3909891 元，占进口总值的 61.8%。以下依次为：稻米（33845 担）789489 元，丝绸（465 箱 197 件）186900 元，棉花（3810 包）148317 元。这 4 种贸易额在 10 万以上的商品进口价值接近进口总值的 80%，构成了澳门海船进口贸易的支柱产品。以下依次为：茶叶（3713箱2008担188600磅184瓶）64055元，海参（3302担）47249元，桂皮（4266担270箱）47045元，锡（2244担）38260元，茴香精（4671担）35184元，硝石（11718担又1195袋）31818元，谷子（18352担）31303元，胡椒（4464担）26896元，铅（2770担）26466元，糖（5331担）24632元，白藤（6557担）22314元，咸鱼（4511担）21568元，水银（199担79桶）17640元，雀巢（213箱）16819元，纸张（2692捆）12999元，席子（343390张4捆）12670元，鱼翅（452担244斤）12450元，桂油（42担2箱）11876元，椰油（1400担）11200元，菜豆（6860担）10976元，槟榔（4696担）10558元。这些数据显示，海船进口贸易货值的分布较为集中，4种10万元以上的货物占据了进口总值的80%，而其中鸦片一项就占60%以上。

就出口贸易而言，除钱币（1286496元）和铜钱（16237元）外，贸易额在万元以上的货物有25种，合占出口总值（4754242元）的74.0%。其中占据首位的是中国对外贸易的传统商品茶叶，共出口48613箱22667担683496磅48573罐，总价值1068494元，占出口总值的22.5%。另据粤海关估计，1867年约有30000担茶叶经由澳门运往英国和美国[①]。茶叶以下较为重要的是：丝绸（2662箱25件）642189元，鸦片（632.5箱）309839元，桂皮（33695箱）286121元，烟草（7478箱505件）176947元，茴香154590元[②]。这6种价值10万元以上的货品占出口总值的55.5%。出口值为5万~10万的货物有9种，依次是：中国药品（705箱123担668件92篮）93401元，糖（12046担337袋）88199元，靛蓝（8529桶）87988元，白象牙（24353片）

---

① 《1867年广州口岸贸易报告》（1868年1月31日），载广州市地方志编纂委员会办公室、广州海关志编纂委员会编译《近代广州口岸经济社会概况——粤海关报告汇集》，广州：暨南大学出版社，1995，第36页。

② 内含茴香精461箱，34500元；茴香花2060箱，28979元及茴香油1029箱，91111元，合计为154590元。

70944 元，纸阳伞（2959 箱）68976 元，纸张 68091 元，金箔（10 箱）64200 元，盐（127835 担）55065 元，辰砂（2026 箱 80 担）52353 元。以上 15 种 5 万元以上的货物占出口总值的 69.2%。以下为 1 万～5 万元的出口货物：爆竹（5300 箱）44895 元，鸟巢（154 箱）30660 元，土布（13480 件）26326 元，大理石（10716 板）23432 元，八角（713 箱）22466 元，布料（28 捆）20800 元，桂油（205 箱）18417 元，铜（241 箱及废铜）12895 元，陶瓷 15114 元，神香（1809 箱）13273 元。显然，与进口贸易不同，海船出口贸易货物的分布较为多元，反映了出口贸易具有较为广阔的基础①。

洋船进出口的主要产品与整体贸易的产品结构基本一致，说明了海船贸易的支配地位，主要是海船贸易的结构决定了整体贸易的结构。

关于 19 世纪 70 年代以后的海船进出口贸易，我们有了一些年份较为完整和全面的报表数据。以下是《澳门宪报》公布的 1871 年远洋船进出口贸易货品及其价值的数据：本年远洋船进口贸易额为 6387786 元（pataca），由 18 艘船完成，也包括往返香港和广州的定期轮船，后者所完成的贸易额占进口总额的 4/5，仅定期轮船从香港运来的鸦片就高达 5250532 元。进口的主要货物是：鸦片 5250532 元，稻米 244713 元，货值 187600 元，纱线 184772 元，棉花 108140 元，丝绸与生丝 104700 元，象牙 79795 元（这些货物的进口额为 6020052 元），黄藤 47400 元，鸟巢 38660 元，葡萄酒 27935 元，白藤 18651 元，羊毛毯 12690 元，公牛角 10412 元，兽皮 10752 元。

本年远洋船出口贸易额 3186726 元，由 55 艘船完成，也包括往返香港、广州的定期汽船和运送苦力前往哈瓦那和秘鲁的船只。最重要的

---

① 据桑巴约（Manuel de Castro Sampaio）提供的数据，1867 年，澳门有 14 间茶叶加工场，佣工 430 人；3 间沉香制造场，佣工 115 人；11 间烟草加工场，佣工 190 人。Manuel de Castro Sampaio, *Os Chinas em Macau* (Hong Kong: Typographia de Noronha e Filhos, 1867), p. 131.

出口货物为：茶叶 961385 元，丝货 269300 元，桂油 77288 元，茴香油 48525 元，爆竹 26310 元，伞 21857 元，铅 20363 元，象牙 18000 元，香 16572 元，烟草 10180 元①。

综合上述数据可见，1871 年澳门海船进口价值万元以上的商品 14 种。其中，鸦片的进口值遥遥领先，高达 525 万元，占进口总值的 82%。不论进口价值还是所占进口总值的比重，均有显著增长。这表明，澳门远洋船的进口贸易以鸦片贸易占绝对优势。鸦片以下重要的项目有稻米、纱线、棉花和丝货等，分别占进口总值的 3.8%、2.9%、1.7% 和 1.6%，这 4 种 10 万元以上的货物合占进口占总值的 10%。可见，海船进口贸易仍集中于少数几种货物特别是高度集中于鸦片。

1871 年远洋船出口值在 1 万元以上的货物有 10 种，合占出口总值（3186726 元）的 46%。其中以茶叶的出口值最大（961385 元），占出口总值的 30%。仅次于茶叶的是丝货（269300 元），占出口总值的 8.4%。由此可见，与 1864 年的情况一样，海船出口项目不如进口项目那样高度集中于少于几种货物。

由此可见，及至 1871 年，随着海船贸易总量的缩减，海船贸易产品结构的支配地位有所下降。除鸦片继续以其绝对优势支配进口贸易结构外，其他进口货物的位次后移；出口项目的位次后移更大，除茶叶和丝绸外，其他货物均不再位于前列。

由于其他年份数据暂缺，我们不能全面了解 19 世纪 70 年代海船进出口贸易的商品结构。不过，《澳门宪报》公布的一份澳葡船政厅的报告，有助于这方面的考察（详见附录"统计表"之表 3 – 12 和表 3 – 13）。

两份表格分别记载了 1869～1879 年澳门港远洋商船进口载货构成

---

① "Mappa dos Generos importados para Macau no anno de 1871, em Navios de Alto Bordo," *Boletim Official* 36（1872）：157；"Mappa dos Generos Exportados do Porto de Macau em Navios de Alto Bordo durante o anno de 1871," *Boletim Official* 27（1872）：118.

及来源地和出口货载结构与目的地，虽然没有提供各种商品的贸易量值，但是从各种商品所占用的运输船只数来看，也可以大致了解进出口贸易的品种构成。本书附录"统计表"之表 3 - 12 显示，在统计数据涵盖的 11 年间，除了未加区别的混装货外，进口贸易占用船数最多的是茶叶（47 艘），而且系来自中国国内港口厦门、广州和黄埔，次之为稻米（33 艘），以下依次为盐（18 艘）、白藤（12 艘）和桂皮（8 艘）。如果考虑到与其他货物混装的情况，这些商品的重要地位会更加明确。这样的分布与前节讨论的结构分布颇为相似。

再从本书附录"统计表"之表 3 - 13 来看，在统计资料涵盖的 11 年间，除了未加分类的混装货外，出口华工苦力占用了最大数量的远洋船只，多达 162 艘，这反映了苦力贸易在 19 世纪 60 ~ 70 年代的重要性。就一般货物的出口贸易而言，占用船只数量最多的是茶叶（51 艘），而且全部去往海外港口；以下依次为草袋、桂皮、稻米、鸦片和白藤等。如果将混合装运的情况考虑进去，那么上述货物的比重会更大，尤其是茶叶，在一般货物的出口中居于领先地位。

3. 地域分布

到 19 世纪 70 年代后期，随着大规模苦力贸易的终止，远洋贸易表现出减少的趋势。与此同时，澳门与香港、广州之间的定期轮船贸易也在不断发展，并占据了海船贸易的主体。再进一步来看，定期轮船贸易中，香港和中国内地港口各自所占有的相对比重也在发生变化。

就远洋贸易而言，基本趋势表现为规模日益缩小，特别是 70 年代末期以后。从本书附录"统计表"之表 3 - 12 和表 3 - 13 来看，从 60 年代末至 70 年代末，进出口混装货物来自和去往地区广泛分布于几大洲的诸多港口；而在分类货物中，远洋船的贸易地域关系除了向美洲运送中国苦力外，主要表现为：从中国厦门、广州和黄埔等处获得茶叶，主要出口到欧洲尤其是英国的伦敦和利物浦，以及亚洲的西贡和巴达维亚，专门从事这种贸易的商船达到百艘以上；从曼谷、西贡和香港获得大米，转运到中国内地、香港和日本的横滨等处（据澳葡当局公布的资料，1872 年 1 ~ 12 月，澳门从西贡进口稻米共计 91880 担①）；从印度尼西亚各地获得白藤，出口到中国口岸；从黄埔和西贡获取桂皮和桂油，出口到欧洲特别是德国的汉堡；从西贡获得棉花，出口到中国海岸；将进口到澳门的鸦片转运到中国内地口岸，主要是上海和福州。

澳门和香港之间有定期班轮载运相当数量的货物。《粤海关报告》中有一份澳门 – 香港贸易的统计表，我们将其简化为表 3 – 12。

表 3 – 12　澳门 – 香港贸易统计

单位：元

货物 \ 年份	从香港进口		货物 \ 年份	向香港出口	
	1871	1872		1871	1872
棉布	468395	354935	丝货	2356800	3224000
棉花	219000	149670	茶叶	582040	998840
棉纱	139930	126240	锡	534400	565720
燕窝	283500	295500	烟叶	184960	93840
鸦片	5888400	4331600			
其他	—	—	其他	—	—
合计	6796355	5321745	合计	3698609	4941960

资料来源：《1871 ~ 1872 年广州口岸贸易报告》（粤海关 1873 年 1 月 31 日），载广州市地方志编纂委员会办公室、广州海关志编纂委会编译《近代广州口岸经济社会概况——粤海关报告汇集》，广州：暨南大学出版社，1995，第 82 ~ 84 页。

统计显示，及至 19 世纪 70 年代初期，定期轮船贸易占据了海船贸易的大部分，说明港澳之间的定期轮船已经成为轮船贸易的主体；进口以鸦片为最大宗，并由此决定了鸦片在进口贸易中的显著地位，从而支配了进口贸易的结构，说明定期轮船的主要贸易功能是从香港向澳门提供印度鸦片。进出口显示出不同的趋势，进口趋于减少而出口趋于增加，尤其是鸦片进口的减少似乎已成定局，这直接导致了 1880 年除鸦片外一般货物进口和出口均大幅增长的结构特点。

---

① *Boletim Official* 11（1873）：44.

四 华船进出口贸易

1. 贸易总量及其变化

正如前文所指出的那样，由于统计资料的缺乏，直到 19 世纪 60 年代以后，我们才有了关于贸易量值的统计报告资料，才能对华船贸易的量值增减和结构变化做计量考察和分析。表 3－13 由笔者依据有关资料整理所得。

表 3－13　1864～1871 年澳门港华船进出口货物价值

单位：元（Patacas）

年份	进口	出口	合计
1864	818478	513902	1332380
1865	857703	513405	1371108
1866	831673	460940	1292613
1870	619002	543634	1162636
1871	1809002	1426775	3235777
1880	7525832	8095780	15621612

资料来源：同表 3－9。其中 1870 年仅为下半年（7～12 月）资料。1880 年取自 *Boletim Official* 6（1897）：86。

从表 3－13 的统计结果来看，在 19 世纪 60 年代中期，澳门华船的进出口贸易总量维持在 130 万元左右的水平，到 70 年代初期已有较大幅度的增加，达到 320 万元的规模，增长 136%。虽然较同期的海船贸易尚有较大差距，但是可以看到华船贸易正处于向上发展的状态。此后，进出口均显示增长，于是，及至 1880 年，华船贸易量值超过了海船贸易额。

2. 货物构成

借助《澳门宪报》刊布的澳葡船政厅的统计资料，我们整理出了"1864 年澳门港口华船进出口贸易主要货物量值表"（详见附录"统计表"之表 3－14）。

以进口贸易而言，贸易额在 1 万元以上的货物共 12 种，合共占进口总值（818478 元）的 78.8%。其中麻菇（96871 担，127022 元）和

生油（12765 担，122172 元）进口位居前两位，分别占进口总值的
15.5% 和 15%。以下依次为：靛蓝（28215 桶，91773 元）、灯用油
（21050 担，75491 元）、稻米（17306 担，51496 元）、桂皮（4266 担，
47045 元）、糖（5938 担 808 袋，40459 元）、盐（63441.5 担，38489
元）、八角（4671 担，35184 元）、猪肉（2020 担，26173 元）、纸张
（2668 捆，12938 元）、桂油（42 担，11555 元）。这些货物合共占进口
总值的 48.3%。另有 3 种货物进口值接近万元：茶叶（1811 担）9321
元，空袋子（302616 个）9233 元，鱼干（437 担）8906 元。

以出口的主要货物而言，贸易额在万元以上的货物有 6 种，合占出
口总值（513902 元）的 94%。其中以鸦片出口量最大（439.5 箱，
212109 元），占出口总值的 41.3%。仅次于鸦片的出口货物是棉花
（3681 担 2509 包，149100 元），占出口总值的 29%。以下依次为：白
象牙（14353 片，70944 元）、土布（13480 件，26326 元）、稻米
（6009 担，14011 元）、烟草和烟叶（1100 箱，10260 元），这些货物共
占出口值的 23.7%。

从上述资料可见，华船贸易进出口商品种类相对较少，对澳门贸易
的贡献较低。进口的麻菇和生油、出口的鸦片和棉花两类稍居前列，对
进出口贸易的结构有一定的影响，特别是鸦片出口对出口贸易结构还有
较大的支配作用。

进入 19 世纪 70 年代，我们得到了一些年份的贸易统计资料，可以
对华船进出口货物种类做一些量化的考察。下面是《澳门宪报》刊布
的有关 1871 年澳门华船进出口货物量值结构的数据：

　　本年华船进口货物价值 1809775 元，数据由 99 家商行（hãos）
提供，主要进口货物为：生油 357116 元，稻米 304920 元；maçu
223173 元，糖 209724 元，猪肉 106209 元，蓝靛 76931 元，各类袋子
71391 元，粗棕糖 55441 元，丝货 54136 元，茶叶 52792 元，谷子
43036 元，席子 40667 元，茴香油 40223 元，锡 29639 元，铅 18755 元。

本年华船出口贸易额 1426775 元，数据由 99 家商行提供，重要出口货物为：鸦片 898744 元，棉花 218969 元，象牙 234499 元，纱线 36820 元，美洲斜纹布 10189 元。①

由上述数据可知，1871 年澳门华船贸易进口值 10 万元以上者 5 种，这 5 种货物进口值合占华船进口总值（1809775 元）的 66.4%，显示出华船进口货物的结构相对宽泛；其中，生油、稻米、糖、猪肉等，进入进口贸易货物的前列，对进口贸易结构产生了较大影响。出口值在 1 万元以上货物有 5 种，合占华船出口总值（1426775 元）的 98.1%。其中以鸦片出口占优势（高达 898744 元），占华船出口总值的 63%。显然，较之于 1864 年，鸦片出口在华船贸易中的比重有了显著的上升，已经成为出口贸易的支柱产品，并在一定程度上影响澳门出口贸易结构的变化趋势。

我们暂时缺少有关 19 世纪 70 年代大部分时间华船贸易结构的直接数据。不过，借助于澳葡船政厅的一项统计资料（详见附录"统计表"之表 3 - 15），我们可以对此一阶段澳门华船进出口商品结构有一个大致的认识。

附录"统计表"之表 3 - 15 记录了 1869～1879 年的 11 年间澳门华船承运进出口货物种类的分布状况，虽然没有提供各种货物的具体贸易量值，但是我们从各种货物所占用的商船数量的多少也可以大致看出各种商品在贸易总体结构中的相对地位。

由表中的统计可知，在这 11 年间占用华船最多的是咸鱼，共计 18911 艘，占载货总船数的 20.3%；第二位是稻米（10691 艘），占 11.4%；第三位是水果（8029 艘），占 8.6%；第四位是生油（6639 艘），占 7.1%；第五位是棉花（5680 艘），占 6.1%。以下依次是食品、猪肉、糖、竹子、茶叶和烟草等，它们都是占用华船 2000 艘以上

---

① "Estatistica dos Artigos e seus Valores Importados e Exportados em Barcos Chins pelo Porto de Macau durante o anno de 1871." *Boletim Official* 33 （1872）：145.

的贸易项目。虽然上述序列未必与贸易值的排序准确对应，但是可以看出它们均是澳门华船进出口贸易中的主要项目。

经过 19 世纪 70 年代的大发展，及至 1880 年，华船进出口贸易值均有数倍增长，以至占据了贸易总值的六成以上，从而根本改变了华船贸易的地位。鸦片出口值的增长仅意味着走私的减少，而一般货物的大幅度增长，则导致了澳门贸易结构的改善，即华船所完成的一般货物的贸易成为贸易增长的主导力量。

3. 地域分布

若进一步就进出口分布来看可以得出更多认识。从附录"统计表"之表 3 - 15 可知，1869～1879 年，从事咸鱼运输的 18911 艘船中 90%以上集中于出口，说明向中国内地口岸和香港出口咸鱼，是澳门港口的一项主要贸易活动。运输稻米的 10691 艘华船进出口比例大体相当，这说明澳门华船的稻米贸易，实际上就是向中国内地各口岸和香港转运大米，属于典型的转口贸易。运输水果的 8029 艘华船绝大部分是进口，这说明澳门华船的水果贸易除少量再出口外主要是供澳门本地消费。这是晚清时期澳门社会经济结构新变化的反映。在 6639 艘运输油的华船中 77% 是出口，说明澳门华船的油货贸易除了供本地消费外，主要是向中国内地口岸再出口以供内地消费。有 5680 艘华船从事棉花贸易，其中 65% 为进口，35% 为出口，出口船数较少的原因是，华船进口的棉花部分由华船再出口到中国西部口岸，部分由轮船转运出口到香港和中国内地其他口岸。在 4993 艘进行食品贸易的华船中大约 66% 为进口，34% 为出口，说明澳门华船的食品贸易，较大部分供当地消费，较小部分转运出口到中国西部口岸。有 3751 艘华船运输猪肉，其中 86%为进口，说明澳门华船进口的猪肉主要供本地消费，仅有小部分转运出口。运输糖的 3486 艘华船进出口大致相当而以出口略多，这说明华船进口的糖既供本地消费，也供转运出口。从事茶叶运输的 2432 艘华船中，接近 90% 为进口；而出口船数较低的原因是，澳门华船进口的茶叶除本地消费外，主要由轮船出口到香港等地，再转运出口外国（尤其是欧洲)。澳门华船所进口的竹子基本上是供本地使用。此外,在进口贸易中,纸张、板材和布匹等,也是重要的贸易活动,占用的船数分别为 1619 艘、1475 艘和 1182 艘。在出口贸易中,烟草、靛蓝和菜豆等也具有一定的重要性。

总之,华船贸易的地域分布主要表现为沟通澳门与中国内地口岸,特别是粤西非通商口岸之间的联系,将土货运进澳门,将澳门进口的洋货(包括洋烟和一般货物)运进中国口岸。

小　结

在本章所论的 20 年间,得益于中国内地战乱引致的人口和资金的流入,鸦片贸易的合法化(特别是大量的走私贸易),苦力贸易的强劲发展,粤西非通商口岸的贸易需求,粤省当局对华船贸易的宽松政策,香港贸易集散功能的辐射作用等,澳门港口的贸易仍然获得了一定的发展。

澳门港口进出商船数量和吨位维持较高的水平,1873 年后经历了一个短暂的下降时期,随后即开始回升,至 1880 年已经接近早先的数字;其中华船和远洋船经历了持续的下降,但定期轮船则表现为回升和增长,从而避免了航运总规模的大幅下降。进出口贸易值在 19 世纪 60 年代中期达到新高,此后略有下降,70 年代开始回升,及至 1880 年实现了大幅增长,在波动中显示出增长的趋势;定期轮船贸易值的增加弥补了远洋贸易的减少,使得海船贸易值呈现持稳状态,而华船贸易的成倍增长,则使之在贸易规模中的比重由 1/4 上升到六成以上,从而大大改变了两类商船的贸易地位。定期轮船贸易的增长,凸显了香港和洋烟的重要性,而华船贸易地位的上升,则凸显了华货贸易和粤西口岸的重要性。除鸦片进出口持续在贸易中保持较高权重外,一般货物的增长成为贸易总量扩张的重要力量。轮船与华船在进出口贸易的地域分布上和货物结构上,形成了某种分工与协作。总之,澳门贸易在实现总量增长的同时,还实现了地域分布和商品结构上的重要转变。

第四章 19 世纪八九十年代：
增长与调整

进入 19 世纪 80 年代，随着中外贸易格局的进一步变化，中国对外贸易体制的改革，尤其是拱北海关建立后外贸管理体制的改革，以及中国内外政治形势的发展，澳门港口的海上贸易经历了一个总量持续扩张的时期，与此同时，其内在结构（主要是船型结构、地域结构和商品结构）继续发生结构性变化，导致澳门港口在中外贸易格局中的贸易角色和地位发生深刻变化。

第一节 航运规模的增长与结构的演变

一 航运总体规模的波动性增长

1. 进出口商船艘数与吨位的系列数据

依据澳葡船政厅的报表，我们获知 19 世纪 80 年代以迄 90 年代前期进出澳门港口的华船和远洋船数量的数据。《澳门宪报》1897 年第 6 号附报刊登了澳葡船政厅官员的一份"1880～1895 年澳门港进出口船只数量表"①。

---

① *Boletim Oficial* 6 （1897）：78. 原注：表中不包括定期小火船的进出港船数。合计为自算。

然而，该表只反映进出口华船和远洋船的艘数，缺少相关的吨位资料。为了更全面地把握这一时期澳门港口吞吐量的总体规模，笔者依据《澳门宪报》中刊布的港口统计资料，统计得出了"1880～1900 年澳门港进出口华船和远洋船艘数和吨位表"（详见附录"统计表"之表 4－1）。为了更好地观察该时期澳门港进出口船舶数量与吨位总体规模的变化，将其简化如下（见表 4－1）。

表 4－1　1880～1900 年澳门港进出口船只数量与吨位

年份	进港		出港		合计	
	船数	吨位	船数	吨位	船数	吨位
1880	4730	577309	4267	539536	8997	1116845
1881	4778	640493	4449	617366	9227	1257859
1882	4716	687578	4215	661242	8931	1348820
1883	4393	691278	4003	647358	8396	1338636
1884	6029	768583	5890	744354	11919	1512937
1885	5612	942365	5604	916055	11216	1858420
1886	5284	954588	5220	943475	10504	1898063
1887	5077	981074	5053	980576	10130	1961650
1888	6481	1037958	6475	1036222	12956	2074180
1889	6720	1055746	6711	1052455	13431	2108201
1891	7480	842055	7280	841982	14760	1684037
1892	6719	801715	6475	793435	13194	1594150
1894	7092	838704	6985	836017	14077	1674721
1895	6560	831536	6263	822002	12823	1653538
1896	6114	804652	5778	792332	11892	1596984
1899	6051	878136	5809	846115	11860	1724251
1900	5688	785095	5407	771671	11095	1556766
平均	5854	830521	5640	814241	11494	1644762

注：表中 1884～1889 年、1899 年华船载货单位原为"担"，已按照 17 担等于 1 吨的比率换算为"吨"。澳葡统计局官员桑巴约在 1868 年的华船报告中提供了"担"和"吨"两个数据，其比率为 16.8 担为 1 吨［参见 *Boletim Official* 27（1868）：39］。澳葡船政厅官员于 1884 年的报告中称："一些船的货载为 300～1800 担，即 17～107 吨。"［*Boletim Official* 48（1884）：453］这里的换算比率为 17.6 担为 1 吨。为计算方便，本书采用 17 担等于 1 吨的换算比率。虽非绝对准确，但相信不会相差太远。

资料来源：详见附录"统计表"之表 4－1。

2. 对系列数据的分析

表4-1中的数据显示了这样的发展轨迹：前4年（1880~1883年），进出口船数和吨位平均为8888艘和1265540吨，与19世纪70年代的平均数值相比，船只艘数延续了此前的下降趋势，实际减少1300余艘，而吨位却增长了158000余吨；接下来的4年（1884~1887年），相应数据为10942艘和1807768吨，船只数回升并超过了70年代的平均数值，吨位则显著增加70万吨，两项指标均大幅超过了前4年的平均数值；1888~1889年出现了一个短暂的高峰，船只数和吨位数平均达到13194艘和2091101吨；90年代的7个年份，船数和吨位的平均数分别为12814艘和1640635吨，虽略有回落，但是仍高于70年代和80年代初期的水平。在此20年间，进出澳门港口的商船数量及其吨位虽然有一定的波动性，但波动中仍呈现出增长的趋势。

以船数而言，最少的年份8396艘，最多的年份14760艘，平均为11494艘；以吨位而言，最少年份1116845吨，最多年份2108201吨，平均为1644762吨。可见，就整体而言，在本章论述的时期，进出口商船数和吨位分别比六七十年代的平均水平高出约1300艘和537700余吨，即分别增长13%和49%。吨位数增长率高于艘数增长率，显示了船只平均规模和航行密度的增加。

显然，以船数和吨位数来衡量，19世纪八九十年代澳门港口的航运吞吐量较之于19世纪六七十年代有了较大幅度增长，从而为港口贸易量的较大规模提升具备了前提。

二　船数吨位的结构变化

为了进一步考察总体规模的内部结构，从而了解两类商船的相对地位，我们从附录"统计表"之表4-1整理得出了"1880~1900年澳门港进出口商船及其吨位构成表"，如表4-2所示。

表4-2显示，两类商船航运经历了不同的发展轨迹。考察这种轨迹有助于进一步理解前述航运总规模变化的结构因素。19世纪80年代

表 4 – 2　1880～1900 年澳门港进出口商船及其吨位构成

年份	华船		远洋船、轮船	
	船数	吨位	船数	吨位
1880	7155	630415	1842	486430
1881	7631	663283	1596	594576
1882	7796	910916	1135	437904
1883	7100	816400	1296	522236
1884	10810	1012405	1183	500532
1885	9904	910191	1312	948229
1886	9114	826479	1390	1071584
1887	8726	795285	1405	1166365
1888	11456	866766	1500	1207414
1889	11864	916466	1567	1191735
1890	12571	663472	2029	—
1891	12802	664546	1991	1024400
1892	11806	633032	1400	957357
1894	11391	580406	2686	1089324
1895	10685	532698	2132	1120840
1896	10054	506002	1838	1090982
1899	9280	575440	2580	1148811
1900	8589	583921	2506	972845

资料来源：详见附录"统计表"之表 4 – 1。

早期，进出澳门港口的华船数量和吨位延续了 70 年代缓慢下降的过程。到 1883 年，船数降到 7100 艘，吨位降到 81 万余吨，较 70 年代的平均水平，船数减少了 1800 余艘，但是吨位仍略高于六七十年代的平均数值。1884～1887 年，华船的进出口船数与吨位有一定的回升，平均船数达到 9639 艘，而总吨位平均为 886090 万吨，均略高于前一时期的平均水平。1888～1889 年，进出澳门港口的华船数量有了较大程度的回升，两年平均达到了 11660 艘，总吨位达到 891616 吨，均高于 70 年代的水平。90 年代头 4 年，船数维持在 12149 艘的较高数值，吨位却减至 635000 吨。此后船数和吨位均持续减少，临近这个时期结束时（1899～1900 年）更降至不足千艘和 57 万余吨，明显低于 80 年代初期的水平。这个现象说明，到 19 世纪 90 年代末，澳门华船的单位吨位在逐渐缩小，越来越成为一种小船航运业务①。这个变化反映了澳门港口改良工程滞后和西江轮船航运的开放对华船贸易的影响。

　　与此不同的是，远洋船和小火轮航运则延续了 19 世纪 70 年代稳步上升的趋势。1885 年成为一个新的起点，船数和吨位分别达到 1312 艘和 948229 吨，吨位数已经超过了华船吨位。此后的 4 年（1886～1889 年），船数平均达到 1466 艘，吨位则突破 115 万吨，已大大超过华船的进出口吨位数。1890 年船数突破 2000 艘的规模，此后的 5 年（1891～1892 年、1894～1896 年）除 1892 年小有回落（1400 艘和 957357 吨）外，船数大多保持在 2000 艘左右，吨位则维持在 100 万～110 万吨的规模，比华船的总吨位高出近 1 倍。这个比例关系一直维持至世纪末（1899～1900年）。这提示我们，《拱北海关报告》中多次强调的法控广州湾以及西江贸易的开放，其影响主要是表现在华船方面，对远洋船的影响并不大。

　　两类商船不同的发展趋势和规模，改变了两者在进出口总规模中的相对关系。远洋轮船增长趋势的进一步发展，在 19 世纪 80 年代早期导致了两类商船相对地位的根本转变。及至 1885 年，华船进出口规模虽然在船数上仍居多数（数倍于海船），但在吨位上海船已经超过华船，进入 90 年代后，海船总吨位超过华船吨位近 1 倍，因而成为实现进出口的主体船舶。这个现象的背后反映了一个重要的事实，即随着轮船运输的发展，每艘船的载重量逐步增大。这是澳门航运事业的一个重要变化，它反映了近代航运技术的进步。

三　远洋轮船航运的地位及结构变化

1. 远洋轮船数量吨位内部结构

　　按照澳葡海关的统计，这组数据包括不定期的远洋运输、定期的轮

---

① 在 1891 年进口的 6486 艘华船中，拖船 5225 艘、Tai-vac 船 371 艘、扒艇 310 艘、头猛船 284 艘、舢舨 271 艘；出口的 6287 艘华船中，拖船 5265 艘、头猛船 286 艘、舢舨 248 艘、扒艇 246 艘。"Mappa demonstrativo das mercadorias importadas por Macau em embarcações juncos de 1891"；"Mappa demonstrativo das mercadorias exportadas por Macau em embarcações juncos de 1891,"*Boletim Official* 32（1892）.

船运输及小火船运输。在进出口商船数量和吨位总量增长的过程中，也经历着内部结构的改变。《澳门宪报》所刊布的数据使我们得以对这个变化过程做出量化考察，如表 4 - 3 所示。

表 4 - 3 1880 ~ 1900 年澳门港远洋船、轮船进出口船数与吨位构成

年份	不定期航运		定期航运		总计	
	船数	吨位	船数	吨位	船数	吨位
1880	87	31363	1755	455267	1842	486630
1881	134	47883	1462	550693	1596	598576
1882	114	39920	1021	398166	1135	438086
1883	138	52586	1158	469650	1296	522236
1884	143	50560	1040	486372	1183	536932
1885	124	43450	1248	904779	1372	948229
1886	159	55650	1231	1015934	1390	1071584
1887	94	36780	1310	1129585	1404	1166365
1888	104	38400	1397	1169014	1501	1207414
1889	84	36008	1567	1191735	1663	1227743
1891	24	17730	1963	1001761	1987	1019491
1892	74	87028	1326	874090	1400	961118
1894	44	77058	2642	1017266	2686	1094324
1895	40	66640	2098	1054200	2138	1120840
1896	38	67400	1810	1040924	1848	1108324
1899	199	102187	2364	1046624	2563	1148811
1900	33	65403	2743	1058772	2776	1124175
平均	96	53885	1655	874402	1751	928282

资料来源：1880 ~ 1895 年进出口船数：*Boletim Official* 6 （1897）：78，85；

1880 ~ 1883 年吨位数：*Boletim Official* 48 （1884）：456；

1884 ~ 1888 年吨位数 （出口资料不含 lanchas a vapor）：*Boletim Official* 27，29，30，31 （1887）：251，262，271，276；*Boletim Official* 50，51 （1888）：423，429；*Boletim Official* 18，19，22，44 （1890）：142，148，176，377。

1884 ~ 1888 年不定期航运吨位数：依据《澳门宪报》各期"港口动态"栏目统计，定期航运吨位数系以合计减去不定期航运吨位数所得；

1889 年：不定期航运参见 *Boletim Official* 1 - 52 （Anno de 1889）；定期航运参见 AHU - ACL —SEMU - DGU - 3 R - 007，Cx. 0001. A. H. M.，Mic. C0777。

1891 年：*Boletim Official* 29 （1892）：242；

1892 年：*Boletim Official* 23 （1893）：276；

1894 年：*Boletim Official* 40 （1895）：439；

1895 年：*Boletim Official* 23 （1896）：231；

1896 年：*Boletim Official* 40 （1897）：493。注：该处不定期航运之船数和吨位资料有误，笔者已根据《澳门宪报》1896 年各期"港口动态"栏目的数据重新加以核算，并加以更正；

1899 年：*Boletim Official* 51 （1899）：446，449；5，10，14，23，26，28，30，33 （1900）：46，49，104，107，154，254，318，372，420，478。海船资料系定期航运与不定期航运之和，全年合计为自算。

1900 年：不定期航运参见 *Boletim Official* 1 - 52 （1900）；定期航运参见附录"统计表"之表 4 - 1。

　　统计数据显示，定期轮船运输继续占据这一组航运业务的主要地位，而且明显呈上升趋势。19 世纪 80 年代初期（1880~1884 年），虽然船数在波动中稍有下降，但吨位已经增加到 50 万吨上下（年均 476220 吨）；而不定期的远洋运输也扭转了 70 年代的下降趋势，80 年代初期开始回升到 132 艘，吨位也恢复到四五万吨（年均 47737 吨），达到定期轮船吨位的大约 1/10。

　　及至 19 世纪 80 年代中后期（1885~1889 年），不定期远洋船只的进出口数量和吨位再次回落，而且成为定势。与此同时，定期轮船运输则继续保持上升趋势，船数增加到年均 1350 艘，吨位则突破 100 万吨大关（年均 1082209 吨），比 80 年代早期的数字增加 1 倍多。可见，主要由于定期轮船运输的较大增长，使得这一阶段该组航运总吨位保持了 111 万余吨的高数值。

　　统计数据显示，进入 19 世纪 90 年代中期（1891~1896 年），不定期的远洋船进出口数量在 40 艘左右徘徊，进出口吨位降至 6 万~7 万吨，仅相当于定期轮船吨位数的 6%~8%。关于不定期航运持续缩减的原因，一个由政府任命的研究小组于 1897 年 2 月发表的研究报告称："这种收缩的显著原因是沉重的吨位税，根据 1880 年 10 月 21 日敕令，澳门吨位税被定为每吨 50 厘士（reis），即 0.75 元（7.5 avos de pataca）。在远东地区的自由港当中，澳门港是征收吨位税最重的地方。"①

　　而定期轮船运输除 1892 年的低落（仅有 1326 艘和 874090 吨）外，其他年份维持着 2128 艘和 1028000 余吨的较高数字，从而使得这个阶段的总吨位仍维持在 105 万吨的数值上。到 19 世纪末（1899~1900 年），两类商船的航运均有回升，使得总的航运规模仍维持着 2500 多艘、1148000 吨以上的较高水平。

　　统计结果表明，定期轮船运输显然已经成为澳门海上贸易的主体运

---

① "Relatorio da Commissão nomeada pela Portaria Provincial N.º 56 de 27 de Dezembro de 1895，Macau，1 de Fevereiro de 1897." *Boletim Official* 6（1897）：86.

输形式。这个变化显示，澳门港口在远洋运输方面有所缩减，而将主要运输范围集中于香港以及中国其他沿海港口之间。这是澳门港口角色的演变在航运形式和地域分布上的反映。

此外，近代航运业的发展经历了由帆船向蒸汽轮船运输的转变。这个转变同样反映在澳门近代航运业的进程之中。如前所述，澳穗、澳港之间的定期运输，自始就是轮船运输；而在不定期的远洋运输中则经历了一个由帆船向轮船的转变过程，如表4-4所示。

表4-4　1880~1896年澳门港进出口远洋船只船型结构

年份	汽船	帆船	总船数	总吨位
1880	42	1	43	31363
1881	67	0	67	47883
1882	56	1	57	39920
1883	69	0	69	52586
1891	30	2	32	27584
1892	68	0	68	78766
1894	44	0	44	77058
1895	40	0	40	66640
1896	28	0	28	50058

资料来源：1880~1883年：*Boletim Official* 48（1884）：456；
1891年：*Boletim Official* 29（1892）：242；另见 *Boletim Official* 20（1894）：233；
1892年：*Boletim Official* 23（1893）：276；
1894年：*Boletim Official* 40（1895）：439；
1895年：*Boletim Official* 23（1896）：231；
1896年：*Boletim Official* 40（1897）：493。

表4-4显示，从19世纪80年代以来，轮船已经占据了优势，而到90年代初期，帆船则已退出了远洋运输，澳门港口的远洋贸易完全由蒸汽轮船来进行。

2. 远洋轮船数量吨位的国籍结构

如前文所述，这个时期定期轮船运输有了显著增长。从事该项航运的商船主要有：

白云号火船（Vapor White Cloud），载重 280 吨，往返澳门－香港，属于省港澳轮船公司；粤西号（Vapor Yut-Sai），载重 115 吨，往返澳门－香港，属于省港澳轮船公司；士迫号火船（Vapor Spark），载重 140 吨，往返澳门－广州，属于省港澳轮船公司；洞庭号火船（Vapor Tung-ting），载重 315 吨，往返澳门－广州；江平号火船（Vapor Kiang-ping），载重 391 吨，往返澳门－广州；前山号（Vapor Kim-shan），437 吨，往返澳门－广州；飞龙号小火船（Lancha a vapor Fei-lung），往返澳门与氹仔、路环之间，亦属于省港澳轮船公司。

从事不定期航运的商船有：

海南号火船（Vapor Hai-nan），载重 281 吨，往返澳门－北海、海口；平安号火船（Ping-on），载重 477 吨，往返澳门－北海、海口；征服号火船（Vapor Conquest），载重 318 吨，往返澳门－北海、海口；翠玉号火船（Vapor Esmaralda），载重 395 吨，往返澳门－北海、海口；东艇号火船（Tung-ting），载重 315 吨，往返澳门－北海、海口；香港号火船（Vapor Hongkong），载重 66 吨，往返澳门－北海、海口。

阿太若号火船（Vapor Atjeh），载重 954 吨，往返澳门－帝汶、苏拉巴以、三宝龙、巴达维亚等处；麦肯农号火船（Vapor Wm. MeKinnon），载重 734 吨，往返澳门－帝汶、苏拉巴以、三宝龙、巴达维亚、悉尼和墨尔本等处；碧蓝特号火船（Vapor Graaf von Bylandt），载重 778 吨，往返澳门－帝汶、巴达维亚；和谐号方帆双桅船（Brigue Concordia），载重 226 吨，往返澳门－槟城、果阿和暹罗等处；另有小火船（Lanchas a vapor）数艘，往返澳门－香港之间，从事客货兼运业务。[1]

---

[1] *Directorio de Macau para o Anno de 1879*，pp. 31 – 32；*Boletim Official* 34，35（1881）：235 – 236，246.

1890 年，广东省善后局批准中国籍小轮广香号和云飞号拖带民船往来澳门与石歧之间。1898 年 6 月，善后局签发 6 份小轮准照拖带民船航行于澳门与内地之间：广义号航行于澳门 – 赤坎、广礼号往返于澳门 – 江门、广智号往返于澳门 – 狄海①。另有广泉号小船自 1890 年以来一直往返于澳门 – 陵水，装载客货②。

为了说明不定期轮船的发展变化，我们根据有关资料整理得出了 80 年代初期几年进出澳门港口的远洋商船的国籍结构，如表 4 – 5 所示。

表 4 – 5 1880 ~ 1883 年澳门港进出口不定期远洋商船国籍结构

国　　家	1880 年	1881 年	1882 年	1883 年
英　国	14	51	76	91
法　国	0	0	2	0
荷　兰	12	16	2	9
葡萄牙	3	0	2	9
德　国	0	6	6	26
美　国	46	52	0	0
中　国	2	28	2	10
丹　麦	0	0	22	18
合　计	77	153	112	163

资料来源：*Boletim Official* 48 （1884）：457。

统计显示，在 19 世纪 80 年代早期，参与澳门港口远洋贸易的商船分别来自 8 个国家。其中以英国为主，四年共计 232 艘，而且明显呈增长趋势。位居第二的是美国，合计 98 艘，但呈下降趋势，后两年没有美国船来航澳门港口。居第三位的是中国，四年合计 42 艘；其后是荷兰，为 39 艘。值得注意的是，德国和丹麦两国的商船稳定增加，各达到 38 艘；而葡萄牙船只四年仅有 14 艘来航澳门港口。这从一个侧面反映了葡萄牙在近代国际贸易中的影响已经大为减弱，同时也体

---

① 中华人民共和国拱北海关编《拱北海关志》，珠海：拱北海关印刷，1997，第 28 页。
② *Boletim Official* 40 （1901）。

现了海外市场需求和国际贸易格局演变对澳门港口的影响。

到了 19 世纪 90 年代，澳门港口的定期航运包括：香山号火船
（Vapor Heung-shan）和波华号小火船（lancha Po-wa）每日往返港澳；
白云号火船（Vapor Whirte Cloud）和江东号火船（Vapor Kiang-tung）
隔日往返穗澳；另有小火船坚持号（Lancha Perseverance）、宁波号
（Lancha Ning-po）或者明复号（Lancha Ming-foo）每日往返港澳。小火
船华安号（Lancha Wa-on）和太平号（Tai-ping）则隔日往返三水 - 澳
门，进行客货兼运业务。1898 年初，始有葡籍小轮定期来往澳门 - 三
水，途经江门、甘竹两地，只载客不装货。至 1898 年，经磨刀门和横
门进入西江的外籍轮船共计 171 艘次①。

不定期航运的国籍构成情况如表 4 - 6 所示。

表 4 - 6　1895 年、1896 年、1899 年澳门港进出口不定期远洋商船国籍结构

国家	1895 年		1896 年		1899 年	
	船数	吨位	船数	吨位	船数	吨位
英国	28	44772	34	57770	32	61866
德国	4	2794	0	0	4	7888
美国	6	17066	4	9630	2	4550
挪威	2	1688	0	0	0	0
日本	0	0	0	0	2	7078
合计	40	66320	38	67400	40	81382

资料来源：1895 年：*Boletim Official* 1 - 52（1895）；1896 年：*Boletim Official* 1 - 52
（1896）；1899 年：*Boletim Official* 1 - 52（1899）。

表 4 - 6 显示，到 19 世纪最后几年，除小火船以外的进出口远洋轮
船的平均吨位数有增大的趋势。参与运输的国家明显减少了。其中值得
注意的是，英国继续保持着领先地位，三年平均为 31.3 艘和 54803 吨，
分别占总数的 80% 和 76%。这个现象反映了英国作为 19 世纪世界最强
大的工业国对国际贸易所具有的重大影响，也揭示了香港作为远东地区

① 中华人民共和国拱北海关编《拱北海关志》，珠海：拱北海关印刷，1997，第 30 页。

重要国际贸易枢纽的重要地位。次之为美国，三年平均为 4 艘和 10415 吨。葡萄牙商船已不见来航澳门港口。可见，日益衰落的葡萄牙帝国，已无力为澳门提供一个商业上获利的航运网络。这是澳门港口角色转变的外部原因。

3. 远洋商船航运的地域结构

正如前节所述，进出澳门港口的远洋商船持续减少，到 90 年代，相对于短途的定期轮船而言，不定期航运的航运规模已经大为减少，参与运输的国籍和所涉及的地理范围也有进一步的变化。

为了说明这种变化，我们根据有关资料整理得出了 80 年代初期进出澳门港口的远洋商船的国籍结构，如表 4－7 所示。

表 4－7　1880～1884 年进出澳门港远洋商船地域分布

国家或地区	1880 年		1881 年		1882 年		1883 年	
	进口	出口	进口	出口	进口	出口	进口	出口
香　港	5	38	4	63	5	52	9	61
西　贡	0	0	0	0	0	1	0	3
马尼拉	3	0	4	4	1	0	0	0
帝　汶	0	3	0	0	1	0	0	0
北海、海口	35	0	58	0	50	3	56	3
Montung	0	0	1	0	0	0	2	0
Quin-on	0	0	0	0	0	0	1	0
果阿、海峡	0	1	0	0	0	0	0	0
新加坡	0	1	0	0	0	0	0	0
里斯本	0	0	0	0	0	1	0	0
加利福尼亚	0	0	0	0	0	0	0	1
澳大利亚	0	0	0	0	0	0	0	1
合　计	43	43	67	67	57	57	68	69

资料来源：*Boletim Official* 48 （1884）：457。

表 4－7 显示，19 世纪 80 年代初期，澳门港口不定期远洋商船的航运高度集中于香港，四年进出口船数合共 234 艘，可见，香港不仅支配了定期航运，也在很大程度上支配了不定期航运。位居第二的是中国

西南部口岸北海和海口，四年进出口船数合共 205 艘，显示了在广州湾开放之前澳门在粤西南口岸进出口贸易中的重要性。再者，进口船只多来自北海和海口（四年合共 199 艘），而出口则多前往香港（四年合共214 艘）。这个实事显示，19 世纪 80 年代初期，澳门在沟通西南口岸与香港的贸易关系中发挥着重要的作用。

　　进入 19 世纪 90 年代，随着不定期远洋航运总体规模的缩减，其地域分布进一步发生变化。表 4 - 8 是笔者依据《澳门宪报》中的资料整理的结果。

表 4 - 8　1891 ~ 1896 年进出澳门港口的远洋商船的地理构成

始发港口	年　份				目的港口	年　份			
	1891	1892	1896	1899		1891	1892	1896	1899
香　　港	10	35	19	18	香　　港	9	22	3	5
广　　州	0	1	0	0	帝　汶	1	6	6	5
Quin-on	2	0	0	1	旧金山	0	4	6	5
海　　口	0	1	0	0	澳大利亚	0	4	4	5
汉　　堡	0	0	0	1	刚　果	0	1	0	0
帝　　汶	1	0	0	0	Mahukona	1	0	0	0
					墨西哥	1	0	0	0
合　　计	13	37	19	20	合　计	12	37	19	20

资料来源：1891 年：*Boletim Official* 29（1892）：242。

　　1892 年：*Boletim Official* 23（1893）：267。

　　1896 年：*Boletim Official* 40（1897）：493。此处资料有误，笔者已根据《澳门宪报》1896年各期"港口动态"栏目的数据进行了核算，并加以修正。

　　1899 年：*Boletim Official* 1 - 52（1899）；*Boletim Official* 1 - 5（1900）。

　　表 4 - 8 显示，到 19 世纪 90 年代，不定期航运的远洋商船规模大为缩减，四个年份平均缩减至 22 艘，而且涉及的地理范围也大为缩小，一些贸易港口从统计资料当中消失了。进港船几乎全部来自香港；而出口的目的港除了香港外，较多的还有帝汶、旧金山和澳大利亚，分别为18 艘、15 艘和 13 艘。到世纪之交，澳门港口的不定期远洋出口贸易的

地域结构大致形成了香港、帝汶、澳大利亚和旧金山四地大差不离的格局。

此外，值得注意的是，前往帝汶的航行一般是货客混装，而前往澳大利亚和旧金山的航运则是一般商品和鸦片烟膏混装，亦即这种航行总是与鸦片烟膏的出口相联系。这是 19 世纪末澳门港口远洋贸易发生的一个显著变化。

由上可见，到 19 世纪末，澳门港口在严格意义上的远洋贸易，特别是一般货物（而非特种商品鸦片）的贸易中，已经不再占有以前的重要份额。远洋贸易的地域分布，又与特定商品的贸易相联系。这是澳门由国际贸易港变为地区贸易港之角色转变的显著标志。

第二节　贸易规模的持续增长与结构的演变

正如前文已经指出的，进出港口的船只数和吨位数是考察一个港口航运贸易的基本出发点，也是评判其贸易规模的重要依据。但是，仅有这些显然是不足够的。为了更准确地把握该阶段澳门港口贸易活动的实际规模，还必须考察通过该港口的贸易货值的总体规模及其内部结构。在本章论述的 19 世纪八九十年代，澳门港口的贸易规模经历了持续增长；与此同时，贸易量值的内部结构也经历着新的变化。

一　贸易总体规模的持续增长

1897 年的人口普查报告收录了澳葡船政厅官员所提供的 19 世纪 80 年代以迄 90 年代中期澳门港口两类商船的贸易量值报表，《澳门宪报》也刊布了若干年份的贸易报表。得益于《澳门宪报》刊布的这些报表，我们获得了整个八九十年代澳门进出口贸易的基本完整的系列数据。如表 4-9 所示。

表 4 - 9　1880 ~ 1900 年澳门港口海上贸易总值

单位：元（Patacas）

年份	进口	出口	总值
1880	13385034	11544703	24929737
1881	13325263	11505979	24831242
1882	13277670	12480071	25757741
1883	13804972	10696499	24501471
1884	13851559	8722766	22574325
1885	15503062	10514217	26017279
1886	13313664	12114802	25428466
1887	9697111	7257286	16954397
1888	12930660	12385810	25316470
1889	11658961	10633572	22292533
1890	13498475	12793347	26291822
1891	15782239	14971604	30753843
1892	15410194	12505672	27915866
1893	17703123	15068069	32771192
1894	19198426	15901298	35099724
1895	18355068	15203724	33558792
1896	16237698	15192422	31430120
1899	19038009	16078475	35116484
1900	18010281	14134288	32144569
平均	14946393	12616032	27562425

　　资料来源：1880 ~ 1895 年：*Boletim Official* 6（1897）：86。注：*Boletim Official* 20（1894）：246 所载 1880 ~ 1882 年、1890 ~ 1892 年的数据有所不同；本表中 1881 年、1882 年华船进口贸易值已根据 *Boletim Official* 48（1884）：461 ~ 462 的细目重新核算并改正，贸易值保留整数，小数点后四舍五入。

　　1896 年：*Boletim Official* 40（1897）：492；另见 A. Talone da Costa e Silva, *Jornal Celebração do 4.° Centenario do Descobrimemto do Caminho Maritimo para a India por Vasco da Gama*, Macau, 20 de Maio de 1898, p. 53。主要贸易货品有：鸦片、茶叶、生油、稻米、丝绸、棉布、食糖、纸张、桂油和茴芹油、食品和咸鱼。

　　1899 年：*Boletim Official* XLV（1899）：447，450；*Boletim Official* XLVI（1900）：47，50，105，108，155，255，319，373，421，479；*Boletim Official* XLV（1899）：448，451；*Boletim Official* XLVI（1900）：48，51，106，109，156，256，320，374，422，480。注：原文件为分类月份资料，全年合计及两类合计为自算。

　　1900 年：*Boletim Official* XLVI（1900）：158，258，322，376，424，482，545，609，671，745，843；*Boletim Official* XLVI（1900）：159，259，323，377，425，483，546，610，672，746，844。原文件为分类月份资料，全年合计及两类合计为自算；原档 12 月份资料暂缺，现暂以 1899 年 12 月数据代之。

表 4 - 9 显示，在统计数据涵盖的 19 年间，澳门进出口贸易总值表现出一定的波动性。但是，波动中仍然显示出稳步增长的趋势。80 年代的前五年（1880～1884 年）平均值为 24518909 元；中间两年（1885～1886 年）平均值增至 25722872 元，比 1880 年增长 79 万余元。1887 年出现了较大幅度下降，贸易额仅有 16954397 元，比 1880 年减少 797 万余元；80 年代后两年（1888～1889 年）年均贸易值回升到 23804500 元；进入 90 年代以后，贸易额又上了一个新台阶，由 1890 年的 26291822 元增加到 1894 年的 35099724 元，五年平均值达到 30768489 元；而最后的三个统计年份平均贸易值更增至 33368465 元。显然，主要由于 90 年代的持续性增长，这 19 年的平均贸易总值达到了 2756 万元的高数值。

关于 1887 年贸易值大幅度下降的原因，前引 1897 年 2 月发布的研究报告做出了如下分析：

> 航运和贸易在过去的 16 年间持续增长，仅在中葡合约签订的 1887 年大幅减少，1880 年贸易总值为 2929735 元，而 1887 年仅有 16954327 元。这种收缩归因于商人们得知海关税厂将改由以赫德为首的洋监督管理时所引起的恐惧；这个改变使他们相信，一定会实行不同于现行规定的税则，从而加重他们的税收负担。然而，这一措施最初所引起的担忧不久便消失了，贸易又恢复了活力，因此在此后若干年间贸易总值有了大幅度增长。①

随着 1887 年 4 月拱北海关的建立，澳门的华船贸易被置于中国海关的新体制之下。按照新体制的安排，中国海关须对往返内地口岸与澳门之间的华船进行检查，对它们运往中国内地口岸的鸦片实施税厘并征，并进而征收海关一般货税。在此背景下，澳门港口海上贸易的不同

---

① "Relatorio da Commissão nomeada pela Portaria Provincial N.º 56 de 27 de Dezembro de 1895, Macau, 1 de Fevereiro de 1897." *Boletim Official* 6（1897）：86.

分支均有不同程度的恢复。一个由著名华商卢九参与的委员会在 1889 年 9 月 27 日提交一份研究报告，对 1888 年与 1887 年贸易额进行了比较，指出了两个促成贸易增长的因素：

> 其一，中葡条约的订立明确了澳门的政治地位，令华商普遍重建信心，从而使大量资本流入澳门，提供了活跃生意所必需的资本；其二，中国海关的外籍管理者较为宽松地对待华商与华船，尊重他们的诉求，并给予他们照顾，从而促进了贸易的发展。[①]

如果说，1889 年报告中所提出的看法多少带有预测性质的话，那么前引 1897 年报告的作者们则已经看到了贸易增长的事实。他们正是依据 1895 年贸易额比 1888 年增长 40.5% 的事实得出了以下结论：

> 船政厅的统计资料证实，在澳门附近所建立的中国海关新体制，不但没有阻碍本澳贸易的发展，反而有利于它的发展。[②]

二　贸易结构的演变

正如航运总量中存在着华船与洋船（远洋船、小火船）的结构变化一样，贸易总量增长的同时也经历着两类商船比例关系的变化。对华船和洋船两大类贸易在总量中的相对比重及其商品结构加以分析，有助于认识上述贸易总值增长的成因，并分析中外贸易格局变化对不同贸易分支以及不同货物所产生的不同影响，从而更加深化对澳门港贸易发展和演变进程的认识。

[①] "Relatorio da Commissão Nomeada para Estudar as Causas da Decadencia da Navegação Costeira para Macau," *Boletim Official* 4（1889）：344.

[②] "Relatorio da Commissão nomeada pela Portaria Provincial N.º 56 de 27 de Dezembro de 1895, Macau, 1 de Fevereiro de 1897." *Boletim Official* 6（1897）：86.

1. 船型结构

1897 年的人口普查报告收录了澳葡船政厅官员所提供的 19 世纪 80 年代以迄 90 年代中期澳门港口两类商船的贸易量值报表,《澳门宪报》也刊布了若干年份的贸易报表。依据这些资料,我们拥有了这一时期澳门港口进出口贸易船型结构的系列数据,如表 4 – 10 所示。

表 4 – 10   1880 ~ 1900 年澳门港海上贸易总值

单位: 元 (Patacas)

年份	华船	远洋船与小火船	合计
1880	15621612(62.6%)	9308123(37.4%)	24929735
1881	15323579(61.7%)	9507662(38.3%)	24831242
1882	14987168(58.2%)	10770602(41.8%)	25757771
1883	11994409(49.0%)	12507062(51.0%)	24501471
1884	12905573(57.2%)	9668752(42.8%)	22574325
1885	12024289(48.1%)	13992990(51.9%)	25017279
1886	10237314(40.3%)	15191152(59.7%)	25428466
1887	8255132(48.6%)	8699165(51.4%)	16954297
1888	13499129(53.3%)	11817341(46.7%)	25316470
1889	11775278(52.8%)	10517256(47.2%)	22292534
1890	12605085(47.4%)	13975747(52.6%)	26580832
1891	13005163(42.3%)	17748680(57.7%)	30753843
1892	13611010(48.7%)	14304856(51.3%)	27915866
1893	15092329(46.1%)	17678863(53.9%)	32771192
1894	17212300(49.0%)	17887424(51.0%)	35099724
1895	14887281(44.3%)	18671511(55.7%)	33558792
1896	13308442(42.3%)	18121678(57.7%)	31430120
1899	18362895(52.3%)	16753589(47.7%)	35116484
1900	16159927(50.3%)	15984642(49.7%)	32144569
平均比重	50.2%	49.8%	27525001

资料来源: 1880 ~ 1895 年: *Boletim Official* 6 (1897): 86。另见 *Boletim Official* 48 (1884): 461 –462; *Boletim Official* 26 (1891): 173; *Boletim Official* 20 (1894): 245。这三处所披露的统计资料有所不同。本表中 1881 年、1882 年华船进口贸易值已根据 *Boletim Official* 48 (1884): 461 ~462 的细目重新核算并改正。贸易值保留整数, 小数点后四舍五入。

1896 年: *Boletim Official* 48 (1896): 560; 26, 14, 38 (1897): 334, 212, 479. 原文件为分类半年资料, 全年两类合计为自算。

1899 年: *Boletim Official* XLV (1899): 447, 450; *Boletim Official* XLVI (1900): 47, 50, 105, 108, 155, 255, 319, 373, 421, 479; *Boletim Official* XLV (1899): 448, 451; *Boletim Official* XLVI (1900): 48, 51, 106, 109, 156, 256, 320, 374, 422, 480; 原文件为分类月份资料, 全年合计及两类合计为自算。

1900 年: *Boletim Official* XLVI (1900): 158, 258, 322, 376, 424, 482, 545, 609, 671, 745, 843; *Boletim Official* XLVI (1900): 159, 259, 323, 377, 425, 483, 546, 610, 672, 746, 844 原文件为分类月份资料, 全年合计及两类合计为自算; 原档 12 月份资料暂缺, 现暂以 1899 年 12 月数据代之。

从表 4 - 10 中的统计资料来看，19 世纪 80 年代头五年（1880 ~ 1884 年），华船贸易延续了 70 年代末期的增长趋势，处于相对优势，所占贸易总额的比重为 49% ~ 63%，平均为 57.7%，即接近六成。此后的三年（1885 ~ 1887 年），相对优势转向海船贸易，三年平均为 54.3%。1888 ~ 1889 年，相对优势再次转到华船方面，两年平均为 53%。自 1890 年迄 1896 年的七年间，相对优势转到洋船和小火船方面，所占贸易总值的比重平均为 54.3%。到世纪末的 1899 ~ 1900 年，相对优势又转向华船（51.3%）。从两类商船历年所占贸易总额之平均比重的统计结果来看，在澳门港贸易总量中，华船和轮船所占的比例大致相当，都为 50% 左右。尤其是进入 90 年代以后，轮船所完成的贸易额持续增长，占据了相对优势，从而对于澳门贸易总量的增长做出了较大的贡献。这种比例关系说明，贸易环境和条件的改变仅对澳门贸易的部分领域产生影响。例如，《拱北海关报告》中多次强调的西江流域各口和法占广州湾向轮船贸易的开放，其实主要影响到华船贸易，即原来经由华船完成的贸易转而由轮船营运，从而减少了澳门港与西江流域各口及广州湾口岸的华船贸易。由于轮船主要往返于澳门与香港、省城之间，受到西江口岸开放和广州湾开放的影响不大，所以轮船航运贸易的增长一定程度上弥补了华船贸易的减少，从而保证了澳门港口总体贸易规模的稳定和增长。

2. 商品结构

19 世纪 80 年代以后，得益于《澳门宪报》刊布的统计数据，我们得到了更为系统的进出口商品结构的系列数据。附录"统计表"之表 4 - 2 和表 4 - 3 分别记载了 1880 ~ 1882 年澳门港口两类商船进出口主要货物的贸易值。

就进口贸易而言，有 18 种货物的贸易额超过 10 万元，合共占进口总值（三年平均为 13329335 元）的 87.4%。其中，鸦片进口值遥遥领先，三年平均进口值为 399 万元，比 70 年代初期减少了 120 余万元，所占进口总值的比重亦由 64% 降至不足 30%，但三年基本趋势表现为波动之中有回升。仅次于鸦片的是茶叶，三年平均进口值为1136634元，高于70年代初期的数字，三年基本趋势表现为波动之中略有回升。居于第三位的是生油，三年平均进口916350元，延续了70年代末期的增长趋势，增长1倍以上。居于第四位的是稻米，平均进口751222元，较之1871年增长20万元。居于第五位的是纸张，三年均值668190元，较之1871年增长40倍，属于显著增长的进口项目。以下依次为丝货、棉花和靛蓝，平均进口值分别为613840元、532260元和499008元；其中丝货和棉花较70年代的数值分别增长2.8倍和3.9倍，但近三年显示了减少的趋势，而靛蓝增长5.4倍，且呈现稳步增长趋势。这8种40万元以上货物的三年平均进口值占进口总值的68.3%[①]。

就出口而言，贸易值10万元以上者13种，合共占出口总值（三年平均为11843584元）的88.2%。其中占首位的也是鸦片，三年平均出口值为4056085元，较之70年代初期的数值增加3.5倍，所占出口总值的比重也由20%上升为34.2%。仅次于鸦片的同样是茶叶，三年平均出口值为1474205元，较1871年增长51万元，但近三年表现为下降趋势。处于第三位的是生油，三年平均出口值为924007元，属于大幅度增长的出口项目（1871年出口值尚不足万元）。第四位是丝货，平均出口值为800800元，较1871年增长近2倍，且近三年呈现增长趋势。第五位是咸鱼，出口值由1871年的不足万元剧增为1880年的61万元，且呈现稳步增长趋势，三年平均出口值达到740279元。以下依次为蔗糖、棉花和象牙，平均出口值分别为448984元、440177元和422464元，其中蔗糖和棉花高于1871年的数值，且呈增长趋势，象牙虽高于1871年，但近期出现了下降。这8

---

① 关于"1880～1882年澳门主要货物进口平均值"另见 Antonio Pinto de Miranda Guedes, *Obras do Porto de Macau-Conferencia Realisada no Gremio Militar de Macau em 25 de Julho de 1910*（Macau：Imprensa Nacional, 1911），p. 18。

种 40 万元以上货物的平均出口值占出口总值的79%[1]。

及至 90 年代早期，进出口总值有了较大幅度的提高，内部结构也有一些值得注意的变化。本书"统计表"之表 4－5 和表 4－6 分别记载了 1891～1892 年、1894～1895 年澳门港进出口主要货物的价值。

统计数据显示，在 1891～1892 年、1894～1895 年的四年当中，每年进口贸易额在万元以上者 22 种，10 万元以上者 18 种。其中占据首位的仍然是鸦片，四年平均进口值达 3185877 元，比 1880～1882 年的平均值减少 80 万余元，所占进口总值（四年平均为 17186489 元）的比重降为 18.5%。居进口第二位的是茶叶，平均进口值 2250099 元，增长 77 万余元。第三位的是生油，平均进口值 2069604 元，增长 115 万余元。第四位的是棉线，在 80 年代后期大幅增长基础上[2]，四年平均进口值达到 1814410 元。第五位的是稻米，延续了 80 年代末期的增长趋势[3]，平均进口值 1232964 元，较之 80 年代早期增长 48 万余元。第六位的是象牙，平均进口价值为 638212 元，不仅扭转了 80 年代末期的低落[4]，且比 80 年代早期的平均数值增长 2 倍。第七位是丝绸，四年平均 406778 元，虽然扭转了 80 年代末期的下降，但仍比 80 年代初期减少 20 万元。这 6 种进口值在 40 万元以上商品的进口值占据了进口总值（四年平均 17186483 元）的 67.5%。

就出口贸易而言，这四年间每年贸易值超过 1 万元者 19 种，超过 10 万元者 15 种。其中占据首位的是鸦片，四年平均出口价值为

---

[1]　关于"1880～1882 年澳门主要货物出口平均值"另见 Antonio Pinto de Miranda Guedes, *Obras do Porto de Macau-Conferencia Realisada no Gremio Militar de Macau em 25 de Julho de 1910*（Macau：Imprensa Nacional，1911），p. 18。

[2]　据统计，1889 年澳门港口进口棉线 3918 包、5323 担，总价值 570263 元；出口 73575 担，总价值 2575133 元。参见本书附录"统计表"之表 4－4。

[3]　据统计，1889 年澳门港口进口稻米 62192 担 2601 袋，总价值 708183 元；出口稻米 121399 袋 93014 担，总价值 701014 元。参见本书附录"统计表"之表 4－4。

[4]　参见本书附录"统计表"之表 4－4。

3359671 元，比 80 年代初期的数值减少 69 万余元，所占进口总值（四年平均为 14645576 元）的比重降至不足 23%。处于第二位的是茶叶，平均出口值为 2163198 元，从 80 年代末期的低落状态中回升，并超过 80 年代初期 68 万余元。第三位是棉线，虽然较之 1889 年的高数值（2575133 元）大幅下滑，但四年平均出口值仍有 1251341 元。第四位是丝货，平均出口值为 1102434 元，较之 80 年代增长 30 万元。第五位的是生油，平均出口价值 946565 元，扭转了 80 年代的下降并略有增加。第六位的是稻米，平均出口价值 876808 元，继续了 80 年代末期的增长势头。第七位的是咸鱼，平均出口价值为 808337 元，从 80 年代末期的低潮回升到 80 年代早期的数字且有所增长。这七类出口值在 80 万元以上货物的出口价值占出口总值（四年平均 14645576 元）的 72%，构成 90 年代初期澳门出口贸易的支柱产品。

综合上述资料来看，80 年代早期持续了 70 年代末期的发展势头。若将 90 年代早期与 80 年代初期对比，可发现一些重要特点。第一，澳门进出口贸易的主体结构相当稳定。1880~1881 年进口值 10 万元以上者 18 种，出口值 10 万元以上者 13 种，而 90 年代早期四年进口值 10 万元以上者 18 种，出口值 10 万元以上者 15 种，这些商品占据了进出口贸易的绝大部分。它们的具体贸易额虽有波动（例如丝绸进口和棉线出口的减少），但依然是支撑贸易总量的支柱项目。由此可见，80 年代以来形势的变化并未使澳门的进出口贸易发生结构性衰减。第二，自 80 年代后期以迄 90 年代中期，经历了鸦片进出口贸易的持续下降，而贸易总量则处于增长状态，可见除鸦片外一般货物增长更为强劲，从而构成支撑 90 年代贸易总量扩大的更主要的因素。这个变化是良性的。

那么及至世纪之末澳门贸易的商品结构有何变化呢？我们在《澳门宪报》上查到了按照两类商船分类并且按月份统计的 1899 年贸易统计资料，经过烦琐的计算，编制成"1899 年澳门进出口主要货物价值表"（参见附录"统计表"之表 4-7），据此可以对世纪末年澳门进出口贸易的商品结构做一番考察和分析。

统计表中数据显示，1899 年澳门港口进口商品（除货币和混装货外）10 万元以上者 21 种，合共占进口总值（19038009 元）的 78.6%。以单项而论，鸦片烟土为 4300938 元，较之 90 年代早期增长 111 万元，且已超越了 80 年代初期的平均数值，但鉴于贸易总值已大幅增加，鸦片进口值所占进口总值的比重仍大体维持原状（22.6%）。生油进口值 1582501 元，较之 90 年代前期减少 48.7 万元，所占进口总值的位序由第三位升至第二位（因原居第二位的茶叶进口值大幅减少）。稻米进口值 1539339 元，增长 66 万元，位序由第五位跃居第三位。第四位是竹子和竹器，由不足 10 万元剧增至 1113763 元，属于显著增长的进口项目。茶叶进口值由 225 万元下降为 945115 元，位序由第二降为第五。丝绸进口值 852416 元，较 90 年代前期增加 1 倍以上（即 44 万元），位序由第七前移为第六。棉线进口值 838832 元，减少 97 万元，位序由第四降至第七。草袋进口值由 1889 年的不足 10 万元[①]骤增至 695160 元，跃居第八位，同样属于显著增长的项目。这 8 种 60 万元以上的货物合计占据进口总值的 62.3%。

1899 年澳门出口商品（除货币和混装货外）10 万元以上者 23 种，合计占出口总值（16078475 元）的 85.5%。其中，鸦片烟土 2426952 元，烟膏 2589092 元，两项合计 5016044 元，扭转了 80 年代以来的持续下降，比 1880 年以来的最高数值（461 万元）高出近 40 万元，所占出口总值的比重上升至 31.1%；从构成来看，烟土出口和烟膏出口均有较大增长，尤其是烟土出口回升幅度较大。鸦片出口量值的增加和比重的上升，应该是中国海关新体制要求澳葡加强鸦片贸易检查和申报的结果。茶叶出口值 1232125 元，虽然仍位居第二，但贸易值减少了 93 万元。稻米出口值 1087196 元，比 90 年代早期的平均数值增加 21 万

---

① 据统计，1889 年澳门港进口草袋 140095 捆，价值 98487 元；出口草袋 8917 捆，价值 6242 元。参见"统计表"之表 4－4。

元，位序由第六升至第三；这显然得益于广东省府出口大米政策的放宽和澳葡当局的促销政策①。咸鱼出口值 966086 元，位序由第七前移至第四，虽然贸易值仍高于 90 年代的平均数值，但已表现出下降趋势。丝绸出口值 742140 元，减少 36 万元，位序由第四降至第五。棉线出口 637681 元，较之 90 年代早期减少 61 万元，由第三位降为第六位。草袋出口由 1889 年的不足万元骤增至 529860 元，属于新增项目，位居第七。爆竹出口自 80 年代初期以来持续增长②，至 1899 年达到 517801 元，进居第八位，成为主要产品之一。这 8 种 50 万元以上的货物占出口总值的 66.7%。

综合上述数据可以看出 19 世纪末年澳门贸易结构的一些变化。第一，澳门贸易主体结构进一步多元化，进出口贸易额 10 万元以上的商品分别增加至 21 种和 23 种，所占进出口总值的比重分别增至 78.6% 和 85.5% （1895 年分别为 71% 和 80%）。这个指标揭示澳门贸易的基础仍在扩大，而非缩小。第二，主体产品结构内发生了显著的换位和替换现象。一些商品因贸易额减少而位序后移，另一些商品则因贸易额显著增加而跃居前位。进口贸易中茶叶进口值由第二位退至第五位，棉线进口由第四位退至第七位；稻米进口由第五位升至第三位，丝绸由第七位前移至第六位，竹子和竹制品则因贸易额骤增而位居第四，草袋也因大幅增加而进居第八位。出口贸易中棉线由第三位降至第六位，丝绸由

---

① 参见中华人民共和国拱北海关编《拱北海关志》，珠海：拱北海关印刷，1997，第 267 页。此外，澳督于 1898 年 9 月 24 日发布米谷出口弛禁公告："照得米谷一事。前者时虞外埠来源告匮，现目此患尽消，兹查澳门街市米谷充牣；又本澳米商半多前来禀称，倘中国再遇荒歉失收，允即运米商来澳，不虞短少等情。本部堂据此，特将华本年三月初三日所颁贴之示谕统行撤销弛禁，准任各商自华本年本月十一日起，由澳门并澳门属地等处一律装运米谷及以米制造等物出口。" *Boletim Official* 39 (1898)。

② 据船政厅统计，澳门港爆竹出口量值如下：1884 年，496 箱，11829 元；1885 年，2885 箱，44113 元；1886 年，4278 箱，66309 元；1887 年，375 箱，5812 元；1888 年，10844 箱，168082 元；1889 年，7836 箱，124828 元；1890 年，13897 箱，215341 元；1891 年，14943 箱，367597 元。见 *Boletim Official*，Vol. XXXIX，N.° 6，11 – 02 – 1893，p. 59。

第四位退至第五位；而稻米则由第六位升至第三位，咸鱼出口由第七位升至第四位，草袋和爆竹则因显著增加而分居第七位和第八位。这个现象表明，中外贸易格局的变化对澳门贸易的影响是不平衡的，它导致了一些商品贸易额的减少，但另一些商品的贸易额增加了。正是这样的换位和替补过程，使得澳门贸易的主体结构保持稳定，贸易总量稳中有增。第三，鸦片贸易有所上升，进口值回升到 430 万元，已超越 80 年代初期的数值，所占比重虽回升至 22%，但仍未达到 80 年代初期的平均水平（30%）；出口值增至 501 万元，达到历年最高，所占出口总值的比重回升至 31%，但仍低于 80 年代初期的水平（34.2%）。由此可见，随着贸易格局的发展变化和贸易总规模的扩大，鸦片贸易在澳门贸易整体结构中的地位是趋于减弱的；而除鸦片外一般货物的贸易却显示出上升的趋势。

3. 地域分布

进出口贸易的地区结构，是贸易活动在地域分布上的展开，反映贸易关系的性质，体现港口在贸易网络关系中的角色和地位。因此，考察澳门海上贸易的地区分布结构，是分析澳门港口贸易发展和角色转变的题内应有之论。这种考察还可以进一步揭示贸易格局变化对不同贸易区域的贸易项目所产生的不同影响。表 4 - 11 反映了 80 年代初期澳门贸易的地区分布。

从表 4 - 11 的统计可知，在这三年的进出口贸易中，与香港的贸易值分别占 49.6%、48.5% 和 47.4%，与广州等中国其他口岸的贸易值分别占 50.0%、51.2% 和 52.4%，而与其他外国港口的贸易值仅占 0.4%、0.3% 和 0.2%。显然，澳门海上贸易主要在香港和中国内地口岸之间进行。这是晚清时期澳门港口海上贸易在地域结构上发生的一个重要变化，也是鸦片战争后中外贸易格局变化对澳门港口的最大影响所在。

若将进口与出口分别来看，则贸易值在各地区之间的分布又有所不同，如表 4 - 12 和表 4 - 13 所示。

表 4 - 11　1880~1882 年澳门港进出口贸易的地区结构

单位：元（Patacas）

年份	1880	1881	1882
香　港	12409907（49.6%）	12088154（48.5%）	12238808（47.4%）
附近诸港口	9361901（37.5%）	10215490（41.1%）	11294798（43.8%）
北海、海口	2624621（10.5%）	1860888（7.5%）	1383609（5.4%）
广　州	494461（2%）	649044（2.6%）	827597（3.2%）
Montung	—	8864	—
槟城果阿暹罗	19610	—	—
悉尼、墨尔本	14350	—	—
帝　汶	1286	7392	1774
巴城三宝龙苏路巴亚	3600	1590	—
西　贡	—	—	9818
莫桑比克	—	—	1615
里斯本、西贡	—	—	351
合　计	24929736	24831422	25758370

资料来源：*Boletim Official* 48（1884）：462. 贸易值保留整数，小数点后四舍五入。1882 年澳门与帝汶的进出口总值重新进行了核算：进口 1540 元，出口 234 元，合计应为 1774 元，全年合计因而调整为 25758371 元。

表 4 - 12　1880~1882 年澳门港进口贸易的地区结构

单位：元（Patacas）

年份	1880	1881	1882
香　港	7112971（53.1%）	7060636（52.9%）	6144937（46.2%）
附近诸港口	5103606（38.1%）	4450915（33.4%）	5638818（42.5%）
北海、海口	912853（6.8%）	1448688（10.9%）	1059274（8.0%）
广　州	250289（1.9%）	351621（2.6%）	433130（3.3%）
槟城、果阿、暹罗	5225	—	—
Mon-tung	—	8684	—
帝　汶	90	4718	1540
合　计	13385034（100%）	13325263（100%）	13277700（100%）

资料来源：*Boletim Official* 48（1884）：462。贸易值保留整数，小数点后四舍五入；百分比四舍五入，小数点后保留一位。

由表 4 - 12 可知，就进口贸易而言，与香港的贸易值分别占 53.1%、52.9% 和 46.2%，比进出口总值的比重稍高。这个统计资料说明，在进口贸易方面，澳门港对香港的依赖更大些。造成这种情况的重要原因是，鸦片进口始终占据澳门进口贸易的较大部分，而澳门港进口的鸦片几乎完全来自香港。在本表所统计的三个年份，澳门的鸦片进口值分别为 4132170 元、3637800 元和 4203000 元，平均为 3990990 元①，所占进口总值的比重分别达到 30.9%、27.3% 和 31.7%。更深层的因素是，香港作为世界头号工业强国的远东货物集散地所具有的辐射作用。澳门通过香港，获得了大量供本地消费或再出口至中国内地口岸的洋货，尤其是西方的工业品。

出口结构的分布则稍有不同，如表 4 – 13 所示。

表 4 – 13　1880 ~ 1882 年澳门港出口贸易的地区结构

单位：元（Patacas）

年份	1880	1881	1882
香　港	5296938（45.8%）	5027517（43.6%）	6093871（48.8%）
附近港口	4258293（36.9%）	5764575（50.1%）	5654880（45.3%）
北海、海口	1711768（14.8%）	412200（3.6%）	324335（2.6%）
广　州	244172（2.1%）	297423（2.6%）	394467（3.2%）
槟城、果阿、暹罗	14385	—	—
悉尼、墨尔本	14350	—	—
帝　汶	1196	2674	1110
巴城、三宝垄	3606	1590	500
莫桑比克	—	—	1615
里斯本	—	—	351
西　贡	—	—	9818
合　计	11544708（100%）	11505979（100%）	12480947（100%）

资料来源：*Boletim Official* 48（1884）：462。贸易值保留整数，小数点后四舍五入；1882 年澳门向帝汶的出口值已据《澳门宪报》的资料重新核算为"1110 元"，参见 *Boletim Official* 32（1886）：305。

由表 4 – 13 可知，在出口贸易中，香港的贸易值占 45.8%、43.6% 和 48.8%，比所占进出口总值的比重稍低。这个事实说明，在出口贸易方面，澳门对香港的依赖相对较轻。其重要原因，同样与鸦片

———————

①　参见附录"统计表"之表 4 – 2。

贸易有关，因为澳门从香港进口的鸦片，除一部分用于当地消费和加工成熟膏再出口到别处外，主要出口到中国内地各口岸。对此，《粤海关报告》早有具体的说明："从香港由轮船运到澳门的鸦片，其目的地却是整个西部沿海地区，包括海南岛和沿西江各市镇，并再从这些地方运到广州。"① 据笔者统计，1881～1882 年，澳门华船向中国内地出口鸦片烟土分别值 1578768 元和 1513952 元②。这里反映了鸦片贸易在澳门进出口贸易中的重要地位和影响。

以上统计资料说明，进入 19 世纪 80 年代，澳门港口的进出口贸易主要在香港和中国内地沿海港口之间进行。这个研究结果，与前述船只数量和吨位的地域分布大体上是一致的。这是晚清时期澳门港口海上贸易在地区分布上的显著变化。

进入 19 世纪 90 年代，澳门港口的贸易总量继续扩增，而香港依然维持着它的重要地位。根据笔者依据《澳门宪报》有关报表所做的统计，在 1891 年澳门港口的进出口贸易总值中，与香港的贸易分别占 45.7% 和 49.6%③，仍然接近一半。进一步从内部结构来看，依然揭示出鸦片贸易的重要性。这一年澳门从香港进口烟土 4138 箱，价值 2648320 元，占进口总值的 16.7%；出口烟土 61142 粒，价值 1037978 元，出口烟膏 4513 箱，价值 3159100 箱，合共 4197078 元，占出口总值的 28%。与 80 年代初期不同的是，香港所占出口总值的比重略高于

---

① 《1871～1872 年广州口岸贸易报告》（粤海关 1873 年 1 月 31 日），载广州市地方志编纂委员会办公室、广州海关志编纂委员会编译《近代广州口岸经济社会概况——粤海关报告汇集》，广州：暨南大学出版社，1995，第 71 页。

② 参见附录"统计表"之表 4-13 和表 4-14。

③ 参见 "Mappa demonstrativo das mercadorias importadas por Macau em embarcações juncos de 1 de janeiro a 31 de dezembro de 1891,"" Mappa demonstrativo das mercadorias exportadas por Macau em embarcações juncos de 1 de jeneiro a 31 de dezembro de 1891," "Mappa demonstrativo das mercadorias importadas por Macau em navios d'alto bordo e lanchas a vapor de 1 de janeiro a 31 de dezembro de 1891", "Mappa demonstrativo das mercadorias exportadas por Macau em navios d'alto bordo e lanchas a vapor de 1 de jeneiro a 31 de dezembro de 1891," *Boletim Official* XXXVIII（1892）。（期号不详）

所占进口值的比重。这恰恰也是因为鸦片贸易的增长所致，因为这一年出口的烟膏完全运往香港。可见，澳门贸易在地理分布上的这一转变，贯穿了19世纪后期的历史进程。

第三节　海船与华船的分类考察

一　海船进出口贸易

1. 贸易总量及其变化

进入80年代，我们拥有了澳葡船政厅官员对两类商船分类汇总的系统报表，得以对海船贸易总值进行连续性的考察。表4–14是依据《澳门宪报》刊布的1880～1895年澳门海船贸易价值报表以及其他统计数据所统计的结果。

表 4 – 14　1880～1900 年澳门港海船进出口货物价值

单位：元（Patacas）

年份	轮船、远洋船、小火船		
	进口	出口	合计
1880	5859201	3448922	9308123
1881	6413527	3094135	9507662
1882	6421227	4349375	10770602
1883	7251915	5255147	12507062
1884	7109741	2559011	9668752
1885	9007009	4985981	13992990
1886	7407351	7783801	15191152
1887	4382228	4317037	8699265
1888	5951764	5865577	11817341
1889	5799751	4717505	10517256
1890	7516338	6459409	13975747
1891	9400026	8348654	17748680
1892	7448656	6856200	14304856
1893	8536160	9142703	17678863
1894	8791351	9096073	17887424

续表

年份	轮船、远洋船、小火船		
	进口	出口	合计
1895	9114738	9556773	18671511
1896	8132221	9989457	18121678
1899	8433706	8319884	16753590
1900	8026211	7958431	15984641

资料来源：1880～1895 年：*Boletim Official* 6（1897）：86；

1896 年：*Boletim Official* 14，38（1897）：212，479，合计为自算；

1899 年：*Boletim Official* 51（1899）：447；450；5，10，14，23，26，28，30，33（1900）：47，50，105，108，155，255，319，373，421，479，原文件为月份资料，合计为自算；

1900 年：*Boletim Official* 14，23 26，28，30，33，35，39，43，47，52（1900）：158，258，322，376，424，482，545，609，671，745，843，原文件为月份资料，合计为自算；12 月数据暂缺，为计算方便，暂以 1899 年 12 月资料代之。

统计数据表明，自 1882 年起，海船贸易总值在 1000 万元的基础上缓慢增长，虽然期间几个年份（如 1884 年和 1887 年）的贸易值有所回落，但基本趋势呈现为增长。由 1882～1890 年，进出口总值平均达到 11837001 元。

进入 19 世纪 90 年代，海船贸易总值又上了一个台阶，达到 1700 万元以上。虽然 1892 年因广东地区贸易状况普遍萧条①而有所回落，但仍然高于 80 年代的平均数值。若就 1891～1895 年整体而言，平均值仍高达 17258266 元，大大高于 80 年代的平均水平。最后两个年份（1899～1900 年）平均贸易值为 15743641 元，比 90 年代的平均水平大幅减少，显示了及至世纪之末海船贸易的下降趋势。

若从进出口的相对关系来观察，也有一些值得注意之处。头 6 年（1880～1885 年），进口对出口的优势较大，入超的额度最少的年份为 119 万元，最多的年份为 455 万元，平均则为 306 万元。可见，此期间贸易总额增长的主要因素是进口。1884 年贸易总额的回落，主要是由

---

① "缘本年粤东一省，各口贸易无不减色。"《光绪十八年（1892 年）拱北口华洋贸易情形论略》，载莫世祥、虞和平、陈奕平编译《近代拱北海关报告汇编（一八八七——一九四六）》，澳门基金会，1998，第 151 页。

于鸦片烟膏出口大幅回落至 50 万元所致[1]。接下来的 1886～1892 年，出口值实现了较大增长，不仅将出口对进口的差距缩小到 6 万～108 万，也使贸易总值有较大上升。进一步查阅贸易项目可知，出口增长的重要因素是鸦片烟膏出口值的较大增加。整体来看，90 年代的出口平均值较之 80 年代增长了 82%。正是由于出口贸易的持续增加，自 1893 年起，海船贸易出口值开始大于进口值。这表明，前文所论 90 年代以来海船贸易总额超过华船贸易值，源于进口和出口两方面的因素，而以出口增长的作用更大。

2. 货物构成

要对上述增长变化有进一步的了解和把握，需要考察贸易商品的商品结构，从进出口主要商品价值量的变化探讨影响贸易总量的因素。

从“统计表”之表 4－8 和表 4－9 的统计来看，1881～1882 年，澳门海船进口商品价值超过 10 万元者 6 种，合占进口总值（两年平均 6417377 元）的 81.8%。其中鸦片遥居首位，两年平均进口 3920400 元，占进口总值的 61%。这个数据显示了海船进口贸易对鸦片的高度依赖；鸦片进口对海船进口贸易而言可谓举足轻重。例如 1885 年鸦片进口增至 519 万元，立刻使得海船进口总值达到 900 万元[2]。位居第二的是靛蓝，两年平均值为 462401 元，属于稳步增长的项目。棉线进口位居第三，虽然两年平均值仍有 377251 元，但已经呈现下降走势：1882 年比 1881 年减少了一半以上。

1881～1882 年海船出口价值 10 万元以上者 4 种，合占出口总值（两年平均 3721757 元）的 77.1%。与进口显著不同的是，占出口首位的不是鸦片，而是传统的出口大项茶叶，两年平均值为 1286654 元。第二位是丝绸，两年平均值为 809900 元。鸦片出口平均值虽然由于 1881

①　“Mappa Demonstrativo das Mercadorias Exportadas por Macau em Navios d'alto Bordo de 1 de Janeiro a 31 de Dezembro de 1884,” *Boletim Official* 29 (1887): 262.

②　“Mappa Demonstrativo das Mercadorias Importadas por Macau em Navios d'alto Bordo de 1 de Janeiro a 31 de Dezembro de 1885,” *Boletim Official* 30 (1887): 271.

年出口值特别低（不足万元）而降为 57 万余元，但已经显示出回升的势头：1882 年达到 114 万余元，此后几年多维持在 190 万～395 万元①。鸦片构成澳门海船出口的支柱产品，对 80 年代前期海船出口贸易总量的增减发挥了重要的作用。

至于 80 年代末期澳门海船贸易的结构，可以 1889 年为例加以说明。根据笔者对 1889 年海船贸易量值的统计（参见附录"统计表"之表 4－10），进口值 10 万元以上的商品 4 种，合占进口总值（5799752元）的 80.6%，虽然权重大体如前，但贸易品种少了 2 种。象牙和茴芹油的进口值降到了 10 万元以下，棉线进口值小幅回升至 38 万余元，棉花则骤增至 103 万余元，但是，由于鸦片进口减至 302 万余元（减少89 万元），靛蓝进口值减至 236852 元（减少 22 万余元），海船贸易进口总值仍低于 80 年代早期的平均水平。

出口值在 10 万元以上的货物则有 9 种，合占出口总值（4717506元）的 86.9%，可见海船出口结构显示了较大的多样性。较之 80 年代初期，出口项目的排序发生了显著变化，即茶叶、鸦片和丝绸出现了换位：鸦片以 221 万余元的数值高居首位，而茶叶则跌到了 11 万余元，位序退到了第九位，丝绸出口值小幅降至 766800 元，但位序前移至第二。此外，稻米出口显增至 424897 元，跃居第三位。推究其故，显然系得益于两广总督张之洞对出口米禁的开放②。

进入 90 年代，随着贸易量的扩大，远洋海船和轮船贸易的品种的结构也在发生变化，不同货物的贸易量值也有增减变化。"统计表"之表 4－11 反映 90 年代初期（1891～1892 年）澳门港口远洋海船与轮船贸易的商品结构。

---

① 澳门港由海船载运出口鸦片，1883 年，2592334 元；1884 年，560220 元；1885 年，1984189 元；1886 年，3956472 元；1887 年，1773100 元。*Boletim Official*（1885）：342；（1887）：262；（1888）：429；（1890）：148。

② 参见中华人民共和国拱北海关编《拱北海关志》，珠海：拱北海关印刷，1997，第264 页。

在进口方面，每年进口价值在 1 万元以上的货物有 36 种，10 万元以上者 8 种，这 8 种货物的贸易额占进口总值的 76.5%。这两个指标的变化，显示了澳门海船贸易进口结构的多元化趋势。其中，位居第一的仍然是鸦片（烟土），两年平均进口值 2695810 元，占进口总值（两年平均 8404411 元）的 32%。这表明，及至 19 世纪 90 年代初期，鸦片（烟土）进口值和所占进口总值的比重较之 80 年代后期均持续下降，但仍然是澳门洋船进口贸易的首要项目。棉线进口大幅增至 240 万元，继而复减至 125 万元，但两年平均仍高达 183 万元，位居第二。生油进口也经历了先升后降，两年平均为 119 万元，位居第三。象牙和茴芹油从不足 10 万元的低谷持续回升，且保持基本平稳。茶叶由不足 2 万元回升至 22 万元，扭转了 80 年代以来的低迷状态。

在出口方面，每年出口价值在万元以上的货物有 24 种，10 万元以上者 13 种，这 13 种货物的出口值占出口总值（两年平均 7600175 元）的 91%。支柱贸易品的种数和所占贸易总值的权重均有提高，显示海船出口贸易结构延续了 80 年代后期的多样性。其中，处于首位的是鸦片（即熟膏），虽先升后降，但两年平均出口值仍高达 2530906 元，占出口总值的 33.4%，表现出出口值增加、权重下降的特征。其次为丝绸，出口值升而复降，但两年平均仍为 1331605 元，较之 80 年代末期增加 56 万余元，占出口总值的比重升至 17.5%。草席出口由不足 5 万元骤增至 868940 元，继而下降至 559160 元，两年平均为 662050 元，跃居第三位，进入海船出口支柱产品的行列。茶叶出口走出了 80 年代末期的低谷，两年平均值增至 590389 元，位序由第九升至第四。此外，靛蓝、水泥、茴芹油、燕窝等项均有不同程度的增长；稻米、食糖、爆竹等项则有不同幅度的下降。

及至 19 世纪末年，澳门海船贸易的结构，可用 1899 年的统计资料加以考察（参见"统计表"之表 4-12）。自 1893 年起，海船贸易出口值开始大于进口值。到了 1899 年，主要因出口的减少，进出口达到了基本平衡，贸易总值也减少了 136 万余元。

进口价值在 10 万元以上者 7 种，合占进口总值（8433706 元）的 75.2%。以单项而论，鸦片仍高居第一，进口值增至 4300938 元，达到了 80 年代以来的最高数值，所占海船进口总值的权重增至 51.9%。棉线进口虽然仍居第二位，但是进口值已减至 70 余万元，较之 90 年代初期的平均数值减少百万余元。位居第三的生油，进口值亦由 119 万元减至 51 万元。象牙和茴芹油分别减至 25 万元和 14 万元。以主要产品的种数和所占权重来看，海船贸易的进口结构似乎并无大变。然而，若从内部构成来看，贸易结构显现了这样的特点：鸦片进口值和所占权重均有大幅提升；与此同时，鸦片外一般货物的进口值减少，所占权重降低。鸦片在进口贸易种的支柱地位进一步增强，成为维持海船贸易规模的主导因素。

出口价值在 10 万元以上者 13 种，合占出口价值（8319884 元）的 85.7%。支柱产品的种数相同，但所占权重降低了 5 个百分点，反映出一些产品的重要性降低。从内部构成看，鸦片仍占据首位，出口值增至 2748825 元，较 90 年代初期增加 20 余万元，但所占权重仍维持原状（即 33%）。鸦片出口值增加但权重大体持平。丝绸与茶叶两大传统出口项目产生了换位，前者由 133 万元减至 74 万元而降至第四位，后者则由 59 万余元增至 117 万余元而升至第二位。稻米出口因增至 959454 元而取代出口值骤减的草席而居于第三位。

从商品结构的考察得知，澳门海船进出口贸易的支柱品种的结构具有相当的稳定性，虽然具体的贸易项目多有增减变化，但是始终有一些商品构成进出口贸易的主体部分。有些商品的贸易额减少了，但是另一些商品的贸易额显著增加，从而使得海船贸易总量仍保持增长。尤其值得注意的是，增长的项目不仅是贸易值的增加，也伴随货物运量的增加。可见，中外贸易格局的变化对不同商品的贸易影响是不同的。华船贸易受到影响而海船贸易却能保持增长，其原因正在于此。

3. 地域分布

进入 19 世纪 80 年代以来，随着大规模苦力贸易的结束，不定期远洋海船贸易的规模和地域结构发生了变化。不定期远洋海船进口货物减少，除了自香港运来一定数量的洋货、从马尼拉运来大米外，主要是从北海和海口进口中国货物。以 1889 年为例。这一年共有 16 艘不定期海船由北海和海口来航澳门，总吨位 6037 吨，运载的华货主要包括：32056 桶靛蓝、1001 袋八角、893 袋白糖、1694 筐粗棕糖、34227 捆 Macu、422 罐茴芹油、496 罐桂油、45 箱爆竹、299 包纸张、85 包鸭毛、3492 捆白藤等①。

不定期远洋海船的出口贸易，主要是向外国（主要是美国旧金山和澳大利亚）提供鸦片烟膏。根据拱北海关于 1887 年 5 月 21 日呈总税务司的报告记载，1883 ~ 1885 年，澳门向澳大利亚和美国旧金山合共出口鸦片烟膏 5140.8 担②。1889 年，不定期远洋海船向澳大利亚出口烟膏 905 箱，价值 633500 元，向旧金山出口烟膏 840 箱，价值 588000 元③。又据澳葡当局鸦片贸易督理官提供的资料，1892 ~ 1897 年，澳门向美国旧金山和澳大利亚出口的鸦片烟膏分别为 6656503 两和 3411000 两④。

与此形成鲜明对照，澳门与香港以及中国内地港口之间的定期轮船日益成为轮船贸易的主体。特别是在进口贸易方面，由于鸦片几乎全部来自香港，导致澳门与香港的进口贸易额处于显著的位置，并通过与香港和广州的贸易，澳门进口了大量的外国货物和汇聚到广州的中国内地货物，为华船向中国内地口岸特别是澳门以西口岸的出口贸易创造了前提。与此同时，通过定期轮船的出口贸易，澳门向香港输送中国货物，向广州输送洋货和来自西部口岸的部分土货。

---

① "Mappa Demonstrativo das Mercadorias Importadas por Mcau em Navios d'alto Bordo e Lanchas a Vapor de 1 de Janeiro a 31 de Dezembro de 1889," 澳门历史档案馆缩微胶卷：Mic. C0777。

② China Maritime Customs, Special Series, N. o 10, Opiu: Crude and Prepared, 1888, 拱北, p. 69. 转引自姚贤镐编《中国近代对外贸易史料（1840 ~ 1895）》（第二册），北京：中华书局，1962，第 857 页。

③ "Mappa Demonstrativo das Mercadorias Exportadas por Mcau em Navios d'alto Bordo e Lanchas a Vapor de 1 de Janeiro a 31 de Dezembro de 1889," 澳门历史档案馆缩微胶卷：Mic. C0777.

④ *Boletim Official* XXXVIII（1892）：314；XXXIV（1893）：96，409；XL（1894）：155；XLII（1896）：45，46，47；XLIV（1898）：58.

二 华船进出口贸易

1. 贸易总量及其变化

进入 19 世纪 80 年代以后，借助于澳葡船政厅的报告，我们拥有了全面系统的统计数据，可以分别对两类商船的贸易总值和结构做出量化分析。以下是笔者依据《澳门宪报》刊登的报表统计得出的华船贸易价值。

表 4 - 15　1880 ~ 1900 年澳门港华船贸易货物价值

单位：元（Patacas）

年份	进口	出口	合计
1880	7525832	8095780	15621612
1881	6911835	6081405	12993240
1882	6856472	6167618	13024090
1883	6553057	5441352	11994409
1884	6741818	6163755	12905573
1885	6496053	5528236	12024289
1886	5906313	4331001	10237314
1887	5314883	2940249	8255132
1888	6978896	6520233	13499129
1889	5859210	5916067	11775277
1890	5982137	6333938	12316075
1891	6382213	6622950	13005163
1892	7961538	5649472	13611010
1893	9166963	5925366	15092329
1894	10407075	6805225	17212300
1895	9240330	5646951	14887281
1896	8105477	5202965	13308442
1899	10604304	7758591	18362895
1900	9984070	6175857	16159927
平均	7525183	5963527	13488710

资料来源：1880 ~ 1895 年：*Boletim Official* 6（1897）：86。

1896 年：*Boletim Official* 48（1896）：560；26（1897）：334。原文件为半年资料，合计为自算。

1899 年：*Boletim Official* 51（1899）：448，451；5，10，14，23，26，28，30，33，35，3943，47，52（1900）：48，51；106，109；156；256；320；374；422；480。原为月份资料，年合计为自算。

1900 年：*Boletim Official* 14，23，26，28，30，33，35，39，43，47，52（1900）：159；259；323；377；425；483；546；610；672；746；844。每月进出口合计及全年合计为自算。原档 12 月资料暂缺，本表以上年 12 月资料暂代。

表 4 - 15 中数据显示，19 世纪 80 年代前半期，澳门华船的进出口贸易值较之 70 年代有了更大幅度的增长。1880 ~ 1885 年，年均进出口总值为 13093485 元，比 1871 年增长 300% 。接下来有 2 年的回落，此后逐渐回升，迄 1890 年，五年平均值为 11274387 元，离 80 年代前期的水平尚有一定的差距。进入 90 年代，开始回升到此前的水平，1891 ~ 1895 年的平均值达到 14761616 元。1896 年小有回落，及至 1899 年更增至 18362895 元。1900 年虽有回落，但 1899 ~ 1900 年的平均值仍然高于 90 年代初期的平均数值。可见，就这两个 10 年长时段而言，华船贸易额表现出的是增减波动，而非持续下降，平均保持在 1350 万元的高水平。换言之，直到 19 世纪末年，那种因为贸易格局变化而引起的结构性衰退尚未出现。

就进出口的相对关系而言，华船贸易也显示出与海船贸易不同的变化轨迹。整个 80 年代，除 1886 ~ 1887 年的回落外，进出口相对较为平衡，以进口略显优势，两者的差额平均为 58 万元。1886 ~ 1887 年，由于出口值分别减至 433 万元和 294 万元，进口与出口的差距随之拉大至 157 万元和 237 万元，由此揭示了一个事实：这两年华船贸易总值的大幅回落，主要是出口降低所致。进一步查阅商品结构可知，出口减少主要表现在靛蓝、稻米、白糖、生油和咸鱼等项目上，它们的平均降幅在 17 万元以上[1]。进入 90 年代后，尤其是自 1892 年开始，进口值持续上升，而出口值则停滞不前，导致进出口之间的差距明显加大，进口大于出口的平均额度达到 198 万元。这个变化显示，与海船贸易的轨迹正好相反，此一阶段支撑华船贸易总量的主要因素是进口的持续增长。

2. 货物构成

正如海船贸易一样，以下亦将通过考察贸易商品的结构，进一步考

---

[1]　"Mappa Demonstrativo das Mercadorias Exportadas por Macau em Embarcações Juncos de 1 de Janeiro a 31 de Dezembro de 1886," in *Boletim Official*, Vol. XXXIV, N.º 48, 29 - 11 - 1888, p. 409; "Mappa Demonsrativo das Mercadorias Exportadas por Macau em Embarcações Juncos de 1 de Janeiro a 31 de Dezembro de 1887," in *Boletim Official*, Vol. XXXIV, N.º 48, 29 - 11 - 1890.

察进出口贸易量变动的原因。为此我们编制了 1881～1882 年澳门华船贸易主要货物量值表（参见附录"统计表"之表 4－13 和表 4－14）。

根据该表中的统计结果，1881～1882 年，澳门华船进口价值 10 万元以上的货物有 13 种，合占进口总值（两年平均 6884154 元）的 79.6%。其中生油进口值小有增长，两年平均达 107 万余元，占进口总值的 15.7%，遥居进口项目首位。茶叶位居第二，两年平均值 895664 元，表现为增加走势。第三位是稻米，两年平均值 745420 元，处于下降走势。纸张进口显著增长，两年平均值 665986 元，以 13 万元的增幅进居第四位。丝绸进口大体平稳，两年平均值 438275 元，位居第五。以上 5 种 40 万元以上的货物占进口总值的 55.5%。此外，水果进口值有所回落，但两年平均仍有 29 万余元，位于第六。食盐进口由不足 10 万元增至 34 万元，进居第七位，属于显著增加的进口项目。棉花进口经历了显著减少，位序后移至第九。

1881～1882 年，澳门华船出口价值 10 万元以上的货物 10 种，合占出口总值（两年平均 6124512 元）的 88.8%。其中，鸦片占首位，两年平均值为 1546360 元，占出口总值的 25%，是华船出口贸易中一枝独大的项目，但已显示下降的走势。生油出口值微降 5 万元，两年平均值 899869 元，仅次于鸦片居第二位。各类鱼特别是咸鱼的出口显著增长，两年平均达 798287 元，位居第三。棉花出口值由 345963 元增至 529687 元，平均值为 437825 元，位居第四。这 4 种 40 万元以上的货物占出口总值的 60.1%。

及至 1889 年（参见附录"统计表"之表 4－15），澳门华船进口 10 万元以上货物 15 种，合占进口总值（5859210 元）的 88.1%。与 80 年代初期相比，支柱产品的项目数和所占进口总值的比重均有提高，意味着华船进口贸易的多元化。生油进口以 108 万余元的高数值继续居首位。显著的变化是，粗棕糖进口由 15 万余元骤增至 84 万余元，代替茶叶跃居第二位。稻米进口仍维持原来的第三位，但贸易值已减至 70 万元以下。竹器进口显增至 30 万元，进居第四位。茶叶进口值降至 29 万余元，退到了第五位。上述 5 种商品贸易值合占进口总值的 55.2%。华船进口发生了显著的换位现象：粗棕糖由第十二位进居第二位，茶叶由第二位退至第五位，纸张由第四位降至第九位，丝绸由第五位减至第七位。与 80 年代初期相比，虽然主要产品所占贸易总值的比重大体相同，但由于第四、第五两项及以下各项货值的减少，进口总规模相应减缩了 100 余万元。

1889 年澳门华船出口 10 万元以上货物 9 种，合占出口总值（5916068 元）的 89.9%。其中最令人注目的是棉线的骤增，由不足 20 万达到 257 万余元，占出口总值的 43.5%，由第九位跃升至第一位。鸦片出口则因锐减至 877580 元而退居第二位（减少 66 万余元）。生油出口减至 667003 元，退居第三位。由于棉线出口以 257 万元的高数字一枝独大，仅前三项即占了出口总值的 69.6%，并进而使得出口总值超过了进口值。此外，稻米与棉花易位，分居第四、第五位。鱼类出口由 79 万余元锐减至不足 15 万元，由第三位退至第九位。由此可见，如同进口一样，华船出口贸易也经历了显著的结构内换位过程。

依据《澳门宪报》刊布的船政厅统计资料，我们统计得出了 90 年代初期澳门华船贸易的统计表（附录"统计表"之表 4－16）。

由统计表获知，在 1891～1892 年的两年间，进口值万元以上的货物 46 种，10 万元以上者 18 种；这 18 种货物共占进口总值（两年平均 7169824 元）的 82.5%。其中以稻米进口值最大，两年平均进口 1044190 元，约占进口总值的 15%，由第三位升至第一位。仅次于稻米的是生油，两年平均 960923 元，占进口总值的 13.4%。竹子进口延续了 80 年代末期的上升趋势，两年平均 609401 元，进居第三位。第四位是茶叶，进口值扭转了下降趋势，两年平均 546006 元。水果进口值增至 381385 元，进居第五位。这 5 种货物合占进口总值的 49.4%。与 1889 年相比，由于 10 万元以上货物增加了三种，加之第二、第四、第五位三项进口的较大增加，进口总值实现了 131 万元的增幅，从而使得它们所占的比重至少下降了 5 个百分点。

就此两年的变化趋势而言，显著增长的有扇子、粉丝、生油、竹子、茶叶、席子、华瓷、谷子、鲜鱼、火水、猪肉、白藤、草袋、烟叶等；基本保持稳定的有靛蓝、煤炭、木炭、帆席、面粉、蔬菜、柴火、硬木、药品、茴香油、纸张和咸鱼等；显著减少的有棉花、稻米、糖、棉线、水果、粗棕糖、桂油和丝货等。

出口价值万元以上的货物有 27 种，10 万元以上者 8 种；这 8 种货物的出口值占出口总值（两年平均 6143766 元）的 87.1%。与 1889 年相比，主要货物少了一种，比重也下降了 2 个百分点。棉线出口虽仍居第一位，但两年平均出口值已减至 1849000 元，占出口总值的比重降为 31%。生油两年平均出口值增至 103 万余元，约占出口总值的 17%，取代鸦片升至第二位。鸦片出口延续了 80 年代以来的下降趋势，两年平均出口值 899061 元，由 80 年代初期的第一大项退居第三位，所占出口总值的比重也由 25% 降至 15%。值得注意的是，咸鱼进口剧增 4 倍，两年平均出口值达 492696 元，由第九位跃居第四位。这四种货物合占出口总值的 71%。此外，粗棕糖两年平均值回升至 298234 元，位居第五；稻米两年平均出口值 295053 元，位居第六。由于位居第一的棉线出口锐减 72 万余元，一枝独大的格局有所改变，但位居第二至第六的出口项目均有不同程度的增加，使得出口总规模小幅回升 20 余万元。这是华船出口贸易在 90 年代初期发生的一个重要变化。

就发展趋势而言，明显增加的是靛蓝、糖、生油、茶叶、象牙、菜豆、华瓷、爆竹、咸鱼、火水、草袋等；基本保持稳定的是水果、谷子、猪肉、盐和华酒等；明显减少的是粉丝、棉花、稻米、席子、棉线、粗棕糖和鸦片等。

及至 90 年代末年，华船贸易的商品结构有些值得注意的变化（详见附录"统计表"之表 4－17）。

1899 年，澳门华船进口价值 10 万元以上货物 15 种，合占进口总值（10604304 元）的 76%。稻米仍居第一位，但进口值已增至 1456597 元。竹制品以 1109893 元的高数值超越生油而进居第二位。生油虽移位第三，但进口值已增至 1069862 元。仅这三项百万元以上货物即占进口总值的 34.2%。丝绸显增 52 万余元，达 847906 元，由第七位进居第四位。茶叶虽退居第五位，但进口值增至 794701 元。草袋进口值由 29 万元增至 69 万元而进居第六位。与 90 年代初期相比，10 万元以上货物减少了三项，但是由于多数项目的进口值均有较大幅度的增长，致使华船贸易进口总规模实现了 343 万元的增值，达到了本章所论时期的最高数值。

同年，华船出口价值 10 万元以上货物 15 种，合占出口价值（7758591 元）的 84%。最显著的变化是棉线与鸦片的换位。鸦片出口扭转了 80 年代中期以来的下降趋势，由不足 90 万元增至 2267219 元，占出口总值的比重由 15% 升至 29.2%，遥居华船出口贸易的首位。咸鱼出口进一步增至 845536 元，取代生油位居第二。棉线大幅降至 637473 元，由第一位退至第三位。生油从 103 万元锐减至 615531 元，退至第四位。草袋显著增加至 529860 元，由第八位升至第五位。这五种货物占出口总值的 63%。此外，爆竹和水泥由数万元增至 342377 元和 240926 元，分别居第六、第七位。较之于 90 年代初期，10 万元以上货物增加了 6 种，加之一些主要项目的增加，华船出口总规模实现了 161 万元的增幅，达到了 90 年代以来的最高数字，大大缩小了与进口的差距；而鸦片进口一枝独大和棉线、生油大幅减少的事实则反映出，除华船鸦片外一般货物的增长势头有所减弱。

上述对华船贸易商品结构的考察发现，在受到贸易格局变化影响较大的华船贸易方面，其主体商品的结构仍然表现出相当的稳定性，虽然一些传统贸易项目的贸易额减少了，但是由另外一些商品的增加予以弥补，这就使得华船贸易的总体规模不致发生显著减退。其中的道理是，贸易格局的改变对贸易商品的影响是不平衡的。这种改变的确使一些商品的贸易额减少了，但同时又给另一些商品带来需求的扩大。正因为如此，即使在西江口岸和法占广州湾对轮船开放后，华船与中国西部口岸的贸易也并未迅速大幅度下降。整个 90 年代，虽然出口方面受到一定的遏制，但进口方面仍保持增长势头。华船贸易中的进口大于出口，恰好与海船贸易中的出口大于进口相匹配，使得澳门贸易总规模维持在3174万元的高数值。研究表明，截至19世纪末期，贸易格局的变化对华船贸易的结构性影响尚未全面显现出来；澳门贸易整体规模的全面衰退仍未成为定局。

3. 地域分布

（1）澳门与香港间的华船贸易。

澳门与香港之间的贸易，是澳门华人帆船贸易的重要领域。由于交易货物以及沿海地域关系的变化，澳门与香港之间的贸易在晚清时期经历了前后不同的发展速度。鉴于统计资料的不完整，我们不能对这一领域的贸易量值逐年进行考察，早期阶段我们只能依据船舶进出口数量和吨位做大致的判断。到19世纪80年代后期，我们拥有了可资利用的统计资料。表4-16是拱北海关有关澳门华船与香港之间贸易量值的统计。

表4-16　1888～1900年港澳间华船贸易值

单位：两

年份	自香港至澳门	自澳门至香港	贸易总值
1888	2213718	1260697	3474415
1889	2444458	1255139	3699597
1890	2591812	1081847	3673659
1891	2649278	982279	3676557
1892	2784223	940196	3724419
1893	2623856	923843	3547699
1894	2678294	870203	3548497
1895	2236673	762657	2999330
1896	2564343	913359	3477702
1897	2833498	1069537	3903035
1898	2974004	1371107	4345111
1899	3582630	1920310	5502940
1900	2442604	1871793	4314397
平均	2663030	1170997	3834028

资料来源：莫世祥、虞和平、陈奕平编译《近代拱北海关报告汇编（一八八七——一九四六）》，澳门基金会，1998，第12、68页。平均值为自算。

在统计资料涵盖期间的前 10 年（1888～1897 年），澳门华船与香港之间的进出口贸易值在 299 万两与 390 万两之间波动，年均为 339.6 万两，后三年（1898～1900 年）有较大增长，平均达到 4720816 两，比整个 13 年的平均水平（3834028 两）高出 886788 两。统计数据显示，在本章所讨论的时期，澳门与香港之间的华船贸易显示出明显的增长趋势。尤其是最后三年的贸易增长说明，西江和法控广州湾各口对轮船运输的开放，影响了澳门与西部口岸的华船贸易，但造成澳门与香港的华船贸易不降反增。这是澳门海上贸易发展中值得注意的新动向。

再从进出口的相对关系来看，澳门与香港的华船贸易表现出明显的不平衡性，即进口远远大于出口，就统计资料所涵盖 13 年的平均水平而言，进口比出口多 140 余万两。这说明，华船贸易较多的是从香港向澳门输送汇聚于香港的外来货物，而提供给香港的华货则比较少。前文所述华船贸易进口大于出口的格局，与此有直接的关系，尤其是 90 年代前期；这一格局的形成也体现了香港作为国际贸易枢纽对澳门贸易的辐射作用。

（2）澳门与中国内地口岸间的华船贸易。

澳门与中国内地口岸之间的华船贸易也是澳门贸易的重要组成部分。自从拱北海关于 1887 年 4 月开始运作后便有了这方面的统计资料。表 4－17 是澳葡船政厅官员依据拱北海关报告编制的统计表。

表 4－17　1887～1888 年澳门港华船进出口贸易

单位：两

贸易分类	1887(9 个月)	1887 年	1888 年	增加或减少
由澳门向中国内地出口外国货	1365046	1820061	3484468	增加 1664407(91%)
由澳门向中国内地再出口华货	830196	1106928	1636728	增加 529800(47%)
进口华货向海外再出口	1535352	2047136	1629516	减少 417620(20%)
进口华货用于当地消费	1267014	1689352	1758063	增加 68711(4%)
合　计	4997608	6663477	8508775	增加 1845298(27.7%)

资料来源：*Boletim Official* 45（1889）：349。原注：本表系根据拱北海关提供的报告编制而成。其中第二栏的资料是按照 12 个月推算出来的，以便与 1888 年做比较。

表 4 – 17 中第一栏为拱北海关运作 9 个月期间的报告。为便于比较，澳葡船政厅官员按照 12 个月进行了推算。根据表 4 – 17 的统计结果，澳门华船与中国内地港口间的贸易，由 1887 年的 666 万两增加到 1888 年的 850 万两，增长 78%。

此外，表 4 – 17 第一行显示，1887～1888 年华船与中国内地的贸易增长最快的是向内地出口洋货方面；而从前文对货品结构的阐述可知，这一增长的主要因素是鸦片税厘并征后鸦片贸易的增长。

关于此后澳门华船与中国内地间贸易量值的变化，澳葡船政厅官员的报告提供了一个较为完整的统计表（见表 4 – 18）。

表 4 – 18　1888～1895 年澳门港与中国内地港口间的华船进出口贸易

单位：两

年份	1888	1889	1890	1891	1892	1893	1894	1895
向中国内地出口洋货	3484668 (41%)	3775336 (42%)	4270970 (41%)	3656066 (37%)	3178519 (34%)	2863581 (30%)	3093158 (33%)	3075677 (33%)
向中国内地出口华货	1636728 (19%)	1728364 (19%)	1860699 (18%)	2291424 (23%)	2474184 (26%)	2484205 (26%)	2292036 (25%)	2229332 (24%)
进口华货向海外出口	1629516 (19%)	1541151 (17%)	1843598 (18%)	1918915 (19%)	1684635 (18%)	2046198 (21%)	1684127 (18%)	1739402 (19%)
进口华货用于当地消费	1758063 (21%)	2042627 (22%)	2383392 (23%)	2127816 (21%)	2146416 (22%)	2247005 (23%)	2226052 (24%)	2331517 (25%)
贸易总值	8508975	9087478	10358659	9994221	9483754	9640989	9295373	9375928
关税收入	408942	425564	463709	463539	353480	359490	424516	361017

资料来源：*Boletim Official* 6（1897）：87。原注：本表依据中国拱北海关的统计资料编制而成。一海关两（hai-kuan）等于 1.54 元（patacas mexicanas）。

在该表所统计的 8 年间，澳门与中国内地口岸间的华船贸易量值在 850 万两至 1035 万两之间波动，平均值为 9468172 两。由 1888～1895 年，贸易额增长了 10%。

进一步观察可以发现，四个部分的贸易值所占的分量不等，发展趋势也各异。向中国内地出口洋货的贸易值所占分量最大，占 30%～

42%，平均为36.4%，即占1/3强。但从发展趋势来看，这部分贸易显示了下降趋势。1888年与1895年相比，贸易值减少11.5%，比重亦由41%降为33%。与此不同的是，向内地出口华货、进口华货向外国再出口以及进口华货用于本地消费的贸易值分别增加36%、6%和32%。这三部分贸易活动的交易内容均为中国货物，由此可见，华船与中国内地口岸的贸易，较多的是进行本国货物的流通，而且呈增长趋势。

若从贸易地区来看，则以广州府所属口岸占绝对优势。表4-19是澳葡船政厅官员依据拱北海关报告编制的1895年澳门华船与内地贸易的地区分布表。

表4-19　1895年澳门与中国港口间华船贸易地区分布

单位：两

府	运去洋货价值	运去华货价值	运回华货价值	进出口总值
广州府及肇庆府北部	2334905	1993873	3230788	7559566
高州府及肇庆府南部	499002	160307	226013	885324
雷州府	164920	48365	331055	544344
琼州府	75294	26728	188572	290594
廉州府	642	59	93013	93714
其他地区	914	—	1474	2388
合　计	3075677	2229332	4070915	9375930

原注：本表依据拱北海关报告编制而成。
资料来源：*Boletim Official* 6（1897）：88。

从该表的统计来看，就各个不同的贸易层面而言，澳门华船与广州府诸港口的贸易占据了澳门华船与中国内地口岸贸易的绝对优势。

此外，从表4-17和表4-18来看，向中国内地口岸出口洋货，始终是澳门华船贸易的一个重要方面。因此，考察一下这种贸易的商品结构，对认识和评价华船贸易也是必要的。表4-20是澳葡船政厅官员依据拱北海关报告编制的统计表。

表 4 - 20 1888 ~ 1895 华船由澳门向中国内地出口的洋货

单位：两

商品	1888	1889	1890	1891	1892	1893	1894	1895
鸦片	524327	584530	579707	520724	430302	507347	784669	616389
棉织品与棉纱	2268102	2375940	2625723	2180416	1750541	1212307	1060098	1208672
毛织品	99423	107758	139108	131769	133245	146850	103190	117613
金属品	11564	26846	39708	42948	46043	45459	34866	36948
各色货品	581252	680262	886724	781809	818388	951618	1110265	1096055
合计	3484668	3775336	4270970	3657666	3178519	2863581	3093088	3075677

资料来源：*Boletim Official* 6（1884）：87。原注：本表依据中国拱北海关的统计资料编制而成。其中最后一类主要包括：槟榔、海参、燕窝、水泥、钟表、香料、煤炭、籽棉、染料、檀木、火柴、火水、胡椒、白藤、稻米、檀香木、苏木、鲨鱼鳍、肥皂、糖、咸鱼、木材等。

统计资料明显地揭示出这样的事实：在统计资料涵盖的 8 年中，澳门华船向中国内地出口外国棉纱和棉织品占据显著位置，少的年份有 106 万两，多的年份高达 262 万两；同时，棉纱和棉织品也是下降幅度最大的项目，1895 年与 1888 年相比，贸易额减少 106 万两，即减少约 46%。这个变化说明，前述华船向中国内地出口洋货的减少，主要是由于棉纱和棉织品出口的减少。位居第二的是鸦片，贸易值在 43 万两与 78 万两之间波动，八年平均为 568499 两，基本趋势呈现为增长，可见，直到 19 世纪末年，向中国内地出口鸦片，一直是澳门华船贸易的重要内容。同样值得注意的是，从表 4 - 20 中第五行的资料来看，除鸦片、棉织品与棉纱、毛织品以及金属品之外的各色货物的进口值有了显著的增加。这表明，随着外国商品入华的增多，经由澳门输入中国内地的洋货品种的结构也在多元化。

小　结

以 19 世纪 70 年代末期的增长为基础，八九十年代澳门港口的航运、贸易规模实现了持续增长。1880 ~ 1890 年，进出澳门港口的商船数量和吨位，最少的年份有 8396 艘、1116845 吨，最多的年份有 14760 艘、2108201 吨，而平均则为 12019 艘、1761546 吨，较之 70 年代的平均水平分别增加 19% 和 59%。同期，进出口贸易总值由 24929737 元增至 32144569 元，平均达到 27615584 元，较之 70 年代初期增加近一倍。华船、洋船两类商船的贸易比重大体相当，自 90 年代起洋轮贸易稍占优势。鸦片、丝绸、茶叶、稻米、生油、棉花、棉线、象牙、咸鱼、草袋、爆竹、竹器等构成支柱产品，虽然经历了数量的增减变化，但是通过主要货物之间的位序替换，贸易品种的主体结构保持稳定，从而保证总体贸易规模的持续增大。就发展趋势而言，除鸦片外一般货物的贸易保持较为强劲的增长势头，显示了贸易结构的多元化趋势。贸易地域分布的考察表明，澳门港口的海上贸易主要集中于香港和中国内地口岸之间，在传统的远洋贸易领域澳门港口已不再占有重要地位。鸦片战争之后中外贸易格局变化对澳门的最大影响，在于改变了澳门贸易的地域分布，而不是造成贸易规模的缩减和澳门港口的衰落。

第五章　20 世纪初期：新角色与新地位的确立

20 世纪初期的十多年间，随着中外形势的风云变幻，中国融入世界的开放程度进一步加深，中外贸易关系呈现新的格局。条约港口体系由海港向内河港口延伸，西方工业资本深入中国腹地，西江流域和法控广州湾向轮船航运开放，中英两国政府就英属印度鸦片（洋药）入华贸易和本土罂粟（土药）种植销售做出新的限减安排等。凡此种种，都对澳门海上贸易的发展产生了一定的影响。在此新的格局和条件下，澳门港口的贸易继续保持了增长，并最终确立了她在中外贸易格局中的新角色。

第一节　航运总体规模及其结构

一　商船数量与吨位的总体规模

1. 进出口商船艘数与吨位的资料

关于 20 世纪初期十多年间的航运贸易情况，获取统计资料须克服较大的困难。自 1901 年起，《澳门宪报》突然停止刊布有关澳门航运贸易的统计资料，直到 1905 年才恢复。因此，长期以来，在中外学者（包括葡萄牙学者）的有关论著中，1901～1904 年的统计资料一直付诸阙如①。经过艰苦的搜索，笔者终于在澳门历史档案馆所藏葡萄牙海外历史档案馆馆藏文献的缩微胶卷中找到了这些资料。这批资料全部为手稿，且为月份资料。此外，《澳门宪报》所刊 1906～1908 年的数据也是月份数据，而且不包括定期轮船航运数据，须将各期"港口动态"栏目中的数据补入，方可获得全年的航运资料。经过烦琐的计算，我们编制成了附录"统计表"之表 5－1，并将其简化为表 5－1。

表 5－1　1900～1909 年澳门港进出口船只数量与吨位

年份	进口		出口		合计	
	船数	吨位	船数	吨位	船数	吨位
1900	6208	822815	5911	811128	12119	1633943
1901	6392	848557	5955	817330	12347	1665887
1902	5733	799351	5401	782171	11134	1581522
1903	5802	1082263	5552	1069570	11354	2151833
1904	5939	1100370	5606	1090119	11545	2190489
1905	7291	1318806	7109	1297553	14400	2616359
1906	6289	1143106	6331	1136638	12620	2279744
1907	6602	1431738	7401	1397648	14003	2829386
1908	6703	1344645	7063	1331252	13766	2675897
1909	8053	1314322	7793	1288470	15846	2602792
平均	6501	1120597	6142	1102188	12913	2222785

资料来源：详见附录"统计表"之表 5－1。关于 1905～1908 年澳门港进出口商船的数量与吨位，格德斯（Antonio Pinto de Miranda Guedes）另有不同的统计，参见 Antonio Pinto de Miranda Guedes, *Obras do Porto de Macau-Conferencia Realisada no Gremio Militar de Macau em 25 de Julho de 1910*（Macau：Imprensa Nacional, 1911），pp. 17, 55。

2. 对系列数据的分析与说明

从表 5－1 可知，头五年间（1900～1904 年），航运船数较之 19 世纪 90 年代前期经历了下降，其中的头三年航运吨位出现了升降波

---

① 例如，前引菲格雷多所撰"经济的向量"一章中关于 20 世纪早期的内容，仅有1905～1909 年的统计资料，而且 1905 年、1908 年的全年资料系作者推算所得。A. H. de Oliveira Marques（dir.），*História dos Portugueses no Extremo Oriente*，3.° Volume，*Macau e Timor-Do Antigo Regime à República*（Lisboa：Fundação Oriente），2000，p. 247。

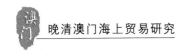

动，原因是进出港口的小火轮较多，它们的载货吨位较小。自 1903
年起，由于载货量较大的海轮的增多，航运总吨位迅速回升并超过
19 世纪 90 年代末期的数字，达到 215 万吨以上。此后以迄 1909 年，
进出港艘数一直保持在 1.2 万～1.5 万艘，而吨位亦维持在 215 万～
280 万吨，从而使得整个 10 年间的平均规模实现了 12833 艘和
2222785 吨的高数值。

　　统计显示，就 20 世纪初期的 10 个年份而言，每年进出澳门港口的
两类商船总数在 1899 年的规模上又有增长，进出口合计达到 12000～
15500 艘，虽然也有一定的波动，但是平均数值高达 12833 艘，可见总
体规模较之于世纪之末的平均数值（11532 艘）增长 1300 余艘。而总
吨位则有更为显著的上升，由 1900 年的 163 万吨增加到 1909 年的 260
万吨，增加 97 万吨。即使就整个时期的平均数值而言，仍高居
2222785 吨，比 19 世纪末期（1899～1900 年）161 万吨的水平高出 61
余万吨。显然，就港口进出口商船数量及其吨位的总规模而言，澳门港
口的航海贸易活动仍处于较好的发展态势。

二　船数吨位的结构考察

　　正如前章已经讨论过的那样，在澳门港口的航运总量中，华船和洋
船两类商船所占的分量是不同的，对航运总规模的增减变化所发挥的作
用也是不同的。因此，考察总体规模中两类商船的内部结构，才能更清
楚地把握澳门港口航运增长的实际轨迹。为了说明这一点，我们将附录
"统计表"之表 5-1 简化如下（见表 5-2）。

　　统计数据显示，华船的进出口船数仍维持在较低的数字，多数年份
为八九千艘，虽然 1909 年的较大回升使得平均数值提升至 9031 艘，但
仍低于 19 世纪 90 年代的水平；而吨位数也进一步下降，为 43 万～69
万吨，虽然 1909 年有了较大回升，平均吨位有 52 万余吨，仍然低于
90 年代的平均数值（59 万余吨）。

表5－2　1900~1909年澳门港进出口商船数量及其吨位构成

年份	华船		远洋船、轮船	
	船数	吨位	船数	吨位
1900	9372	576437	2747	1057506
1901	9090	566760	3257	1099127
1902	8189	502040	2945	1079482
1903	7260	458947	4094	1692886
1904	7673	435320	3872	1755169
1905	9794	551767	4606	2064592
1906	8571	463757	4049	1815987
1907	8810	505277	4833	2324109
1908	9690	472200	4076	2203697
1909	12642	696958	3204	1905834
平均	9109	522946	3768	1699839
比重		23.6%		76.4%

资料来源：详见附录"统计表"之表5－1。关于1905~1908年澳门港进出口商船数量与吨位，格德斯（Antonio Pinto de Miranda Guedes）另有不同的统计，参见 Antonio Pinto de Miranda Guedes, *Obras do Porto de Macau-Conferencia Realisada no Gremio Militar de Macau em 25 de Julho de 1910*（Macau：Imprensa Nacional，1911），pp. 17, 55。

华船航运规模徘徊不前的主要原因是，西江口岸对轮船贸易的开放和法国强租广州湾，夺走了原来由澳门华船所完成的一部分贸易，正如拱北海关报告所言：

二则轮船径由香港直抵西江各埠，侵夺华船载脚；三则法国在广州湾开埠，轮船可径由香港载运大帮洋药与各色洋货，直抵该处辗转发售。

自法国于广州湾地方新开租界，所有该处附近一带前俱购买洋货于澳门者，现已改向该处采买，无复过问于澳。

盖因下四府地方销售之货，向以华船载运，今则改以港澳往来广州湾之轮船装载，取道西边海滨，藉免税厘，而华船则无此利益；再以江门不久开作通商口岸，华船之货亦将为轮船所夺。

查本年（1904年）往来过厂华船只数较少于上年，想因香港往来西边海滨一带已设轮船，以致华船载货生理为其所夺故耳。

盖因各该项货物向由经过本口渡船转运，以供内地各处之用，今则为往来港澳、广州湾及江门之快捷利便轮船所夺也。[①]

也就是说，19 世纪 90 年代末期西江口岸和法控广州湾向轮船航运的开放，到 20 世纪初期开始对澳门的华船航运和贸易产生了较为明显的实际影响。

轮船的进出口数量在 90 年代末年 2500 余艘的规模上继续增加，超过了 3000 艘，1907 年甚至高达 4800 余艘，虽然其间出现过短暂的小幅回落（如 1902 年只有 2945 艘），但统计年份的平均数值为 3768 艘。而吨位数则先由 106 万余吨增至 169 万吨，继而达到 200 万吨以上，虽然 1909 年有所回落（较 1908 年约减少 29 万吨），但 10 年平均仍有 169.9 万吨，较之 19 世纪 90 年代的平均数值高出 60 余万吨。每艘船的平均吨位在 500 吨左右。

两类商船航运的不同发展趋向，进一步改变了两者的相对地位。表中的统计表明，华船航运所占澳门港口航运总规模的比重，由 19 世纪 90 年代的 1/3 进一步下降为不足 1/4。通过这样的结构考察可见，前述该时期澳门港口航运总量的较高数字，主要是由轮船航运成就的。这个变化表明，远洋船和轮船作为澳门港口的主体船型的地位进一步得到了巩固，成为完成澳门港口贸易的主导力量。

三　轮船数量吨位的结构变化

1. 船型结构

正如前章所述，澳门港口的轮船运输有穗澳、港澳之间的定期航运

---

① 《光绪二十六年（1900 年）拱北口华洋贸易情形论略》《光绪二十七年（1901 年）拱北口华洋贸易情形论略》《光绪二十九年（1903 年）拱北口华洋贸易情形论略》《光绪三十年（1904 年）拱北口华洋贸易情形论略》《宣统元年（1909 年）拱北口华洋贸易论略》，载莫世祥、虞和平、陈奕平编译《近代拱北海关报告汇编（一八八七——一九四六）》，澳门基金会，1998，第 202、210、224、234、260 页。

和不定期的国际航运两部分构成。进入 20 世纪后，定期航运的主导地位进一步得到巩固；而不定期航运也有一定程度的恢复。

根据《澳门宪报》记载，1900 年开展定期航运的有：轮船香山号（Vapor Heung-shan）和快轮号（Vapor Kwai-lum）每日往返港澳；江东号轮船（Kiang-tung）和龙山号小火船（Lancha Lung-shan）隔日往返穗澳；另有小火船太平号（Lancha Tai-ping）和华安号（Lancha Wa-on）隔日往返三水 – 澳门①。据《拱北海关报告》的统计资料，该两艘小火船 1900 年往来三水 – 澳门航行 604 次，1901 年航行 595 次，1902 年 546 次②。该项航运载运客货，对澳门同西部口岸之间华船贸易的减少具有一定的补充作用。到 1905 年时，由香山号（Vapor Heung-shan）、云彩号（Wing-chai）和坚持号（Perseverance）三艘轮船每日航行港澳之间；仍由江通号轮船（Kiang-tung）和龙山号小火船（Lancha Lung-shan）隔日往返穗澳之间；另由小火船太平号（Lancha Tai-ping）隔日往返澳门和江门、三水之间③。1907 年，先后由河南号（Ho-nam）、永亨号（Wing-hang）、Sui-tai 号、Sui-an 号轮船每日往返港澳，青洲号轮船（o Vapor Ilha Verde）隔日往返港澳，龙山号（Lung-shan）、南京号（Nam-king）、江东号、江门号（Kong-mun）和 Chung-long 号轮船隔日往返穗澳，太平号轮船隔日航行于澳门与三水、江门之间④。1909 年，从事澳门 – 香港每日航运的轮船有 Sui-tai 号、Sui-an 号和 Cheun-chou 号，另有青洲号轮船隔日往返穗澳；从事穗澳隔日航运的轮船有江东号和 Hoi-sang 号⑤。

---

① "Movimento do Porto de Macau," *Boletim Official* 2（1900）：13.
② 《光绪二十六年（1900 年）拱北口华洋贸易情形论略》《光绪二十七年（1901 年）拱北口华洋贸易情形论略》《光绪二十八年（1902 年）拱北口华洋贸易情形论略》，载莫世祥、虞和平、陈奕平编译《近代拱北海关报告汇编（一八八七——一九四六）》，澳门基金会，1998，第 207、215、221 页。
③ *Boletim Official* 1（1905）：4.
④ *Boletim Official* 1（1907）：1，5，23，27，33，39，46，54.
⑤ *Boletim Official* 1（1909）：10，19，43，53.

由附录"统计表"之表 5 - 1 可知，前述表 5 - 2 内的洋船航运数据多数年份仅包括定期航运，从而为全面了解两类航运的情况增加了难度。为了克服这一困难，我们将 1903 ～ 1909 年《澳门宪报》各期"港口动态"栏目所刊每周航运情况的原始记录加以统计，并与表5 - 2 内的定期航运资料合并，整理得出了 20 世纪早期澳门轮船航运内部结构的系列数据，如表 5 - 3 所示。

表 5 - 3　1900 ～ 1909 年澳门港远洋轮船进出口船数与吨位

年份	不定期航运		定期航运		合计	
	船数	吨位	船数	吨位	船数	吨位
1900	150	82714	2597	974792	2747	1057506
1901	451	118043	2808	981084	3259	1099127
1902	457	132897	2488	946585	2945	1079482
1903	342	149150	3755	1544540	4097	1692886
1904	465	177148	3407	1578021	3872	1755169
1905	861	321762	3745	1747309	4606	2064592
1906	486	180256	3563	1635731	4049	1815987
1907	316	219192	4517	2104890	4833	2324109
1908	296	198546	3780	2005151	4076	2203697
1909	260	121172	2948	1785216	3208	1905834
平均	408	170088	3361	1530332	3769	1699839

资料来源：1900 年：参见附录"统计表"之表 5 - 1。

1901 ～ 1902 年：AHU - ACL - SEMU - DGU - 3R - 007，Cx. 0001，AHM，Mic. C0778；原文件为月份资料，平均数为自算。

1903 ～ 1904 年：不定期航运：*Boletim Official*，Anos de 1903 e 1904；定期航运：AHU - ACL - SEMU - DGU - 3R - 007，Cx. 0001，A. H. M，Mic. C0778；原文件为月份资料，平均数为自算。

1905 ～ 1909 年：参见附录"统计表"之表 5 - 1。

表 5 - 3 中的统计资料揭示了一个重要的事实：进入 20 世纪以来，不定期轮船航运业务实现了较大幅度的恢复，由世纪之交的 170 余艘、9 万余吨，增加到 300 余艘、15 万吨，最高的年份（1905 年）甚至高达 800 余艘、32 万余吨，此后虽出现回落，但 1909 年仍有 260 艘，12 万余吨。就表 5 - 3 涵盖的整个时期而言，平均达到 408 艘和 17 万余

吨。不定期航运的恢复和增长，对20世纪初期澳门海上航行规模的稳定增长发挥了重要作用，也是研究工作必须注意到的现象。

2. 地域分布

从统计资料得知，这些不定期航运可分为三个部分：一是往返旧金山和澳大利亚，出口在澳门熬煮的鸦片烟膏；二是往返香港和澳门，主要贸易活动是从香港进口煤炭，并出口水泥和陶土；三是往返法控广州湾，主要是进口广州湾一带的各色华货。

以1903年为例，共有10艘商船由香港进入澳门，或载货，或压舱，然后从澳门运载鸦片烟膏前往旧金山和澳大利亚或帝汶；有59艘（次）商船从香港载运煤炭入口，装载水泥或陶土前往香港；有86艘商船自广州湾载运各色货物入口，出港前往香港，或载货，或压舱①。再以1904年为例，是年共有7艘（次）英美商船自香港来航澳门，然后载运鸦片烟膏前往美国旧金山②；31艘（次）商船由香港载运煤炭入口澳门，76艘（次）商船装运水泥或陶土前往香港；118艘（次）商船自法控广州湾来航澳门，混装各色货物入泊，除14艘载各色货物返航广州湾外，其余则由澳门出港，或装载各色货物，或压舱前往香港③。

上述不定期航运贸易的增长与下列因素有关。首先，向海外国家和地区出口鸦片烟膏，是近代以来澳门港口的传统贸易项目，只要产销两地不加禁绝，即会保持一定的发展规模。所以，直到1909年2月24日，仍有一艘美国船中国号载运鸦片熟膏前往旧金山④。此后，因"该

---

① "Movimento Maritimo," *Boletim Official* 1 – 52 (1903); "Movimento Maritimo," *Boletim Official* 1 – 2 (1904).

② 其中美国船中国号3187吨，航行1次；英国船Gaelic号2691吨，航行1次；美国船朝鲜号5651吨，航行1次；英国船澳洲号1784吨，航行1次；英国船Coplic号2744吨，航行1次；美国船满洲里号8750吨，航行2次。

③ "Movimento Maritimo," *Boletim Official* 1 – 52 (1904); "Movimento Maritimo," *Boletim Official* 1 – 2 (1905).

④ "Movimento Maritimo," *Boletim Official* 10 (1909): 116.

处将吸食之熟膏自公历四月初一日起立例严禁"[1]，澳门的鸦片烟膏出口才几乎陷于停绝。其次，澳门与香港的煤炭、水泥交易，既反映了澳门作为消费城市对西方工业产品（煤炭）的需求，也反映了澳门本地工业发展的出口需求（出口水泥）。最后，至于澳门与广州湾之间的贸易，则主要是贸易格局变化所带来的结果。法控广州湾向轮船航运的开放，虽然夺走了部分先前经由华船载运到澳门出口的华货，却为澳门港口轮船增加了贸易机会。正如《拱北海关报告》所言：

> 自江门开作口岸，原恐有碍本口贸易，由今观之，则殊不然。盖彼处自八年前已得与港澳两处轮船交通之便，现虽改作口岸，仍与本口贸易无甚损碍。
>
> 更兼由雷州往来本口各货，向以渡船运至澳门销售者，俱在本关马溜洲厂报税，近则多以轮船载运，由广州湾往来澳门，以其倍为稳捷也。
>
> 更因来往广州湾之船，由雷州装载货物，转运快捷，将往时行驶迟滞之渡船生意尽行换夺，以致昔日雷州货物经本关稽征者，今则径由轮船直运澳门，并可转运各处，以故本口暨澳门商务必渐受牵累矣。
>
> 自公历一千八百九十八年广州湾辟为法国租界，初尚无商轮由该界往来香（港）、澳（门）；至西历一千九百二十年，轮舶始行交通，尤以当时雷州口并未征收出口税项，以故业此者即将该货由雷州驳往广州湾，附轮转运，不复经由马溜洲。[2]

---

① 《宣统元年（1909 年）拱北口华洋贸易情形论略》，载莫世祥、虞和平、陈奕平编译《近代拱北海关报告汇编（一八八七——一九四六）》，澳门基金会，1998，第 263 页。

② 《光绪三十年（1904 年）拱北口华洋贸易情形论略》《光绪三十二年（1906 年）拱北口华洋贸易情形论略》《光绪三十四年（1908 年）拱北口华洋贸易情形论略》《宣统二年（1910 年）拱北口华洋贸易情形论略》，载莫世祥、虞和平、陈奕平编译《近代拱北海关报告汇编（一八八七——一九四六）》，澳门基金会，1998，第 231、240、249、271 页。

这些史料说明，中外贸易格局的变化对澳门海上贸易不同分支的影响是不平衡的。事实上，中外贸易格局的改变虽然一定程度上导致了澳门与粤西口岸之间华船贸易的减少，但同时增加了海船的贸易机会，导致自澳门往返西江各口和法控广州湾的船数显著增加。所以，仅仅以拱北海关的统计资料为依据研究澳门港口的航运贸易活动，无论如何是不全面的，据此所做出的研究结论不能反映澳门贸易的整体状况。

3. 国籍结构

进入 20 世纪，澳门定期轮船的国籍结构仍继续着前一阶段的基本格局，但是，也有一些细微的变化。表 5 - 4 是笔者依据葡萄牙海外历史档案馆手稿文档所做出的统计结果。

表 5 - 4　1903 年澳门港进出口定期航运轮船的国籍构成

国籍	进港		出港		总数	
	船数	吨位	船数	吨位	船数	吨位
葡萄牙	248	30260	248	30108	496（13.2%）	60368（3.9%）
英国	1089	612960	1088	613429	2177（58%）	1226389（79.4%）
法国	61	15773	60	15143	121（3.2%）	30916（2%）
美国	2	5842	2	5842	4（0.1%）	11684（0.8%）
日本	2	6462	2	6462	4（0.1%）	12924（0.8%）
中国	476	100568	477	101691	953（25.4%）	202259（13.1%）
合计	1878	771865	1877	772675	3755（100%）	1544540（100%）

资料来源：AHU - ACL - SEMU - DGU - 3R - 007，Cx.0001，A.H.M.，Mic.C0778。

统计数据显示，在澳门港口与广州、香港以及中国其他口岸间的短途轮船运输中，进出口船舶国籍结构上表现出多元化趋势，来航澳门港口的轮船分属 7 个国家，体现了澳门港口航运贸易的开放型。同时，航运活动高度集中于葡中英三国，合占进出口船数的 96.6% 和吨位数的 96.4%。其中又以英国最多，船数和吨位分别占 58% 和 79.4%。这个比重与不定期轮船运输中的比重是一致的，反映了英国在国际贸易和中英贸易中的领先地位。从后两个数据可以看出，英国船的吨位比重高于船数的比重，原因是英国船的规模一般比较大；相反，中葡两国则是船数的比重大大低于吨位的比重，说明两国的航运以较小规模的船只为主。

为了进一步观察澳门定期航运轮船国籍结构的变化，我们依据《澳门宪报》的有关资料统计得出了表 5 – 5。

表 5 – 5　1905 年澳门港进出口定期航运轮船的国籍构成

国籍	进港		出港		总　数	
	船数	吨位	船数	吨位	船数	吨位
葡萄牙	423	64247	428	64636	851(22.7%)	128883(7.4%)
中　国	447	102472	425	102472	872(23.3%)	204994(11.7%)
英　国	967	669812	969	670773	1936(51.7%)	1340585(76.8%)
德　国	2	1687	2	1687	4(0.1%)	3374(0.2%)
法　国	7	2884	7	2884	14(0.4%)	5768(0.3%)
意大利	30	8773	28	8314	58(1.5%)	17087(1%)
美　国	5	23334	5	23334	10(0.3%)	46668(2.7%)
合　计	1881	873209	1864	874100	3745(100%)	1747359(100%)

注：第 6、7 列之总数及其百分比为自算，保留一位小数，四舍五入。

资料来源：*Boletim Official*，Anno de 1905 – Secção Estatistica，26 – 02 – 1906，p. 3。原注：仅包括澳门与香港、广州及西江之间的定期贸易轮船。

从表 5 – 4、5 – 5 来看，1903、1905 年，在澳门港口与广州、香港以及中国其他口岸间的短途轮船运输中，进出口轮船的国籍结构延续了既多元化又高度集中于英中葡三国的基本结构特点，但也有一些变化。在 1905 年进出口轮船的总船数和总吨位中，英中葡三国合占 97.7% 和 95.9%，船数的比重略有上升，而吨位的比重则略有下降。虽然英国仍位居第一，但船数和吨位较 1903 年分别降低了 6.3 个百分点和 2.6 个百分点。此外，华船所占比重也分别下降了 2.1 个百分点和 1.4 个百分点。同样值得注意的是，葡萄牙船所占船数和吨位的比重分别上升 9.5 个百分点和 3.5 个百分点。美国船的增长更为特别，船数只有 10 艘，仅占 0.3%，但吨位占 2.7%，因为美国船的平均吨位为 4600 余吨。

到了 1909 年，在澳门与香港、广州以及中国其他口岸之间的轮船运输中，英中葡三国仍然占据主导地位。表5－6是笔者依据《澳门宪报》有关资料统计得出的。

表5－6 1909 年澳门港进出口定期轮船的国籍构成

国籍	进港		出港		合计	
	船数	吨位	船数	吨位	船数	吨位
葡萄牙	230	57496	229	58029	459（15.6%）	115525（6.4%）
英 国	870	761906	859	764087	1729（58.6%）	1525993（85.0%）
德 国	1	769	1	769	2（0.07%）	1538（0.09%）
美 国	1	3187	1	3187	2（0.07%）	6374（0.4%）
中 国	383	73001	371	70585	754（25.6%）	143586（8.0%）
荷 兰	1	1100	1	1100	2（0.07%）	2200（0.1%）
合 计	1486	897459	1462	897757	2948（100%）	1795216（100%）

注：仅包括澳门与香港、广州及西江之间的定期贸易轮船。第6、7列之合计及其百分比为自算，保留一位小数，四舍五入。

资料来源：*Boletim Official* 28（1910）：249。

表5－6显示，在1909年的定期轮船运输中，葡中英三国吨位所占的比重高达99.8%，显示澳门定期轮船贸易的国籍构成更加高度集中于少数几个大国。所不同的是，中葡两国的比重有所降低，分别比1905年降低3.7个百分点和1个百分点，而英国的领先地位更加显著，商船数和吨位数所占的比重分别上升到58.6%和85.0%，较1905年分别增加6.9个百分点和8.2个百分点。这个变化进一步显示了英国在国际贸易和中外贸易中的突出地位。

第二节 贸易规模与结构分析

一 贸易量值总体规模

正像前文所述航运数据的缺乏一样，20世纪早期澳门港口的贸易量值也缺乏现成、连贯的统计资料。《澳门宪报》附报刊布了澳葡政府统计局（Secção de Estatística）所提供的五个年份（1905～1909年）的统计报表。其中1905年、1909年为分类年度总和资料，只需将两类商船的贸易值相加，即可作为年度资料加以引用；1906～1908 年的统计为分类、月份资料，须通过计算得出年度资料后方可引用。1901～1904 年的资料则未见刊于《澳门宪报》，而是保存于葡萄牙海外历史档案馆的手稿档案中。笔者依据《澳门宪报》的有关资料和海外历史档案馆的手稿文献，统计并编制了表 5－7。

表 5－7　1900～1909 年澳门港海上贸易总值

单位：元（Patacas）

年份	进口	出口	进出口总值
1900	18010281	14134288	32144569
1901	17106529	14176687	31283216
1902	19739209	14605306	34344515
1903	16342276	12558802	28901078
1905	16477616	14515846	30993462
1906	14284738	12620853	26905591
1907	16101543	14326925	30428468
1908	18694415	17755136	36449551
1909	16632110	15091555	31723665
平均	17043191	14420600	31463791

资料来源：1900 年：*Boletim Official* XLVI，Ano de 1900，pp. 158，258，322，376，424，482，545，609，671，745，843；*Boletim Official* XLVI，Ano de 1900，pp. 159，259，323，377，425，483，546，610，672，746，844；原文件为分类月份资料，全年合计及两类总值为自算；原档 12 月资料暂缺，现暂以 1899 年 12 月数据代之。

1901～1903 年：AHU－ACL－SEMU－DGU－3R－007，Cx. 0001，A. H. M.，Mic. C0778。

1905 年：*Boletim Official*，Anno de 1905－Secção de Estatística，pp. 5－7。

1906 年：*Boletim Official*，Anno de 1906－Secção de Estatistica；原文件为月份资料，全年合计及进出口总值为自算，小数点后四舍五入。

1907 年：*Boletim Official*，Anno de 1907－Secção de Estatistica；原文件为月份资料，全年合计及进出口总值为自算，小数点后四舍五入。

1908 年：*Boletim Officia* l，Anno de 1908－Secção de Estatistica；原文件为月份资料，全年合计及进出口总值为自算，小数点后四舍五入。

1909 年：*Boletim Official* 28（1910）：250－253。

1905～1908 年澳门进出口贸易值，格德斯（Antonio Pinto de Miranda Guedes）曾有不同的统计。参见 Antonio Pinto de Miranda Guedes，*Obras do Porto de Maucau-Conferencia Realisada no Gremio Militar de Macau em 25 de Julho de 1910*（Macau：Imprensa Nacional，1911），p. 16。

此外，菲格雷多所撰"经济的向量"一章中统计表 26 内货币单位为 Réis（厘士），按照 1Pataca（元）＝540 Réis 的比率将 Réis 换算为 Pataca 后，与笔者所统计的结果有出入；另外其表内 1905 年和 1908 年的贸易值分别以 11 个月和 9 个月为基准推算出来的，但实际上，《澳门宪报》刊载了船政厅官员完整的报表。参见 A. H. de Oliveira Maeques（ed.），*História dos Portugueses no Extremo Oriente*，3.° Volume，*Macau e Timor-do Antigo Regime à República*，p. 247。

在表 5 - 7 的九个统计年份中，贸易额最少的年份是 2690 余万元，最高的年份是 3644 余万元，平均 3146 万元，虽然仍高于八九十年代的平均数值（2761 万元），但相对于 20 世纪 90 年代后期 3306 万元的平均值而言，大约减少了 160 万元。格德斯（Antonio Pinto de Miranda Guedes）列举有关资料对 1907～1908 年外国在华贸易、外国在日贸易以及香港贸易值的变化趋势进行了比较，认为 615 万元的贸易增长表明，澳门贸易总体上并未受到远东地区普遍危机的影响①。

进出口的相对比例也经历了显著的变化。1905 年以前，入超额度最少的年份为 292 万元，最高的年份为 511 万元，平均则为 392 万元；自 1905 年开始，两者的差距开始缩减至 196 万元以下。在经历了 1906 年的回落之后，进出口恢复的速度出现了差异：出口恢复并超过了此前的数字，平均达到 15724539 元，较整个时期的平均数（14420600 元）高出 130 万元，而进口平均值为 17142689 元，只略高出这个时期的平均水平（17043191 元）。正是这种不同的恢复速度，导致入超大幅度缩减，进出口的相对比重趋于平衡。

由此可见，在本项研究的最后阶段，就进出口贸易总值而言，澳门港海上贸易的发展势头已经减弱。那么，回落的原因何在呢？我们只有通过考察贸易总值的内部结构，才能做出较为清楚的说明。

二　贸易结构分析

1. 贸易额的船型结构

如本章上节所述，在航运总结构中，洋船已经大大超过华船而成为

---

① "Bem sabemos que não são perfeitamente comparaveis estes numeros, dada a natureza especial do commercio de Macau, mas do seu confronto resalta, sem nenhuma duvida para min, a grande verdade que avancei de não ter a nossa colonia sido affectada no movimento commercial do seu porto pela crise geral que tanto se frisou em todo o Oriente, incluindo Hongkong, como se vê do seguinte quadro expresso em toneladas […] ou considerando só o movimento fluvial." in Antonio Pinto de Miranda Guedes, *Obras do Porto de Maucau-Conferencia Realisada no Gremio Militar de Macau em 25 de Julho de 1910* (Macau: Imprensa Nacional, 1911), p. 15. 具体数据参见本页表格。

澳门贸易航运的主体。与此相联系，两类商船的贸易额也发生了变化。通过查阅《澳门宪报》所刊布的澳葡船政厅的港口贸易报告和葡萄牙海外历史档案馆馆藏文献，笔者统计得出了 9 个年份华船、洋船（主要指轮船等海船）贸易值所占贸易总值的比重，如表 5－8 所示。

表 5－8　1900～1909 年澳门港海上贸易总值的结构

单位：元（Patacas）

年份	华船	轮船、小火船	合计
1900	16159927（50.3%）	15984642（49.7%）	32144569
1901	15124818（48.3%）	16158398（51.7%）	31283216
1902	15498982（45.1%）	18845533（54.9%）	34344515
1903	13408241（46.4%）	15492837（53.6%）	28901078
1905	14184491（45.8%）	16808971（54.2%）	30993462
1906	11289903（42.0%）	15615688（58.0%）	26905591
1907	12283182（40.3%）	18145286（59.7%）	30428468
1908	12300920（33.7%）	24148631（66.3%）	36449551
1909	14216147（44.8%）	17507518（55.2%）	31723665
平均比重	（44.0%）	（56.0%）	31463790

资料来源：1900 年：*Boletim Official* XLVI, Ano de 1900, pp. 158, 258, 322, 376, 424, 482, 545, 609, 671, 745, 843; *Boletim Official* XLVI, Ano de 1900, pp. 159, 259, 323, 377, 425, 483, 546, 610, 672, 746, 844; 原文件为分类月份资料，全年分类合计及两类合计为自算；原档 12 月资料暂缺，现暂以 1899 年 12 月数据代之。

1901～1903 年：AHU－ACL－SEMU－DGU－3R－007, Cx. 0001, A. H. M., Mic. C0778。

1905 年：*Boletim Official*, Anno de 1905－Secção de Estatística, pp. 5－7。

1906 年：*Boletim Official*, Anno de 1906－Secção de Estatística; 原文件为月份资料，合计为自算，小数点后四舍五入。

1907 年：*Boletim Official*, Anno de 1907－Secção de Estatística; 原文件为月份资料，合计为自算，小数点后四舍五入。

1908 年：*Boletim Official*, Anno de 1908－Secção de Estatística; 原文件为月份资料，合计为自算，小数点后四舍五入。

关于 1905～1908 年澳门港口两类商船的贸易额，格德斯有不同的统计。参见 Antonio Pinto de Miranda Guedes, *Obras do Porto de Maucau-Conferencia Realisada no Gremio Militar de Macau em 25 de Julho de 1910*（Macau: Imprensa Nacional, 1911）, pp. 16, 56。

1909 年：*Boletim Official* 28（1910）: 250－253。

百分比为自算，保留一位小数。

统计数据显示，进入 20 世纪以来，两类商船的贸易经历了不同的发展过程。华船贸易自 1901 年起持续减少，1905 年虽有回升，但直到 1909 年，仍未回复到 1900 年的水平。轮船贸易先经历了三年的增长，继而有三年的回落，又有两年的回升，虽然 1909 年再度发生回落，但仍高于 1900 年的水平，而就这九年整个时期而言，海船贸易的平均值仍大于 19 世纪 90 年代的平均数，从而显示了波动之中略有增长的基本趋势。

与此同时，正是由于不同的增长势头，两类商船在贸易总值中的相对比重发生了显著的变化。华船贸易值从 50% 的规模上开始持续下降，至 1908 年降到了 34% 以下，1909 年小有回升，其比重提升至 44.8%。与此相反的是，轮船贸易则从不足 50% 的基础上持续上升，至 1908 年升至 66.3%，以至整个时期的平均比重达到了 56%。显然，海船贸易在澳门海上贸易的整体结构中占据了明显的优势。从这种比例关系的改变可以看到，这一阶段澳门贸易总值增长势头的减弱，主要是由华船贸易规模的缩减所致。而这一切，正是中外贸易格局改变，尤其是西江沿岸和法控广州湾对轮船贸易的开放对澳门贸易结构的影响所在。

2. 商品结构

关于 20 世纪初期澳门进出口贸易的商品结构，我们获得了 1901 年、1903 年、1905 年和 1909 年四个年份的完整统计资料（详见本书附录"统计表"之表 5－2、表 5－3、表 5－4 和表 5－5）。以下将依次考察这四个年度主要商品结构的变化，以期有助于了解贸易总量的增减变化。

1901 年，除货币和混装货物外，澳门港口进口货物中 10 万元以上者 26 种，合占进口总值（17106529 元）的 87.3%，与 1899 年相比，主要货物的种数和所占贸易总值的比重均有增加。其中，鸦片仍然位居第一，但进口值已降至 4056038 元，减少近 25 万元，然鉴于贸易总值减少了 193 万元，鸦片进口所占进口总值的比重反而上升 1 个百分点（23.7%）。生油保持第二位，但进口值已从 158 万元减至 130 万余元，减少 27 万余元。竹子竹器属于近年显增项目，进口值从 111 万余元增至 124 万元，增长 12 万余元，由第四位升至第三位。稻米进口 1178753

元，较 1899 年减少 36 万元，由第三位退居第四位。草袋属于近年骤增项目，进口值增加 12 万余元，达到 822260 元，位序由第八前移至第五。丝绸进口维持第六位，但进口值已减至 818088 元。茶叶进口值减至 632960 元（减少 31 万余元），由第五位退居第七位。各类木材进口增至 583131 元，以增加 21 万元由第十位跃居第八位。这 8 种 50 万元以上货物占进口总值的 62.2%。这个比例虽然与 1899 年相近，但由于 8 种货物中鸦片、生油、稻米、丝绸、茶叶等都有下降，使得贸易总值出现大幅缩减。进口结构的另一最显著的变化是，棉线骤减至 21 万余元，位序退至第十四，退出了支柱产品的行列。由此可见，支柱产品进口值的普遍缩减，是造成贸易总规模缩减的重要因素。

1901 年，除货币和混装货之外，澳门出口货物中贸易额在 10 万元以上者 21 种，合占出口总值（14176687 元）的 87.2%。其中，鸦片烟土和熟膏合为 4768181 元，高居出口贸易首位，但较 1899 年减少 24 万余元；鉴于出口总值已大幅缩减了 190 万元，鸦片贸易占出口总值的比重反而上升至 33.6%。鱼类出口扭转了 90 年代末期的下降趋势，升至 1136139 元，达到了 90 年代以来的最高数值，位序前移至第二。稻米维持第三位，但出口值已经减至 889429 元，减少 19 万余元。丝绸出口值小幅回升至 816958 元，由第五位前移至第四位。茶叶出口锐减 55 万余元，仅有 679157 元，由第二位退至第五位。生油出口值回落至 459346 元（大约减少 16 万元），居第六位。蔗糖出口值增至 435846 元，由第十位前移至第七位。爆竹出口值回落至 356030 元（减少 16 万元），居第八位。草袋出口减至 326488 元（减少 20 万元），退居第九位。这 9 种商品合占出口总值的 69.6%。正如进口一样，虽然前九位商品所占贸易总值的比重并无大的变化，但由于鸦片、稻米、茶叶、生油、爆竹和草袋等多有下降，致使出口总规模出现了 190 万元的缩减。另一个值得注意的变化是，棉线出口减至 10 万元以下，由位居第六的主要出口品而退出了主要项目的行列。

1903 年，澳门进口货物（除货币和混装货之外）价值 10 万元以上者 25 种，合占进口总值（16342276 元）的 81.8%。主要进口货物的种数和所占贸易总值比重均比 1901 年有所降低，而进口贸易总值也减少了 76 万元。就单项而论，鸦片仍居首位，进口值 4976048 元，增长 92 万元，所占比重升至 30.4%。鸦片进口增长了 92 万元，而进口总值却减少了 76 万元，说明除鸦片外一般货物的进口实际减少了 168 万余元，反映出一般货物进口势头明显减弱。生油仍位居第二，但进口值进一步减至 1261868 元，减少 4 万元。竹子竹器虽仍居第三位，但基本趋势已由持续增长转为下降，减少 21 万余元。位居第四的稻米进口值减至 992319 元，减少 18 万余元。丝绸进口值小幅增加 5 万余元，达到 870666 元，位序升至第五。棉线进口值回升至 502456 元，位序升至第六。土布进口 423302 元，位居第七。草袋位居第八，进口值 360336 元。这 8 种商品合占进口总值的 63.8%。较之 1901 年，这个比例仅有 1.6 个百分点的降幅，但是，其中 6 种货物的进口值同比下降合计达 115 万元之多，统而计之，这 25 种 10 万元以上货物共减少 151 万余元。由此可见，正是一般货物进口的减少，导致进口贸易总规模缩减了 76 万余元。

1903 年，澳门出口货物（除货币合混装货外）价值 10 万元以上者 17 种，合占出口总值（12558802 元）的 83.4%。较之 1901 年，主体产品的数量和所占出口总值的比例均有下降。鸦片烟土和烟膏出口大体维持原状，但由于出口总规模的持续缩减，鸦片所占出口总值的比重进一步升至 37.9%。各类鱼仍居第二位，出口值微增 5 万元，达到 185246 元。稻米出口仍居第三位，但贸易值减至 657810 元，减少 23 万余元。丝绸出口维持原来的第四位，但贸易值减至 601949 元，减少 21 万余元。生油出口值 570620 元，以 11 万元的增长前移至第五位。棉线出口显著回升至 454751 元，位居第六，重新进入主体货物的行列。土布出口继续减至 259228 元，位序却升至第七。爆竹仍维持第八位，贸易值减少 10 万元，为 254028 元。茶叶出口骤减至 242127 元，位序由第五退至第九。这 9 种货物合占出口总值的 71.6%。与 1901 年相比，增加了 2 个百分点，但是，其中 5 种商品合共减少 76 万余元，17 种 10 万元以上货物统计减少 127 万余元，而鸦片出口则维持原状，导致出口总规模缩减了 161 万余元。正如进口贸易所显示的那样，出口贸易规模的缩减，同样来自除鸦片外一般货物的大面积减少。

1905 年，除混装货和货币外，澳门港两类商船共进口商品 106 种，其中贸易额在万元以上者 58 种，10 万元以上者 26 种，这 26 种货物的贸易值合占进口总值（16477616 元）的 73.2%。与 1903 年相比，主要货物种类仅减少 1 种，比重却减少了近 9 个百分点。鸦片进口以 5137850 元稳居进口首位，增加 16 万余元，所占比重却降至 31.1%。稻米进口值回升至 1165167 元，由第四位前移至第二位。生油进口减至 894601 元（减少 36 万余元），由第二位退居第三位。各种木材进口 605108 元，进居第四位。丝绸进口减至 495995 元（减少 37 万余元），位居第五。水果与干果 428412 元，居第六位。生猪进口值 323515 元，增加 22 万元，进居第七位。茶叶进口值 250139 元，微增 5 万元，由第十四位升至第八位。鸦片增加 16 万元，混装货增加 153 万元，海贝、草袋、活牛、煤炭、禽蛋、神香、木柴、火水、蔬菜等进口值增加，进入 10 万元以上者的行列，但由于主要进口货品多有较大幅度减少，结果使得进口总值仅有 13 万元的增幅。与 90 年代末期比较，贸易额 10 万元以上货物的种类数虽有增加，但是它们占进口总值的比重降到了 73.2%。这固然与混装货的进口值剧增 153 万元（高达 2841419 元）有关，但主要产品进口值的普遍减少（仅前十位商品的进口值就减少了 136 万余元）也是重要因素。这个事实表明，进入 20 世纪初期，特别是 1905 年以后，由于主体产品的增长势头减弱，它们对澳门进口贸易总体规模的支撑作用开始减弱。

就出口贸易而言，除混装货和货币外，1905 年共出口商品 88 种。其中 10 万元以上者 17 种，合共占出口贸易总值（14515846 元）的 84%。鸦片烟土和烟膏合共出口 4625758 元，较 1903 年减少近 14 万元，仍居首位。咸鱼出口仍位居第二，但出口值已猛增至 2675395 元，较各种鱼类出口值骤增149万余元。生油出口增至1012904元，取代稻米而进居第三位。丝货出口值回升至790185元，仍位居第四。棉线出口值回升至669177元，由第六位进居第五位。水泥出口增至348753元，由第十位进居第六位。稻米出口退至第七位，仅有301492元。海贝出口小幅增至252294元，由第十二位前移至第八位。烟草烟叶出口246330元，由第十三位升至第九位。茶叶出口持续减至219830元，进一步降至第十位。与1903年相比，出口10万元以上货物的种数保持不变，所占出口总值的比重仅增加1个百分点，但是出口总值实现了195万余元的增长。其中前九位商品出口值合共增加218万余元，除了抵冲鸦片出口值14万元的短缺外，尚有205万元的增长。最显著的变化是，咸鱼的出口额由118万元剧增至267万元，以149万余元的增幅跃居第二位；而90年代位居第二的茶叶则持续减至不足22万元，退居第十位①。此外，水泥、海贝、家禽和禽蛋以及帆用席等，均有较大增长，进入主体商品的行列。这一变化反映了澳门地区的消费功能和生产功能有所增强。

及至1909年，随着中国对外开放格局的变化、鸦片贸易政策的改变，澳门进出口贸易发生了一些值得注意的变化。这一年除混装货和货币外，共进口商品96种。其中贸易额万元以上者72种，10万元以上者32种，后一类货物合共占进口总值（16632102元）的80.3%。由多到少依次为：稻米1598306元，蓖麻油1116523元，鸦片1051360元，木材1041243元，棉线1027505元，丝货756462元，水果（含干果）648517元，生猪611884元，咸鱼569695元，食品503378元，糖435047元，茶叶321795元，纸张299149元，桂油294328元，食盐242600元，海贝230456元，烟草216959元，草席208395元，神香

---

① 19世纪90年代以来澳门港口茶叶出口价值：1891年，598922元；1892年，696329元；1894年，3485546元；1894年，3871993元；1899年，1232125元；1901年，679157元；1903年，242127元；1905年，219830元；1909年，354734元。参见附录"统计表"之表4-5、表4-6、表4-7、表5-2、表5-3、表5-4和表5-5。

203037 元，公牛 190444 元，木柴 184864 元，禽蛋 179692 元，煤炭 177662 元，面粉 176813 元，蔬菜 154837 元，火水 151871 元，蘑菇 144496 元，华酒 142789 元，药材 137656 元，土布 131682 元，粗棕糖 131227 元，华瓷 123505 元。与 1905 年相比，进口值 10 万元以上货物的种类数增加了 7 项，所占进口总值的比重亦上升至 82%。这些货物进口值都有不同幅度的增加，仅前 15 位商品的进口值就增加了 390 余万元。可见，澳门进口贸易的主体产品结构进一步多元化和均衡化，显示了贸易基础的扩大。但是，由于鸦片进口锐减 408 万元、混装货减少 172 万元，致使进口总值仅有 15 万元的增长。"换位"表现最为明显的是鸦片，其进口值由 513 万元锐减至 105 万元，减少 408 万元，退居第三位。其次是棉线，其进口值由不足 10 万元骤然回升至 102 万元，跃居第四位。其他货物如糖、水果、咸鱼、生猪、纸张、桂油、食盐等，均有较大幅度，甚至成倍增长，排序大幅度提前。

就出口而言，除了混装货和货币外共出口商品 78 种。其中贸易额万元以上者 47 种，10 万元以上者 25 种，这些货物合共占出口总值（15091555 元）的 89.6%。由高至低依次为：咸鱼 2734431 元，鸦片 1509864 元，棉线 1052482 元，爆竹 1023409 元，蓖麻油 767956 元，海贝 727208 元，丝货 646590 元，神香 586845 元，桂油 531888 元，罐头 517873 元，稻米 473236 元，水泥 437935 元，烟草 363399 元，茶叶 354734 元，草席 270405 元，土布 252100 元，水果 177723 元，粗棕糖 166365 元，陶土 162694 元，兽皮 136087 元，禽蛋 133042 元，药材 132482 元，粉丝 131363 元，棉花 130710 元，家禽 111714 元。与 1905 年相比，出口值 10 万元以上货物的种类增加了 8 项，其占出口总值的比重增至近九成。显然，出口贸易的商品结构同样表现出了多元化趋势。咸鱼出口值进一步增加至 273 万余元，跃居出口项目首位，而鸦片则由 462 万余元降至 151 万余元，退居第二位。棉线出口值增至 105 万余元，进入第三位。爆竹出口由 3 万余元猛增至 102 万余元，跃居第四位。海贝出口由 25 万余元增至 72 万余元，进居第六位。神香出口值由 2 万余元增至与

58万余元，进入第八位。其他出口货物如水泥、烟草、草席、罐头、蓖麻油等也有较大幅度增加。这些货物出口值的增加不仅弥补了鸦片出口下降311万余元的缺口，还使得出口总值实现了58万余元的回升。

由1905~1909年，就澳门进出口贸易总体而言，增减变化最大的是鸦片，进口减少408万余元，出口减少311万余元，合共减少719万余元。对于鸦片贸易锐减之状况，《拱北海关报告》给予了密切关注和具体的描述，并分析了鸦片贸易衰势的原因：

> 本年（1908）洋药之入内地者，较上年少一百二十四担，足征政府力禁吸食之效。试为逐年开列以供快览：计一千九百零五年有一千七百八十三担，零六年有一千六百五十担，零七年有一千四百六担，本年只有一千二百八十二担。缘内地颁行厉禁，凡吸烟者皆须领牌，并每以善言劝导，诱令戒除，是以各商渐少购运积储，预料将来洋药运入内地仅足供制炼药料之用而已。
>
> 现美国有严禁洋药入口之令，商人于本年底停止由澳营运烟膏，故澳门公司于公历十二月运来洋药只一百四箱，上年此时则有三百七十七箱，并于公历十一月初六日停煮运往旧金山之熟膏。①
>
> 本年（1909）洋药进口更少，只有一千十九担，上年则有一千二百八十二担。历查本口自一千九百五年有一千七百八十二担，一千九百六年有一千六百五十担，一千九百七年有一千四百六担，一千九百八年有一千二百八十二担，本年止有一千十九担。统核此五年内，除由九龙关完纳税厘运入内地并本年经由九龙一百四十担不计外，本年实较上年少二百六十三担。其故虽有数端，而以内地严禁吸食为最要。

---

① 《光绪三十四年（1908年）拱北口华洋贸易情形论略》，载莫世祥、虞和平、陈奕平编译《近代拱北海关报告汇编（一八八七——一九四六）》，澳门基金会，1998，第255页。

至洋药熟膏，向由澳门运往美国旧金山，历有年所。现该处将吸食之熟膏自西历四月初一日起立例严禁。……至本年西历二月二十三日，为该公司营运熟膏往旧金山之末次。此后遵例不能续运。该公司生意遽少百分之七十，以故与澳门政府所订合同难以坚守，遂于西历四月三十日歇业，照章将按饷十万元充公。①

洋药一项，近五年进口逐渐递减，乃本年（1910）竟增五百七担之多，盖有特别原因，不过一时充涨，末可久恃也。②

鸦片贸易减少了 719 万余元，而根据前文所统计的贸易总值表，这一年贸易总值确有 73 万余元的增长。那么，除去货币（558700 元）一项，一般货物的贸易值实际增长了 736 万余元。由此可见，这个时期澳门贸易总值的减少主要表现为鸦片贸易的严重缩减；一般货物的贸易额实际上在持续增长，而不是缩减。在鸦片贸易大幅度锐减的情况下，正是一般货物贸易额的大幅度增长，使得澳门海上贸易的总规模避免了大幅度缩减。这无疑是澳门进出口产品结构多元化所带来的优化效果。

3. 地域分布

前章已经指出，19 世纪八九十年代，澳门海上贸易主要在香港和中国内地口岸之间进行。进入 20 世纪以后，澳门海上贸易地理分布的整体格局一直得以延续。但是，随着时间的推移，中国对外开放格局和外贸政策的改变，开始对澳门海上贸易总量和结构产生影响，特别是 1905 年后贸易总量和产品结构的变化，澳门贸易量值在香港和中国内地口岸之间的分布也发生了一些值得注意的变化，如表 5 - 8 所示。

---

① 《宣统元年（1909 年）拱北口华洋贸易情形论略》，载莫世祥、虞和平、陈奕平编译《近代拱北海关报告汇编（一八八七——一九四六）》，澳门基金会，1998，第 262~263 页。

② 《宣统二年（1910 年）拱北口华洋贸易情形论略》，载莫世祥、虞和平、陈奕平编译《近代拱北海关报告汇编（一八八七——一九四六）》，澳门基金会，1998，第 269 页。

表 5 – 9 1905 年、1909 年澳门港进出口贸易的地区结构

单位：元（Patacas）

港　口	1905 年	1909 年
广　州	707773（2.3％）	1739478（5.5％）
香　港	14392234（46.4％）	16830590（53.1％）
中国西部口岸	12127549（39.1％）	12704590（40.1％）
旧金山、澳大利亚	3746000（12.1％）	413000（1.3％）
进出口总值	30993462（100％）	31723657（100％）

注：中国西部口岸包括西江和广州湾诸港。

资料来源：*Boletim Official*，Anno de 1905 – Secção de Estatistica，pp. 5 – 7；*Boletim Official* 28（1910）：250 – 253。

统计显示，及至 1905 年，澳门与香港的贸易值在总量中的比重有所下降。其主要原因是，随着澳门进出口贸易总体规模的增大，贸易的商品结构发生了变化，特别是鸦片出口贸易的增长和西部口岸华货贸易的增多。根据前述各节的阐述，进入 20 世纪以来，向内地口岸出口鸦片烟土和向海外国家出口烟膏（opio cosido）的贸易值持续增长，在出口贸易结构中占据首位，比重则在 1/3 左右；与此同时，90 年代末期西江的开放和法控广州湾的开放所引致的贸易格局变化，开始对澳门贸易产生影响，导致了澳门与西部口岸的轮船贸易的增长。诚如表 5 – 9 中所示，1905 年澳门与西部口岸的贸易达到 39.1％，与美国旧金山及澳大利亚的贸易额为 12.1％。

统计还显示，1905 ~ 1909 年，澳门贸易的地理分布发生了进一步的变化。香港所占的比重上升至 53.1％，广州的比重升至 5.5％，西部口岸的比重也小幅升至 40.1％，而旧金山和澳大利亚的比重则降至 1.3％。究其原因，乃是澳门贸易商品结构的变化[1]。如前所述，1909

---

[1] 另据格德斯（Antonio Pinto de Miranda Guedes）对 1908 年澳门进出口贸易地理分布的统计，香港、广州和西部口岸在澳门贸易总额中所占的比重分别为 54％、3.7％ 和 42.2％。参见 Antonio Pinto de Miranda Guedes，*Obras do Porto de Maucau-Conferencia Realisada no Gremio Militar de Macau em 25 de Julho de 1910*（Macau：Imprensa Nacional，1911），pp. 52 – 53。

年澳门贸易最大的变化在于鸦片贸易值的锐减和一般货物贸易值的剧增。鸦片贸易主要是从香港进口烟土，向西部口岸再出口烟土并向旧金山和澳大利亚出口烟膏；而鸦片贸易值骤减 719 万余元，大大拉低了澳门与西部口岸之间的华船贸易、澳门与美国旧金山和澳大利亚的轮船贸易。然而，由于一般货物的贸易值同时剧增 736 万余元，不仅弥补了鸦片贸易值骤减所造成的短缺，还实现了 73 万余元的增长。故澳门与美国旧金山及澳大利亚的贸易所占进口总值的比重减少了 10%，澳门与香港、广州的贸易所占的比重分别增加 6.7% 和 3.2%，甚至澳门与西部口岸的贸易也有 1% 的增长。

由此可知，澳门与香港及中国内地口岸贸易的增长，主要体现在除鸦片外的一般货物贸易的增长之上。

第三节　轮船与华船的分类考察

一　轮船贸易地位的上升

1. 贸易总量及其变化

前文已经指出了 20 世纪初期十余年间澳门轮船贸易总值的增长趋势以及与华船贸易的相对比重。为了更好地了解轮船航运贸易的运作情况，我们需要逐步考察内在结构。关于轮船贸易的进出口结构，我们经过多方搜索和大量计算获得了下列 9 个年度的统计资料（见表 5－10）。

表 5－10　1900～1909 年澳门港轮船进出口货物价值

单位：元（Patacas）

年份	进口	出口	合计
1900	8026211	7958431	15984642
1901	7465976	8692422	16158398
1902	10197913	8647620	18845533
1903	8464877	7027960	15493837

续表

年份	进口	出口	合计
1905	9025720	7783251	16808971
1906	8342347	7273341	15615688
1907	10431632	7713654	18145286
1908	13443794	10704837	24148631
1909	10040138	7467378	17507516
平均	9493179	8140988	17634278

资料来源：1900 年：*Boletim Official* XLVI（1900）：158，258，322，376，424，482，545，609，671，745，843；注：原文件为月份资料，合计为自算；12 月数据暂缺，为计算方便，暂以 1899 年 12 月资料代之。

1901~1903 年：AHU – ACL – SEMU – DGU – 3R – 007，Cx. 0001，A. H. M.，Mic. C0778。

1905 年：*Boletim Official*，Anno de 1905 – Secção de Estatistica，pp. 5 – 7。

1906 年：*Boletim Official*，Anno de 1906 – Secção de Estatistica；原文件为月份资料，合计为自算，小数点后四舍五入。

1907 年：*Boletim Official*，Anno de 1907 – Secção de Estatistica；原文件为月份资料，合计为自算，小数点后四舍五入。

1908 年：*Boletim Official*，Anno de 1908 – Secção de Estatistica；原文件为月份资料，合计为自算，小数点后四舍五入。

另见 A. H. de Oliveira Maeques，*História dos Portugueses no Extremo Oriente*，3.° Volume，*Macau e Timor do Antigo Regime à República*，p. 247。原表格内单位为 Réis（厘士），按照 1 Pataca = 540 Réis（厘士）的比率将 Réis（厘士）换算为 Pataca，结果与笔者计算结果不同。

1909 年：*Boletim Official* 28（1910）：250 – 253.

合计和百分比为自算，贸易值保留整数，小数点后四舍五入。

表 5 – 10 显示，在统计涵盖的年份里，澳门海船贸易值在 1500 万元到 2400 万元之间波动，而平均值则维持在 17634278 元的水平，比 90 年代前期的数字回落 14 万余元。

进一步从进出口结构来看，1900 年进口与出口大致相当，仅有 6 万余元的入超额。1901 年出超 122 万余元。此后的情况则是，进口值开始大于出口值，入超额为 100 万~300 万元，平均入超额度为 170 万余元。从一般原理来讲，进口贸易大于出口属于正常现象，它反映了澳门港口作为消费地的功能有所增强。以下我们将通过考察轮船贸易的商品结构，进一步分析贸易额增减变化的原因。

2. 货物构成

笔者根据葡萄牙海外历史档案馆所藏文件，统计得出了"1903 年澳门海船贸易进出口主要货物量值表"(参见附录"统计表"之表5-7)。根据该表,1903年,除货币与混装货外,澳门海船进口商品10万元以上者10种,合占进口总值(8464877元)的79.7%。其中鸦片占据首位,高达4976048元,较1899年增加60万余元,较1901年增加92万余元,占进口总值的比重升至58.8%,已经接近六成。棉线502456元,生油405967元。此三种货物占进口总值的69.5%,接近七成。可见,海船出口较为集中于少数货物。

同年,澳门海船出口商品(除货币和混装货外)10万元以上者12种,合计占出口总值(7027960元)的82.8%。其中鸦片出口值3259763元,较1899年增加51万余元、较1901年减少3万余元,合占出口总值的比重升至46.4%,接近一半。稻米561282元,丝绸516456元。此前三项占出口总值的61.7%。此外,水泥217675元,茶叶189860元。由于主要项目的减少,海船出口总值出现了166万余元的缩减。

海船进出口贸易的共同特点是,鸦片贸易占有特别显著的位置,这也成为澳门贸易在地域分布上主要集中于香港与中国内地口岸的基本原因。

依据"1905年澳门港洋轮进出口货物量值表"(参见附录"统计表"之表5-8),1905年轮船贸易进口商品88种,其中1万元以上者36种,10万元以上者9种,后者的贸易额占轮船进口总值(9025720元)的72.9%,它们依次分别为:鸦片5137850元,生油504229元,稻米168486元,生猪162705元,草席148985元,糖131128元,象牙121488元,面粉106174元,牛100200元。与1903年相比,10万元以上货物所占进口总值的比重降至73%,大约减少6.6个百分点。主体产品结构的突出特点是鸦片进口值的持续增加,由497万余元增加到513万余元,所占进口总值的比重亦显著上升到56.9%,已接近六成。主要由于鸦片进口的增长,海船贸易进口值实现了56万余元的增长。这说明,进入20世纪,鸦片进口在轮船进口贸易方面的主导地位进一步巩固。

以出口贸易而言，1905 年轮船出口货物 73 种，其中 1 万元以上者 29 种，10 万元以上者 12 种，后者占出口总值（7783251 元）的 84.9%，依次为：鸦片 4065806 元，丝货 778180 元，稻米 232059 元，水泥 305094 元，帆用席 187301 元，土布 170544 元，禽蛋（含咸蛋）160857 元，茶叶 158330 元，海贝 156760 元，茴芹油 148376 元，烟草 127963 元，母鸡 119746 元。与 1903 年相比，10 万元以上货物的数量减少 3 项，所占进口总值的比重降至 84.9%，大约减少 2 个百分点。主体产品结构的突出特点是鸦片出口值的持续增加，由 325 万余元增加到 406 万余元，所占出口总值的比重亦显著上升到 52.2%，已超过五成。

值得注意的是，轮船鸦片出口贸易的构成发生了变化。一直以来，鸦片生土由轮船从香港进口，然后由华船转运进口到中国内地口岸，而轮船则是将烟膏出口海外的旧金山和澳大利亚。然而，随着西江和法控广州湾对轮船航运的开放，轮船也开始参与向内地口岸载运烟土的贸易活动。据《拱北海关报告》记载，1889 年除开由华船载运 2238 担烟土经拱北关进入内地外，尚有 166 担烟土由往来澳门、三水之小轮船运入内地[1]。进入 20 世纪以来，向粤西南地区运送鸦片烟土成为澳门轮船贸易的常规组成部分。1901 年，澳门轮船除了向旧金山和澳大利亚出口烟膏 3126290 元外，还向内地口岸输出烟土 6070 粒，价值 167527 元；1903 年相应的资料为 8926 粒、257513 元[2]。1905 年，澳门轮船向西江和广州湾各口出口烟土 8473 粒 38 箱，价值 319806 元，从而使得该年海船的鸦片出口值增至 406 万余元，所占出口总值的比重升至 52.2%。

除鸦片外，丝绸出口虽然继续保持较为领先的地位，但是出口值已

---

① 《光绪二十五年（1899 年）拱北口华洋贸易情形论略》，载莫世祥、虞和平、陈奕平编译《近代拱北海关报告汇编（一八八七—一九四六）》，澳门基金会，1998，第 200 页。
② 参见附录"统计表"之表 5-6 和表 5-7。

大幅度减少。值得注意的是，土布、海贝的出口值急剧增加，水泥的出口增长 1 倍以上，烟草等也有较大增加。

1909 年，澳门轮船进口商品 82 种（参见附录"统计表"之表 5 - 9），其中 1 万元以上者 60 种，10 万元以上者 18 种，后者的贸易额（7606661 元）占进口总值（10040138 元）的 75.7%，依次为：蓖麻油 1065241 元，鸦片 1051360 元，棉线 1026324 元，稻米 957682 元，咸鱼 545352 元，食品 503378 元，糖 429522 元，生猪 256680 元，食盐 242600 元，桂油 218938 元，草席 208395 元，水果 203167 元，公牛 185876 元，面粉 174876 元，海贝 164530 元，蘑菇 144496 元，药材 117180 元，粗棕糖 111046 元。与 1905 年相比，1 万元以上和 10 万元以上的贸易项目显著增加，而 10 万元以上货物所占进口总值的比重却有所下降。这显示了轮船进口贸易商品结构的进一步多元化。尤其值得注意的是，结构内的"换位"现象非常明显。鸦片的进口额大幅减少至 105 万余元，失去了在进口贸易中的领先地位；蓖麻油进口猛增至 106 万元而跃居首位；棉线进口则由不足 10 万元增加至 102 万余元；咸鱼进口高达 545352 元，以 10 余倍的增幅进居第五位。值得注意的是，西洋葡萄酒的进口值增加到接近 10 万元，体现了澳门消费特点对进口生活品贸易的影响。由于一般货物的普遍增长，结果使得该年海船进口贸易实现了 101 万余元的增长。鸦片进口独大局面的结束，显示出贸易结构趋于平衡，是贸易结构合理化的体现。

以出口贸易而言，1909 年轮船共出口商品 63 种，其中 1 万元以上者 31 种，10 万元以上者 17 种，后者的贸易额（5920619 元）占出口总值（7467378 元）的 79.3%，依次分别为：爆竹 977549 元，丝货 631787 元，神香 584785 元，桂油 531888 元，罐头 517873 元，水泥 437308 元，鸦片烟膏 413000 元，茶叶 340207 元，烟草 302641 元，帆用草席 270405 元，稻米 177208 元，禽蛋（含咸蛋）173051 元，海贝 167220 元，土布 159188 元，水泥用土 128194 元，家禽 108315 元。与 1905 年相比，1 万元以上和 10 万元以上的贸易项目显著增加，而 10 万元以上货物所占出口总值的比重却有所下降，这显示了轮船出口贸易商品结构的进一步多元化。接近八成的出口贸易额分布在 17 种 10 万元以上的货物上，而且已不再有超过百万元的特大出口项目。最为显著的变化是：烟膏出口暴跌至 41 万余元，退至出口贸易的第七位，是导致该年海船贸易出口减少 31 万元的主要因素；爆竹出口猛增至 97 万余元，跃居出口贸易的首位；丝货出口虽然继续位居第二，但是贸易额与 90 年代的平均数值相比仍有 50 万元的差距；神香出口由不足 2 万元急增至 58 万余元；水泥出口由 34 万余元增至 43 万余元，超过了鸦片。其他如烟草、草席、海贝等均有不同程度的增加。正如进口一样，出口贸易结构也随着鸦片独大地位的丧失而趋于平衡，除鸦片外一般货物的增长更为突出，贸易品种的结构更加合理。

总之，结合前文对贸易总体规模的考察，我们可以得出结论：在本研究的最后时期，主要是轮船贸易的增长维持了澳门贸易的总体规模，同时轮船贸易结构的多元化也带动了澳门贸易结构的优化。

3. 地域分布

澳门与香港以及中国内地港口之间的定期轮船日益成为轮船贸易的主体。在进口贸易方面，由于鸦片几乎全部来自香港，澳门与香港的进口贸易额处于显著的位置。而远洋船方面，进口货物减少，而出口贸易几乎完全是向外国（主要是美国旧金山和澳大利亚）提供鸦片熟膏。这一地域结构一直延续到 20 世纪初期，如表 5 - 11 所示。

从该表中的统计资料来看，1905 年澳门轮船贸易主要分布于三个区域：香港、中国内地、旧金山和澳大利亚。其中香港的贸易额为 10919792 元，占贸易总值（16808970 元）的 64.9%。中国内地口岸贸易值 2143201 元，占总值的 12.8%。与旧金山和澳大利亚的贸易额 3746000 元，占总值的 22.3%。若就进出口分别而言，与香港的贸易进口大于出口，入超高达 426 万余元，这无疑是鸦片进口所致。与中国内地口岸的贸易也表现为入超，基本原因是澳门从这里进口大量中国土货。对海外国家和地区的贸易则完全是出口鸦片烟膏。

表 5 - 11 1905 年、1909 年澳门港轮船贸易的地理构成

单位：元（Patacas）

港 口	1905 年		1909 年	
	进口	出口	进口	出口
香 港	7594706	3325086	8544484	6318554
广 州	221488	268993	507834	717627
西 江	168454	290348	—	—
广州湾	1041064	152854	987820	18196
旧金山	—	3548000		413000
澳大利亚	—	198000		
总 计	9025712	7783281	10040138	7467377

资料来源：*Boletim Official* V，Anno de 1905 – Secção de Estatistica，pp. 6 – 7；*Boletim Official* 28（1910）：252 – 253。

及至 1909 年，海船贸易总值增加 69 万余元，达到 17507516 元，地域的分布发生了显著变化。与香港的贸易显著增加，达到 14863038 元，占海船贸易总值的 84.8%，较 1905 年增加了 20 个百分点；与中国内地口岸的贸易小幅增至 2241447 元，所占比重基本保持不变（12.8%）；而向海外出口鸦片烟膏的贸易则锐减至 413000 元，仅占海船贸易总值的 2.4%[①]。这一变化是贸易品种结构变化在地域关系上的反映。如前所述，由于中国政府的限减政策，鸦片进出口贸易值自 1906 年起持续减少。但是，一般货物贸易值的普遍增长，不仅冲抵了鸦片进口的短绌，而且大大增加了澳门与香港的海船贸易总量；同样，一般货物贸易的增长不仅弥补了烟土出口值的锐减，还使澳门与中国内地口岸的贸易总量小幅增加。由于美国方面禁止烟膏入口，澳门出口烟膏由 406 万余元减至 41 万余元。

就澳门与中国内地港口的贸易而言，也发生了值得注意的变化，即与广州的进出口贸易显著增长，而与西江和广州湾的贸易总额则明显下

[①] 1908 年鸦片烟膏出口价值尚有 3588865 元，约占海船贸易总值的 15%。参见 *Boletim Official* VIII，Anno de 1908 – Secção de Estatistica do Governo da Provincia de Macau，pp. 6 – 7，138 – 139，270 – 271，402 – 403，466 – 467，596 – 597。

降。至1909年，澳门与广州的贸易额增加到122.5万元，与西部口岸的贸易额缩减至100万余元，较1905年减少了65万余元。出口贸易方面的缩减更为显著，从而导致澳门港口与西部口岸之间的贸易呈现显著的入超状态。及至1909年，澳门轮船与广州湾地区尚有98万余元的进口贸易额，而出口额仅有不足2万元。这一变化反映了中国政府航运贸易政策改变的结果：西江开放以及法控广州湾轮船运输的开放，引起了区域贸易关系的重组和货物流向的改变，以前由澳门转运出口到中国西部口岸的洋货，改由轮船直接经由香港运入该地区，从而导致澳门港口与该地区的轮船贸易的缩减。以鸦片为例，1905年，澳门向西江和广州湾出口鸦片为289806元，占澳门轮船向该地区出口值的65%；到了1909年，澳门轮船与西江各口的贸易已经丧失殆尽，与广州湾仅有少许公牛、兽皮、帆用席、猪只等出口，贸易额不足2万元①。中国对外贸易的开放格局和鸦片贸易政策，不仅改变了澳门贸易的商品结构，也改变了贸易活动的地域分布。

二 华船贸易地位的下降

1. 贸易总量及其变化

前文已经指出了20世纪初期十余年间澳门华船贸易总值的增长趋势以及与轮船贸易的相对比重。为了更好地了解华船航运贸易的运作情况，我们需要逐步考察其内在结构。关于20世纪初期华船贸易的进出口结构，我们经过多方搜索和大量计算获得了下列9个年度的统计资料（见表5-12）。

统计显示，进入20世纪以来，澳门华船的进出口贸易就开始下降。最少的年份为11289903元，最高的年份为16159927元，平均为1382万余元，虽然仍高于八九十年代的平均数，但是比90年代后期的平均

---

① *Boletim Official* V，Anno de 1905 – Secção de Estatistica，pp. 6 – 7；*Boletim Official* X，2.°Supplemento ao Nº 28，14 – 07 – 1910，pp. 252 – 253.

数减少了 185 万元。由此可见，进入 20 世纪初期，澳门华船的进出口贸易量值回落到 90 年代以前的水平。

表 5 – 12　1900～1909 年澳门港华船进出口货物价值

单位：元（Patacas）

年份	进口	出口	合计
1900	9984070	6175857	16159927
1901	9640553	5484265	15124818
1902	9541296	5957686	15498982
1903	7877399	5530842	13408241
1905	7451896	6732595	14184191
1906	5942391	5347512	11289903
1907	5669911	6613272	12283183
1908	5250621	7050299	12300920
1909	6591964	7624177	14216141
平均	7549977	6279612	13829589

资料来源：1900 年：*Boletim Official* Vol. XLVI（1900）：159，259，323，377，425，483，546，610，672，746，844；原文件为月份资料，全年合计为自算。原档 12 月资料暂缺，本表以上年 12 月资料暂代。

1901～1903 年：AHU – ACL – SEMU – DGU – 3R – 007，Cx. 0001，A. H. M.，Mic. C0778。其中 1901～1902 年原文件为月份资料，合计为自算，小数点后四舍五入。

1905 年：*Boletim Official*，Anno de 1905 – Secção de Estatistica，pp. 5 – 7，合计为自算；

1906 年：*Boletim Official*，Anno de 1906 – Secção de Estatistica；原档为月份资料，合计为自算，小数点后四舍五入。

1907 年：*Boletim Official*，Anno de 1907 – Secção de Estatistica；原文件为月份资料，合计为自算，小数点后四舍五入

1908 年：*Boletim*，*Boletim*，Anno de 1908 – Secção de Estatistica；原档为月份资料，合计为自算，小数点后四舍五入。

1909 年：*Boletim Official* 28（1909）：250 – 253，合计为自算。

进一步就进出口的关系来看，1906 年以前，进口值大于出口值，入超额度为 59 万～415 万元，平均为 252 万余元。可见，华船贸易延续了 90 年代早期以来进口主导的发展趋势。自 1907 年起，进出口关系扭转为出口值大于进口值，三年平均出超约为 125 万元。

关于这种增减变化的原因，需要从商品结构和地域构成的变化上面加以分析。

2. 货物构成

为了考察该阶段澳门华船贸易的运作情况，我们依据有关统计资料，整理得出了 1903 年、1905 年和 1909 年 3 个年份澳门华船进出口贸易量值统计表（详见附录"统计表"之表 5 - 12、表 5 - 13 和表 5 - 14）。

1903 年，澳门华船进口货物（除货币和混装货外）10 万元以上者 18 种，合占华船进口总值（7877399 元）的 80.0%。竹子竹器取代稻米而位居第一，但进口值减至 965492 元。生油进居第二，但进口值减至 855902 元。稻米减至 849813 元，退至第三位。丝绸前移一位而居第四位，但进口值减少了 10 万余元（739932 元）。以下依次分别为土布 395846 元，草袋 360336 元，木材 330450 元，粗棕糖 295123 元。较 1899 年，主要商品的种数和贸易值所占的比重均有所增加。但是，由于相应位序货品的进口值大幅减少（例如仅前四位商品就减少了 107 万余元），致使进口总值缩减了 272 万余元，从而显示出华船贸易进口势头的减弱。

同年，澳门华船出口货物（除货币和混装货外）10 万元以上者 7 种，合占华船出口总值（5530842）的 75.7%。鸦片烟土仍遥居华船出口首位，但贸易值降至 1505993 元，减少了 76 万余元，所占出口总值的比重亦降至 27.2%。咸鱼出口增至 1090368 元，稳居出口第二位。生油出口虽进至第三位，但贸易值却减至 570620 元。棉线进一步减至 454751 元，退居第四位。以下依次为草袋 204476 元，爆竹 188544 元，粗棕糖 171830 元。较之 1899 年，10 万元以上的出口品种减少了 8 项，加之除咸鱼增加 24 万元之外，主要的出口项目普遍大幅缩减，致使华船出口总值发生了 222 万余元的缩减，显示出华船贸易出口的缩减更为严重。

1905 年，澳门华船进口货物 50 种，其中贸易额万元以上者 39 种，10 万元以上者 16 种，后者的贸易额（4683042 元）占华船进口贸易总值（7451896 元）的 62.8%，依次为：稻米 966681 元，木材 602187 元，丝货 517344 元，生油 390372 元，水果 344120 元，海贝 234972

元，茶叶 214529 元，草袋 204644 元，烟草 192268 元，煤炭 188157 元，土布 170482 元，生猪 160810 元，粗棕糖 147000 元，木柴 136334 元，神香 107763 元，火水 105379 元。由上述资料可知，是年华船进口贸易表现出了显著的分散性：虽然 10 万元以上货物有 16 种之多，但是缺少百万元的贸易大项，10 万元以上货物项目中以 10 万~30 万元居多，故进口总值减少了 42 万元，所占进口总值的比重减少了 17 个百分点，仅有六成略多。

1905 年，澳门华船出口货物 53 种，其中贸易额 1 万元以上者 24 种，10 万元以上者 7 种，后者的出口额（5304627 元）占华船出口贸易总值（6732595 元）的 78.8%，依次为：咸鱼 2660630 元，生油 1010916 元，棉线 688761 元，鸦片 559952 元，草袋 156385 元，粗棕糖 120149 元，烟草 107834 元。虽然 10 万元以上商品仍维持 7 项，贸易总值却增加了 120 万余元。虽然鸦片出口减少 94 万余元，但由于咸鱼、生油和棉线三项大幅增加 128 万余元，不仅冲抵了鸦片缩减造成的短缺，还使出口实现了 120 万余元的增长。相形之下，出口贸易则相对集中一些，近八成的贸易额分布于 7 种 10 万元以上的货物上，仅咸鱼和生油两项，即占据出口总值的 54.6%；而传统的出口大项鸦片则减至不足 56 万元。这也正是 1905 年华船出口贸易总体规模较低的主要原因。

1909 年，澳门华船进口货物 56 种，其中贸易额 1 万元以上者 43 种，10 万元以上者 16 种，后者的贸易额（5186659 元）占华船进口贸易总值（6591964 元）的 78.6%。依次为：木材 899711 元，丝货 731787 元，稻米 640624 元，（鲜、干）水果 444007 元，草袋 412734 元，生猪 355204 元，纸张 260156 元，茶叶 241792 元，神香 200849 元，木柴 184801 元，火水 151785 元，禽蛋 143423 元，煤炭 143053 元，烟草 134137 元，华酒 130639 元，土布 111957 元。1909 年华船进口货物种类数小有增加，10 万元以上货物种类数维持不变，但是所占进口总值的比重则上升至 78.6%。统计数据显示，内部结构的增减变化非常显著：丝货进口回升 20 万余元，稻米进口减少 30 万余元，木材增加 29 万余元，草袋、生猪大增，生油从 39 万余元锐减至 10 万元以下，其余各项均有不同程度的减少。是故该年华船贸易出口总值减少 85 万余元。

1909 年，澳门华船出口货物 55 种，其中贸易额万元以上者 31 种，10 万元以上者 10 种，后者的交易额（6485446 元）占华船出口贸易总值（7624177 元）的 85.1%，依次为：咸鱼 2181015 元，鸦片 1096864 元，棉线 1052482 元，蓖麻油 767956 元，海贝 559988 元，稻米 296028 元，粗棕糖 164487 元，粉丝 130681 元，药材 125785 元，水果 110158 元。华船出口 10 万元以上货物增加 3 项，所占出口总值的比重亦上升至 85%。其中，咸鱼出口值虽略有下降，仍维持出口首位的地位。最显著的变化是鸦片和棉线，分别回升至 109 万余元和 105 万余元，跃居第二、第三位。生油则退出了主要出口项目的行列。其他如草袋、蓖麻油、海贝、稻米、药材、粉丝等均有增加，使得总出口增加了 89 万余元。

从 1905 年到 1909 年的变化来看，华船贸易额的总体规模经历了缩减与回升，但增长势头显著减弱，而贸易的品种结构却显示出某种程度的多元化和优化趋势。这些变化的主要原因是地区贸易格局的改变，即西江和法控广州湾对轮船运输的开放引起了货物流向的改变：原来由华船运输并经由澳门转运出口的华货，改由轮船承运，或经过澳门，或径直运往香港出口外国，从而导致华船进口华货的减少。同样，由于轮船运输具有快捷等优势，原来由华船承运经由澳门出口到中国西部港口的海外来货，改由轮船运输，导致澳门华船向中国西部口岸出口洋货的贸易减少。

3. 地域分布

上述关于澳门华船贸易运作情况所做的分析可以得到地域结构变化的进一步印证。正如前章所述，长期以来，澳门港口的华船贸易主要由两部分构成：澳门与中国内地口岸、澳门与香港。进入 20 世纪以来，澳门华船贸易在这两个领域的分布经历了一个消长变化的过程。

（1）澳门与香港的华船贸易价值。

根据拱北海关的有关统计资料，进入 20 世纪初期，与轮船贸易的情况不同，澳门华船与香港之间的贸易显现出下降的趋势，如表 5 – 13 所示。

表 5 – 13　1900～1911 年澳门与香港的华船贸易价值

单位：关平银：两

年份	由香港至澳门	由澳门往香港	贸易总值
1900	2442604	1871793	4314397
1901	2654280	1269254	3923534
1902	3067879	1225181	4293060
1903	2495879	825873	3321752
1904	2237583	742169	2979752
1905	1663900	589354	2253254
1906	1203700	286898	1490598
1907	1082892	225750	1308642
1908	932266	134676	1066942
1909	786457	147564	934021
1910	732587	119808	852395
1911	773522	123488	897010
平均	1672795	630151	2302916

资料来源：Antonio Pinto de Miranda Guedes, *Obras do Porto de Maucau-Conferencia Realisada no Gremio Militar de Macau em 25 de Julho de 1910*（Macau：Imprensa Nacional，1911），p. 54；莫世祥、虞和平、陈奕平编译《近代拱北海关报告汇编（一八八七一一九四六）》，澳门基金会，1998，第 68、202、210、223、230、262、265、276 页；China Imperial Maritime Customs，"Returns of Trade and Trade Reports for the Year, Lappa Trade Statistics, 1913 - 1917"，转引自邓开颂、黄启臣编《澳门港史资料汇编（1553～1986）》，第 258 页。

表 5 – 13 显示，20 世纪头五年，澳门与香港之间的华船贸易值由392 万余两减至 225 万余两，中间 3 年再减至 106 万两，至 1911 年已降至不足 90 万两，不及原来的 21%。

值得注意的是，澳门与香港之间华船贸易呈现出进出口的严重不平衡。随着时间的推移和贸易格局的改变，进口与出口的差距进一步拉大，20 世纪初的入超额为 57 万元，到了 1911 年，进口值已是出口值的 6.2 倍。

澳门与香港间华船贸易减少的根本原因是，澳门以西口岸的开放导致西部口岸与香港之间直接贸易的发展，使得一部分原来经由澳门转运到香港的西部货物直接到达香港，从而夺走了一部分澳门与香港之间的华船贸易。例如，根据澳葡当局统计部门的资料，由 1905～1909 年，澳门华船对香港的进口值减少余 80 万元，稻米、生油、煤炭等大项均锐减；出口值减少 69 万余元，混装货、草袋、木炭等都有大幅减少①。

（2）与中国内地口岸的贸易。

由于增长速度方面的差异，澳门华船贸易在香港和中国内地口岸两个区域的分布上显现出发展的不平衡，进入 20 世纪初期，这种不平衡进一步加剧，如表 5－14 所示。

表 5－14 1905 年、1909 年澳门港华船贸易的地理构成

单位：元（Patacas）

港　　口	1905 年		1909 年	
	进口	出口	进口	出口
香　　港	2441009	1031424	1628532	339020
广　　州	194433	22858	370930	143087
中国沿海港口	4814436	5678073	4592501	7142071
广州湾	2017	240	—	—
总　　计	7451895	6732595	6591963	7624178

资料来源：*Boletim Official* V，Anno de 1905 – Secção de Estatistica，p. 5；*Boletim Official* 28（1910）：250－251。

由表 5－14 中数据可知，1905 年，澳门与香港间的华船贸易值 3472433 元，占华船贸易总值（14184491 元）的 24.5%；与中国内地口岸的贸易值为 10712057 元，占华船贸易的 75.5%。与中国内地口岸的贸易额已经 3 倍于同香港的贸易，成为澳门华船贸易的主要区域。从进出口的相互关系上看，澳门与香港的华船贸易呈现为巨额入超；而澳

---

① *Boletim Official*，Anno de 1905 – Secção de Estatistica，p. 5；*Boletim Official* 28（1910）：250.

门与中国内地口岸的华船贸易则表现为相对平衡，而以出口略显优势（出超 69 万余元）。

及至 1909 年，澳门与香港的华船贸易值降至 1967552 元，已不足 200 万元，仅占华船贸易的 13.8%；与中国内地口岸的贸易值则增加至 12248589 元，占华船贸易的 86.2%，处于绝对优势，与中国内地口岸的贸易已经成为华船贸易最主要的领域。从进出口结构看，与内地口岸的进口值减少了 47455 元，可见澳门与内地口岸华船贸易总值的增加完全来自出口的增加，除了咸鱼继续保持高数字外，还出现了棉线、烟土、蓖麻油等大额的出口项目①。

显然，澳门华船的进出口贸易越来越集中于中国内地口岸，进口主要来自广州、陈村、江门、甘竹、香港、阳江、廉州、雷州、南水、三水、新宁、新安、新会、石歧、石湾、水东、斗门、东莞、惠州、黄埔等 38 处，出口主要前往广州、陈村、江门、甘竹、香港、沙涌、三水、雷州、南水、龙江、西江、新宁、新会、顶头、石湾、斗门、水东、石歧石湾、东莞等 34 处②。中国内地口岸内部的进出口贸易也经历了增减变化。澳门华船与法控广州湾已经没有贸易活动的记录；与广州的贸易进口增加 17.6 万元，出口增加 12 万元，合计共增加 29.7 万元；与内地其他口岸的进口减少 22 万余元，出口则剧增 148.5 万元，贸易总值实际增加 126 万余元。从商品结构可知，与广州的贸易进口值的增加主要来自木材，而出口值的增加几乎全部来自咸鱼；对内地其他口岸出口的增加主要来自棉线（38 万元）、烟土（53.6 万元）、蓖麻油（72.9 万元）、海贝（46 万元）、稻米（23 万元）、粗棕糖（11.8 万元）、药材（10 万元）、粉丝（13 万元）等③。由此可见，澳门华船与中国内地

---

① "Mappa das Mercadorias Importadas e Exportadas por Macau em Juncos durante o Anno de 1909", *Boletim Official* 28 (1910): 250.

② 参见本书附录"统计表"之表 5 – 15："1909 年澳门华船贸易关系"。

③ "Mappa das Mercadorias Importadas e Exportadas por Macau em Juncos durante o Anno de 1909," *Boletim Official* 28 (1910): 250.

口岸贸易的增长主要来自除鸦片外一般货物的出口，这显示了澳门华船贸易结构的多样性与合理化趋势。

小　结

20世纪的首个10年是本书研究的最后时期。90年代末期贸易格局演变的后果开始显现出来，对澳门贸易产生较大影响；中国政府鸦片限减政策的推行以及海外国家鸦片限禁措施，也对澳门贸易的品种结构和地域分布产生了影响。20世纪初期的10个年份，澳门港口进出口商船数量及其吨位的总规模仍处于较好的发展态势。华船航运规模徘徊不前；轮船的进出口船数和吨位保持较高数值，远洋船和轮船作为澳门港口的主体船型的地位进一步得到了巩固。在统计涵盖的年份，贸易额平均规模仍高于八九十年代的平均数值，但较之90年代后期的平均值已有百余万元的缩减。华船贸易自1901年起持续减少，轮船贸易显示了波动之中略见增长的基本趋势。鸦片贸易大幅度锐减，而一般货物贸易额的大幅度增长，使得澳门海上贸易的总规模避免了大幅度缩减。澳门与香港及中国内地口岸贸易的增长，主要表现为除鸦片外一般货物的增长。但就总体而言，由于贸易格局的改变，在本项研究的最后阶段，澳门港海上贸易的发展势头已经减弱。这种发展趋势显示，到20世纪初期，澳门港口的主要贸易功能是沟通内地口岸与澳门之间的贸易联系，充当非通商口岸的出海口，并作为广州和香港的外港，发挥地区贸易中心的作用。

第六章　澳门港口的管理与设施建设

鸦片战争后，葡萄牙政府改变了对华外交政策，以夺取对澳门的管理为最高目标，相继在澳门进行武力扩占。晚清 70 余年间正是葡萄牙推行对澳门地区的扩张占领和实现殖民管治的过程。这是近代澳门历史进程所发生的最为重要的变化之一，也是研究此一时期澳门港口贸易史所必须关注的方面。在此期间，澳葡当局逐步实现了对澳门港口及其水域的管辖，制定并实施了相应的港口管理章程；在多口通商的条件下，澳门港口面对着其他港口的竞争。为应对这种竞争，澳葡当局在改造澳门港口、提高澳门港口吞吐能力等方面的措施和作为，都与澳门海上贸易的发展进程密切关联。因此。考察澳葡当局对澳门地区的管理并评价其管理行为对航运和贸易的运作所产生的效果，就成为该课题不可或缺的内容。

第一节　澳葡当局对澳门港口的管理

一　管理机构的建立

鸦片战争后，葡萄牙当局在对澳门地区进行武力扩占并夺取对澳门管理权的过程中，逐步将原来澳葡自治机构时期的各种官职加以扩充，并增设新的管理机构，最终形成了近代澳葡管理下的各级行政构架。就航运贸易的管理而言，主要是澳葡船政厅的设立。

1. 澳葡船政厅的设立

澳葡当局在实现取代中国海关对澳门港口管理之过程中，自设了澳葡船政厅，直接对澳门港口进行管理，其头目称船政官（Capitão do Porto）①。亚马留总督到任后，于 1846 年 5 月 7 日颁布总督训令，决定将前任总督于 3 月 31 日颁布的临时性港口章程作为正式章程加以实施，其中已经对船政厅及其职责做了规定②，可视为澳葡船政厅的正式建立。作为澳葡当局直接管理澳门港口的部门，船政厅在建立之后人数不断增多，当局所赋予的管理职责也不断扩大。根据《1879 年澳门指南》（*Directório de Macau para o Anno de 1879*），船政厅人员组成除了船政官外还有一名书写员（Escrevente）和一位政府帆船船长（Patrão da galeota do governo）③。后来，澳葡政府于 1887 年 1 月颁布新的《澳门船政厅及水师巡捕所章程》（*Regulamento da Capitania de Porto e Policia Maritima de Macau*），对船政厅的业务管辖范围、具有的权限和职责等做了全面的规定，其人员编制也有增加；同时规定增设水师巡捕所（Policia Marítima），划归船政厅下辖，负责海上巡逻与检查④。根据 1909 年的《船政厅章

---

① 有的文献（例如《粤海关报告》和《拱北海关报告》等）将该机构译为"理船厅"，但是，澳葡当局正式公布和使用的名称是"船政厅"，参见"Nomes das Repartições Publicas de Macau," in *Boletim Official* 19（1877）：78 – 79。民国时期始将"船政厅"改为"港务局"。

② "Portaria sobre o Regulamento do Porto de Macao de 7 de Maio de 1846," *Boletim Official* 18（1846）：1 – 2.

③ "Capitanía do Porto 船政厅（Sün-cheng t'iang）：Capitão do Porto-Julio Pereira de Sampaio；Escrevente-Francisco Nicasio Xavier Gomes；Patrão da galeota do governo-Antonio Cyrillo do Rosario." in *Directório de Macau para o Anno de 1879*（Macau：Typographia Mercantil, 1879），p. 8.

④ "Regulamento da Capitania de Porto e Policia Marítima de Macau, em 19 de Janeiro de 1887," *Boletim Official* 17（1887）：145 – 153.

程》，其人员编制已增加到 147 名①。

2. 船政厅的管理职能

作为澳门当局直接管理澳门港口的部门，船政厅主要负责下列事务：宣布并监督执行澳门政府的有关命令；实施对进出口船舶的登记与检查；维持港区秩序；征收有关税收；安排紧急情况应对办法（如在台风来临前通告各船长做好安全工作等）。随着时间的推移，船政厅的权限和职责也在不断扩大。

根据 1887 年颁布的《澳门船政厅及水师巡捕所章程》，船政官的一般责任有 34 项之多，主要包括：视察进港的所有战船，常规性地监察导航业务，主持海事及商业法庭，向省政府报告一切由水手和乘客带来的重要消息，对一切有损港口清洁、泊位设施和海边工事的行为实施惩罚，维持港口秩序，保护人身财产安全，维护码头与公共工事，提交针对一切意欲从事澳门进出口贸易的商船的预审报告，提交一切从事澳门港口贸易的商船的常规年度检查报告，扣留任何不具备航行安全条件或未遵行相关规定的商船，执行省政府有关卫生和医检方面的指令，每周向辅政司署报告治安事件记录，在码头检查乘客与货物上下船只情况，登记一切进出口货物以便向有权限部门提交编写统计报告所需的资料，每月向公物会提交收支结算表，每周向辅政司署提交人员编制及其变化的报表等②。

二　管理条例的制定与实施

澳葡当局在实现对澳门管理的过程中，相继出台了一系列管理澳门港口的有关规章制度和管理条例。

继葡萄牙女王于 1845 年宣布澳门为自由港后，澳葡总督彼加多

---

① "Regulamento da Capitania dos Portos de Macau, em 3 de novembro de de 1909," *Boletim Official* 51 (1909): 522.

② "Regulamento da Capitania de Porto e Policia Marítima de Macau, em 19 de Janeiro de 1887," *Boletim Official* 17 (1887): 146 - 147.

（José Gregorio Pegado）于 1846 年 3 月 31 日颁布第 55 号总督训令
（Portaria N.°55），对葡王的命令做出进一步的重申和补充，以保证王
室法令的实施①。他同时还颁布第 56 号总督训令，决定临时性地实施
《澳门港口章程》。该章程由 17 条构成，分别从港口出入登记监察、港
口航行注意事项、违规处罚等方面做了全面规定②。亚马留总督到任
后，开始实施对澳门的管辖，于同年 5 月 7 日颁布命令，对前述章程稍
加修改后作为正式章程加以实施③。

　　经过几年的运作后，澳葡当局于 1855 年 3 月 12 日颁布一个经过扩
增和修订的《澳门港口章程》④。这个章程构成了澳葡当局管理澳门港
口事务的基本规则，十余年间未有大的改变。1863 年 8 月 17 日，澳门
总督亚玛廖（José Rodrigues Coelho do Amaral）发布第 35 号总督训令，
对进出澳门港口商船的收费标准加以修改⑤。

　　为了进一步规范澳葡船政厅及其所属海上巡捕所（Policia do Mar）
管理，澳葡总督府于 1872 年 6 月 11 日颁布了一个内容更加丰富的港口
管理章程，即 1872 年《澳门港口章程》（Regulamento do Porto de
Macau）。该章程共 20 条，对澳门港口管理的各个方面做了全面的规
定。其主要内容分述如下⑥。

① "Portaria N.°55 do Governador da Provincia de Macau, Timor e Solor, em 31 de Março de
1846," *Boletim Extraordinario do Governo da Provincia de Macao, Timor, e Solor* 31
(1846).

② "Regulamento do Porto de Macao, em 31 de Março de 1846," *Boletim Official* 13 (1846):
2.

③ "Regulamento do Porto de Macao, em 7 de Maio de 1846," *Boletim Official* 18 (1846):
1 – 2.

④ "Regulamento do Porto de Macao, em 12 de Março de 1855," *Boletim Official* 22 (1855):
85. 英译本见 S. Wells Williams, *A Chinese Commercial Guide* (Forth Edition, Canton:
The Office of the Chinse Repository, 1856), p. 266。

⑤ "Portaria N.°35 do Governador de Macao, em 17 de Agosto de 1863," *Boletim Official* 37
(1863): 147.

⑥ "O Regulemento de Porto de Macau, em 11 de Junho de 1872," *Boletim Official* 25
(1872): 106 – 107. 以下凡引用该章程内容，不另做注。

1. 船舶进出口登记检查规定

第一条：船舶接近港口入口处时，应在船头最高处升起其国旗，以便请求派遣领航员（引水员）。第二条：若使用未经船政厅考核的领航员进行导航，则船政厅无须承担任何损失。第三条：船政官只使用通过考核的领航员进行导航服务。第一附款：只有出示由船政厅发给的证明者，方可被视为通过考核的领航员；第二附款：此款涉及澳门内港及氹仔停泊地；第三附款：未申请前往河内（即内港）和氹仔抛锚的船只，也应半额支付所规定的导航费用。第四条：所有船长必须在抵达港口后 24 小时内亲自或派代表到船政厅报到，违者罚款 100 元，罚金充作公钞局收入。第五条：船舶所属国未在澳门设有领事者，该船长一经上岸须向船政官递交船舶证件，这些证件将在船舶离港时退还给该船长。唯一附款：葡萄牙船只应将船照存放于辅政司署（Secretaria do Governo）。第六条：船政官有权缉拿任何船舶的逃兵；即使在船舶离港后逃兵也可以被抓捕，并被送交相关当局。第七条：船舶所属国未在澳门设有领事者，其船长不得在未向船政厅通报的情况下全部或部分辞退其船上的水手。第八条：入院治疗的请求应该由船长向船政官提出，并由他所属的船舶负担费用。第九条：禁止在澳门丢弃残废者；唯经船政官同意者方可上岸；违者罚款 100 元，罚金充作公钞局进项。第十条：未经船政官批准，任何船舶不得在港湾内改变抛锚地。第十二条：禁止在内港及氹仔抛锚区向大海丢弃压舱物、残废者和垃圾，违者罚款 100 元。第十九条：船政厅将以醒目的文字登记并标示渔船（barcos de pesca）和蛋家船（os tancás）。

2. 有关税收的规定

（1）公钞局所征税项。

章程所规定的税收主要有三部分。第一部分是由澳葡公钞局所征的停泊税（os direitos d'ancoragem，澳葡当局后来汉译为"船头金"）。该章程第十三条规定："船舶自今以后应付的停泊税，将在本章程所附的表 A 中列明。第一附款：上述税项将按照载有各项应付数额的收据在船政厅交付；第二附款：船政厅以其他政府部门名义征收的税款，将由船政官以合法手续交付这些部门。"

这部分税又包括两项：一是治安税（Taxa de policia），征纳税对象包括任何国籍的船只，其标准是350吨以下者4元；350～700吨者8元；700吨以上者15元。未装卸任何货物的船只免交该税。二是灯塔税，任何国籍的商船，每吨征收0.01元。针对沿海航行船只的规定是：不足50吨者0.4元；50～100吨者0.6元；100吨以上者1.00元。定期轮船每次进港缴纳1元。苦力船应纳载量税：200～500吨者10元；500～1000吨者15元；1000吨以上者20元。

（2）船政厅征收的附加税。

第二部分是船政厅征收的附加税。章程第十四条规定："应向船政厅缴纳的附加费用（emolumentos），将在表B中列明。"包括下列七项：①离港时腾空费，葡萄牙船或者根据条约被视为葡萄牙船之外国船，交纳1.25元，未享受该项待遇的其他外国船，交纳1.50元；②载货吨位税，任何商船不足50吨者交纳1元，50～100吨者交纳2元，100～200吨者交纳4元，200吨以上者交纳10元；③检查检验税（Por cistoria），按照载货量标准交纳；④财产登记税，100吨以内者交纳2.5元，100吨以上者交纳5元；⑤注册税，100吨以上者交纳1.5元，不足100吨者交纳1元，注册通知者交纳0.25元；⑥抛锚地改换税，所有船只交纳3元；⑦证明书请求税，不超过2页者，交纳0.75元，超过2页者每页交纳0.5。另由辅政司署附加征收要塞通过费，任何国籍的商船每艘交纳1元，100吨以上的沿海华船交纳0.5元。

（3）导航费。

第三部分税收是导航费。章程第十五、第十六条规定："进入氹仔和内港抛锚处的导航费用，将按照表C来支付。唯一附款：导航费中1元作为船政官附加费，4元分配给领航员。"第十六条规定："导航业务将由加载船政厅名册的领航员轮流进行；每月首日将按照前条前款规定分配前月收入。"具体标准是"进入内港或氹仔，交纳5元；离开上述停泊处，交纳5元"。

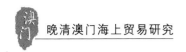

3. 港区航行安全注意事项

1872 年《澳门港口章程》中还有两条有关港区航行安全的规定。章程第十七、第十八条规定：

> 气压下降的信号将在登记船舶上标出，即在顶端升起一面显而易见的中间有红色方块图案的白色旗帜，确定风暴到来时则发射一枚炮弹。惟一附款：晚间将在信号杆升起两盏绿色明灯，确认风暴到来也用同样的方法。
>
> 商船船长应小心使自己的抛锚保持空闲状态，使得铁锚得以迅速离开；还应注意在恶劣天气下保持航行安全。除非有足够的依据肯定风暴必然经过本港并指出风暴强度，预报信号仅提示风暴来临的可能性。

此类规定在以后的港口章程和船政厅章程中一再得到重申。

船政厅官员也经常在《澳门宪报》上发布有关警示性公告，以保证风暴来临时的航行安全。1880 年 5 月 22 日，澳门署船政厅（Demetrio Cinatti）曾发布告示：

> 照得本月至九月尾，系防有风飔之时，是以特谕尔河内华船人等，所有船上锚缆，或应需多少，或应用长短，均要预备足用；纵遇有风浪，可能抵挡，庶可免受风撼坏，或被沉溺之虞。更须于河道常时预为留开，自华船平时惯泊之处至沙仔尾，一由妈阁至司咇口，一由沙栏仔至沙梨头；如违，定必罚银。若料有风飔，或经过本埠，或大小风不等，本厅必先令在士迫（Spark）埠头旗杆扯起四方红心白旗一枝，放炮一声。如系晚上，则悬白灯二枝，亦放炮一声，并不准各船艇湾泊附近战船及澳省港轮船左右。各宜周知，为此特示。①

---

① *Boletim Official* 21（1880）.

澳葡当局还根据形势所需跟进预防措施。1881 年 9 月 10 日，澳门华政衙门转发督宪训令称：

照得现奉督宪钧谕，向来遇有飓风先兆，船政厅即放号炮一响，预为报警。惟此一声炮响，未足远近周知，是以定议新章。嗣后如遇有飓风先兆，船政厅照旧燃炮一响，而大炮台即行新增连放三响，庶期本澳遐迩共闻，早为预备。其余所有报警各号，俱仍其旧。惟加烧号炮三声，固无碍于旧章也。为此特示，俾众咸知。①

类似的预防安全告示，频繁地在《澳门宪报》上刊布。体现了澳葡当局相关职能部门对港区航行安全的重视。

三　进出口经营管理的规定

1. 进出口货物的禁限规定

作为澳门港口的实际管理者，澳门当局一直以来都有若干有关进出口商品的禁限规定。1846 年的《澳门港口章程》中规定，绝对禁止进口枪支、炮、弹药、燃烧弹（不包括中国爆竹及烟花）、火药、盔甲及苔素等②。

1872 年《澳门港口章程》第十一条规定："载有火药的商船不得进入河内（Porto Interior，即内港——引者注）。若要进港，应先将所载火药存放于妈阁炮台，待返航时领回。"可见，火药是不得载入港口的。

1887 年《澳门船政厅及水师巡捕所章程》设"危险品"专条，以 7 条 5 款的篇幅对危险品的界定、限带标准、禁运品名、违约处罚等作出规定。例如第 73 条规定："商船可携带火药每门炮 20 磅，

---

① *Boletim Official* 37（1881）.

② *Boletim Extraordinario do Governo da Provincia de Macao*，*Timor*，*e Solor* 31（1846）.

便携式火器每件 1 磅，但最高不得超过 200 磅。" 第 77 条规定："违犯前述各条规定者，处以 5～60 元罚款，并罚没所带危险品。"①

1893 年 8 月 19 日，澳葡政府曾颁布政令，对火药、硝石、硫黄的制作、销售、进口与出口实行垄断经营。1900 年 8 月 24 日，又透过第 103 号政令做出了新的规定。至 1902 年 8 月 26 日，澳门总督颁布第 98 号政令，宣布自同年 9 月 1 日起，废除前述两个法令的有关规定，将这类经营部分放开，准令获得总督颁发许可证者在澳门、氹仔和过路湾经营火药、硝石、硫黄的进口、销售和出口以及火药和焰火的制造，并制定了有 98 条内容的具体管理章程②。

至于军器交易，一直在禁例之内。例如，1891 年 10 月 17 日，澳督发布告示："兹奉本国大君主谕，准是以议定自本日起限六个月内，严禁由澳门载运军器火药等械出口，前往中国各埠等处。为此，札到船政厅及该管官员遵照本大臣所饬办理，务当竭力严查，免至私运出口。暨本澳文武官员军民人等，一体知悉。"③

2. 包税专营制度

澳葡当局在实现对澳门地区管理的过程中，逐步建立起来对若干重要商品经营的专营承充制度。我们的一项研究表明，专营承充制度开始于 1848 年，由猪肉销售而及牛肉销售，此后渐次推及盐货、鱼栏、烟膏等④。其基本规则是由政府公布招标告示，招人竞标。竞标胜出者与当局签立专营合约，成为专营者（旧译"承充人"）。承充者在规定期限内向政府交纳一定数额的承充规银，即获得在该期限内的相关项目的

---

① "Regulamento da Capitania de Porto e Policia Marítima de Macau, em 19 de Janeiro de 1887," *Boletim Official* 17 (1887): 149 - 150.

② 参见 *Boletim Official* 35 (1902): 279 - 288。

③ *Boletim Official* 42 (1891).

④ 参见张廷茂《晚清时期澳门专营制度探源》，《文化杂志》中文版第 71 期，澳门文化局 2009 年夏季刊；张廷茂：《晚清澳门番摊赌博专营研究》第一章"澳门专营制度的开端"，广州：暨南大学出版社，2011，第 1～14 页。

专营权；政府则依照合同规定，保护承充人的应得利益，并协助承充人打击侵权者。表 6 - 1 所示为澳葡政府得自主要消费品专营承充的收入。

表 6 - 1　1872～1886 年澳门专营收入统计表

单位：厘士（Reis）

年　份	鱼	盐	牛肉	猪肉	鸦片烟膏
1872～1873	3213000	5525000	4250000	11560000	35700000
1873～1874	3213000	5100000	4454000	11560000	35700000
1874～1875	7658500	5287000	4454000	11560000	35700000
1875～1876	7658500	3587000	5176500	12325000	14450000
1876～1877	7658500	3612500	5176500	12325000	14450000
1877～1878	9987500	3612500	2550000	12325000	14450000
1878～1879	9987500	8500000	2550000	14620000	19550000
1879～1880	9987500	8967500	3485000	14620000	19550000
1880～1881	10455000	8967500	3485000	16065000	19550000
1881～1882	10455000	6460000	—	16550000	36550000
1882～1883	10455000	9605000	—	17000000	36550000
1883～1884	8542500	9265000	—	10455000	36550000
1884～1885	8542500	6417500	—	18020000	36550000
1885～1886	8542500	8092000	—	16617500	36550000
合　计	116356500	92998500	35581000	195602500	391850000

注："Real"系葡萄牙货币，复数为"Reis"，澳葡当局汉译为"厘士"。澳葡当局在财政运作中曾长时间将厘士与墨西哥元（Pataca Mexicana）并行使用。关于二者之间的换算，参见张廷茂《晚清澳门番摊赌博专营研究》，广州：暨南大学出版社，2011，第 107～110 页。

澳葡政府财政收支数据有预算与决算之分。有关论著常将两者混淆，直至最近仍有论著将预算数据误作决算资料使用（参见汤开建《被遗忘的"工业起飞"——澳门工业史稿》，澳门文化局，2013，第 83～84 页）。

资料来源：*Boletim Official* 32（1886）：306. 原注：根据 1881 年 2 月 14 日省政府命令，牛肉实行"自由售买"。

从表 6 - 1 可见，至 19 世纪 70 年代初期，澳葡当局的专营制度已经全面推开，由此每年给澳葡政府带来 60248000 厘士（折合 70880 元）的可观收入。

牛肉的专卖制度维持到 1881 年，是年 2 月 14 日澳葡政府颁布政令，对牛肉实行"自由售买"[1]。

---

[1]　*Boletim Official* 32（1886）：306.

　　盐的专卖持续到 1906 年。是年 6 月 30 日，澳葡政府颁行《新定盐务出入口及售卖暂章》(*Regulamento Provisorio para a Importação, Exportação e Commercio do Sal*)，其中宣布："准人任便在澳门氹仔过路湾载盐入口、出口或发卖。"① 然而，鉴于政府所得税收减少，很快便宣布恢复食盐专卖制度。

　　后来，澳葡当局又将包税专营制度延伸到其他经营项目。1891 年 10 月 1 日，澳葡当局颁布政令，对澳门居民消费的一种名曰"料半"的酒实行包税专营。尽管遇到澳门华人的普遍抵制，但澳葡当局在获得里斯本支持的前提下，仍在澳门强力推行料半酒的专营制度。至 1892 年 7 月底，已向澳门、氹仔和过路湾（即路环）三地的经营者发放进口、制作和出售"料半酒"许可证 229 件，政府得到收入 6560 元；1893 年 7 月 15 日至 1894 年 7 月 14 日，相应数据分别为 1022 件和 7449.5 元②。

　　1893 年 8 月 19 日，澳葡当局发布政令，在澳门及其属地对出入口及销售火水（petroleo，即石油）实行包税专营。直到 1902 年 6 月 21 日，澳葡总督颁布政令，宣布自 7 月 1 日起实行火水自由经营，无论何人皆可在澳门及属地或大单（即批发）或零卖，或出口或入口做火水生意，但必须按照本札谕后开暂立之章程领取牌照③。

　　专营承充制度由主要生活必需品的经营扩大到特种行业的经营，甚至扩展至政府采购和市政项目，如收垃圾、挑尿水、点街灯等。曾于 1910~1912 年间署理澳门总督的马沙度（álvaro de Melo Machado）在其于 1913 年出版的《澳门诸事》一书中称澳门为"专营之乡"(Macau é a terra dos monopolios)④。

---

①　*Boletim Official* 27（1906）：288 – 289.

②　*Boletim Official* 31（1892）：256；*Boletim Official* 7（1895）：58.

③　参见 *Boletim Official* 25（1902）：203 – 206。

④　Álvaro de Melo Machado, *Coisas de Macau*（Macau：Editora Multimédia Lda. Fac-simile da 1.ª Edição de 1913，1997），p. 29.

第二节 澳门港口设施建设

一 澳门港湾航道的局限性

澳门港所处的地理位置使它成为一个天然良港，在帆船贸易时代发挥了它的优势。然而澳门港也有明显的局限，那就是它的港湾区域相对狭小，港区床高水浅，不利于吃水深、吨位大的远洋轮船的进出，从而使澳门港口的大规模发展受到限制。

澳门港区原本就不大，港湾水深也有限，还因一些因素而不断发生淤浅。一是由于周围地区强烈的风化；二是由于缺乏维护工程。随着时间的推移，特别蒸汽轮船在远洋运输中的普及，澳门港口淤浅给商船进出造成的不便日益引起人们的重视。

据1882年12月7日《澳门人报》报道："就在今天，来自香港的这艘轮船在离开河湾时遇到了困难，明天将无法进入内港，今后的某一天，沿海航行的华船也将不能进入内港，再往后，连渔船也将因为缺水而无法到达这个城市。"①

《申报》1882年12月27日载文指出："澳门口内河道，近来已有淤浅之处，轮船出入颇有不便。"②

"附近澳门一带，水浅沙淤，月甚一月。澳督遴派属员，思欲设法疏浚，以便轮、帆各船畅行。"③

由此看来，到18世纪80年代，澳门港口水域淤浅问题，已经成为制约澳门港口船舶吞吐规模的重要因素和备受各方关注的严重问题。

---

① *O Macaense* 34（1882）：147.
② 《绸缪未雨》，《申报》1882年12月27日，上海书店1986年影印本。
③ 《光绪十六年（1890年）拱北口华洋贸易情形论略》，载莫世祥、虞和平、陈奕平编译《近代拱北海关报告汇编（一八八七——一九四六）》，澳门基金会，1998，第143页。

二 澳葡当局的对策

1. 灯塔建设

为了方便远洋商船进出港口，澳葡当局于 1864 年在东望洋山炮台（Fortaleza de Guia）动工修建东望洋灯塔（O Farol da Guia），并于次年 9 月 24 日夜间正式投入使用。船政厅在 1865 年 10 月 2 日发布的公告，提供关于该灯塔的基本信息：

> 灯塔位于北纬 22.11°，东经 113.33°。灯的高度为平静时期最高海潮之水面以上 101.5 米。灯塔从圆形底座算起高度为 13.5 米，呈八角形，被涂以白色。灯笼为红色。塔灯旋转发射白色光芒，可在 64 秒钟内旋转一圈。天气好时可在 20 英里内见到灯光。在这个距离内，灯光持续 6 秒钟，消失 58 秒钟；在 15 英里的距离时，可在 10 秒钟内见到灯光，54 秒内没有灯光；当处于 12 英里距离时，最清楚的灯光可持续 12 秒钟，间隔时间为 52 秒钟；当位于 7 英里距离时，大灯光可持续 14 秒钟，间隔时间为 50 秒钟。灯塔会尽快发布驶入澳门航道锚地的方位。①

灯塔最初用酒精灯发光，只用木轮绳锤等物，借助摇力使得灯光循环旋转，放射光芒。此为中国也是远东地区最古老的灯塔。

1874 年 9 月，东望洋灯塔因风暴受损，被迫停用。1875 年 1 月 18 日，澳门总督发布第 15 号训令，内称："考虑到该项工程的紧迫需要以及商业需要的合理性，批准由工程公所（Direcção das Obras Publicas）提交的预算资金为 3111.75 元的东望洋灯塔重建方案，决定工程由工程公所组织实施，要求严格执行预算案中的规定。"② 1 月 30 日《澳门宪

---

① "Aviso aos Nevegantes pela Capitania do Porto de Macau," in *Boletim Official* XI, N.° 40, 02 – 10 – 1865, p. 162.

② *Boletim Official* XXI, N.° 4, 23 – 01 – 1875, p. 13.

报》有报道称："旧灯塔已经拆除，公物会决定在中国新年之前购买建
设新灯塔所需的材料，以节省费用。"①

经过重修，东望洋灯塔安装了法国引进的新旋转灯，10 秒钟闪两
次，配备 3 层装置，照射范围扩大至 25 英里。

1910 年 6 月 29 日东望洋灯塔重新启用，并改置新式三灯连闪机
灯。东望洋山灯塔在 3 万多个黑夜里为波涛汹涌中航行的船只指明方
向，堪称普渡慈航②。

2. 航道的疏浚

同治十三年（1874 年）间，葡国特派治河名师至澳，详查环澳水
道，曾建策于青洲以东、以北接筑石堤，俾水不外溢，并在氹仔西角至
槟榔石亦筑石堤，水力积而越大，即可淘汰刷深。现葡官即循此法，唯
需银 300 万元，一时未能骤集，故思逐渐举行。先购淘河机器两副，再
于青洲以东建筑石堤，直通澳门，兹已开办。税务司思此项办法，于船
只往来水道不无少益。唯青洲东北向有蚝塘数顷，养蚝贩卖，业此者每
岁获利甚丰，一旦水涸，置为无用之地，已属失利；况于交涉事宜，尤
恐或启衅端乎③。

1884 年，澳葡港口工程师罗瑞洛（Engenheiro Adolpho Loureiro）曾
提出一个澳门港口改良草案，对从青洲到妈阁的沿海港区进行整治，以
便控制该区域的水流；还要对内港和外港水域进行大规模疏浚；在南湾

———————————

①　*Boletim Official* XXI, N.° 5, 30 – 01 – 1875, p. 26.
②　参见 Wm. Fred Mayers, N. B. Dennys and Chas. King, *The Treaty of China and Japan – A Complete Guide to the Open Ports of Those Countries*, *Together with Peking*, *Yedo*, *HongKong and Macao* (London: Trubnes and Co., Paternoster Row; Hong Kong: A. Shortrede and Co), p. 225；*Boletim Official* 28 (1910): 246；李鹏翥：《澳门古今》（第三版），三联书店（香港）有限公司、澳门星光出版社，2001，第 124～125 页；班思德：《中国沿海灯塔志》，李廷元译，上海总税务司印行，1932，第 71 页。
③　《光绪十六年（1890 年）拱北口华洋贸易情形论略》，载莫世祥、虞和平、陈奕平编译《近代拱北海关报告汇编（一八八七——一九四六）》，澳门基金会，1998，第 143 页。

修建一个防波堤，并修建供小船使用的船坞①。1887 年，澳葡当局又任命了一个委员会，专门就实施港口改良工程的方式加以研究并提出有关建议②。1890 年 10 月 27 日，澳葡总督发布政令，决定批准在莲峰庙前方修建一道堤坝（dique）将青洲与澳门半岛连接起来的计划，其预算总额为23800 元（patacas）。并决定该项工程即可开始，在两年内完成；本财政年度将支出工程款 12000 元③。同年 11 月 20 日，澳门总督发布第 157 号政令，再次成立一个专门委员会，就下列五个方面的问题展开研究：第一，假如疏浚工程以在港区入口处开挖一条水道为开始，那么何处当先行开挖？第二，所需要的最好的材料有哪些以及需要多少？第三，从哪里购得挖泥船（draga de baldes）可以更经济并获得更多效益？第四，挖出的泥沙应该经由何处清除？第五，挖泥船买到后如何更好地加以利用④？

据 1895 年 6 月 12 日《镜海丛报》记载，（1895 年）香港轮船公司具禀澳门总督，呈称澳海日浅，商轮出进极为不便，若不修浚，泥沙日益涨塞，诚于商务深为窒碍。高制军阅悉之下，乃派委干员数名协同船政官沿河测验，委有涨塞之处，绘图贴说，详禀至辕，听候示期兴修，运机挑浚。自开此报，屡经陈请浚河，旋作旋辍，未克举行，徒存其说而已。岂以为兹事烦重，款项难筹乎？今既为英商禀请，由已委官勘验，谅在必行，殆不致再蹈虎头蛇尾之诮。现闻款项已备，唯只修理省港轮船所由之道，他则不暇兼顾⑤。

---

① 参见 Adolpho Loureiro，*O Porto de Macau：Ante-Projecto para a sua Melhoramento*，pp. 147 – 199。

② "Relatorio da Sub-commissão Nomeada pelo Presidente da Commissão Encarregada de Estudar os Meios e Propor os Alvitres para Praticamente se Realisarem as Obras do Porto，Approvado pela Commissão em Sessão de 3 de Fevereiro de 1887，" *Boletim Official* 6（1887）：47 – 50.

③ *Boletim Official* 44（1890）：370.

④ "Relatorio da Commissão Nomeada pela Portaria Provincial N.° 157，para os Estudos dos Trabalhos de Melhoramento do Porto，" *Boletim Official* 2（1891）：11 – 13.

⑤ 《镜海丛报》第二年第四十六号，1895 年 6 月 12 日。澳门基金会、上海社科院出版社据澳门历史档案馆藏原报影印本，2000。

该报 1895 年 6 月 19 日又载："前报所登港之轮船公司禀请澳总修浚澳海一节，顷就督辕所订章程而观知，已兴工在即矣。惟所浚之处，不能大竟全功，仅照轮船现行之道，挑挖浮淤，以便往来。"①

1897 年 5 月 29 日，澳门工程公所在《澳门宪报》上发布公告，决定于 6 月 20 日举行招标会，以 7500 元的工程费用招人承办内河泥沙挑浚工程②。

中葡两国达成的关于水域划界的临时协议，使得某些计划中的工程在 1909～1910 年开始有了实施的可行性，而另一些工程则要等到 20 世纪 20 年代才能付诸实施。离任澳督马沙度指出："当共和国宣布建立后，临时政府（o governo provisorio）批准开挖目前的入港水道（o canal de aceesso ao porto de Macau），以形成一条大约 50 米宽、比最低潮的水位加深 11 步的航道。该项工程被包给了一家英国公司，工期一年，总开销 7200 万厘士（72 contos de réis）。工程得以实施并于 1912 年 7 月 15 日竣工，使该入港航道可供来航的所有商船通行无阻。"③

3. 码头建设与维护

1873 年 1 月，澳门总督欧美德（Januário de Almeida, Visconde de S. Januário）下令实施内港填海一期工程，包括在从妈阁庙到湾仔码头（Doca de Uong-Tch'oi）160 米宽的范围内实现水流的规则化④。

1877 年 7 月 2 日，席尔瓦（Miguel Ayres da Silva）与澳葡当局签订合同，获准实施内港新的填海工程，包括码头和填地工程。及至 1881 年

---

① 《镜海丛报》第二年第四十七号，1895 年 6 月 19 日。

② *Boletim Official* 22（1891）.

③ Álvaro de Melo Machado, *Coisas de Macau*（Macau：Editora Multimédia Lda. Fac-simile da 1.ª Edição de 1913，1997），p. 54. 并参见《宣统三年（1911 年）拱北口华洋贸易情形论略》，载莫世祥、虞和平、陈奕平编译《近代拱北海关报告汇编（一八八七——一九四六）》，澳门基金会，1998，第 276 页。

④ Beatriz Basto da Silva, *Cronologia da História de Macau*, Vol. 3, Século XIX（Macau：Direcção dos Serviços de Educação e Juvetude de Macau, 1995），pp. 239, 241.

3 月 4 日，澳督发布训令，宣布工程被验收，并允许席尔瓦在新填地上修建建筑物①。

1887 年，沙梨头码头（Doca de Patane）竣工②。

1890 年，澳门已入葡籍华绅曹善业将自置的妈阁水塘（caldeira da Barra）一处捐献给澳葡政府。澳葡当局将其改造成一个可供小火船（lorchas a vapor）和舢板（embarcações miudas）使用的避风码头（doca d'abrigo）。对此，澳门总督特于《澳门宪报》发布告示加以褒奖：

> 大西洋署澳门地扪总督费为札谕事。照得本澳沿河岸边俱是商民铺店，或作住场。本澳官员欲谋一余地可作船澳，以为国家小火船及舢板避风处所，实属难得。兹有华绅入西洋籍曹善业仰体官意，愿将伊自置妈阁水塘一口送出澳官，以为避风船澳，具见该绅大有急公好义之心，以致本澳兴旺，殊堪嘉尚。是以特行札谕所有各官员军民人等一体知悉。③

该码头的建成，对商船进出港口起到了一定的保护作用。

第三节　澳葡当局管理行为的历史评估

一　澳葡当局港口管理条例的基本取向

如前所述，晚清时期是葡萄牙实现对澳门地区进行殖民管治的时期，对澳门港口有关事务所进行的管理必然服从于这一最高目标。因此，要

---

① *Boletim Official* 10（1881）：61.

② Beatriz Basto da Silva, *Cronologia da História de Macau*, Vol. 3, Século XIX, （Macau：Direcção dos Serviços de Educação e Juvetude de Macau, 1995), p. 303.

③ *Boletim Official* 29（1890）：229.

对此一时期澳门当局治理澳门港口的举措和行为做出评价，不能不首先明确一下澳葡当局管理澳门的基本取向。

1. 取得对澳门地区及其水域的控制权

综观鸦片战争之后葡萄牙政府的对华政策以及澳葡当局在澳门地区的行为，可以明确地看到，取得对澳门地区及其附近水域的控制权，是澳葡当局治澳政策和举措非常明确的取向之一。从亚马留总督时期扩张占领活动的开始，到其继任者们继续推进扩占而采取的种种行动，无不是为了实现一个明确不变的目标："夺取对澳门地区及其水域的控制权，将澳门变成葡萄牙在远东地区的领地。"

1862 年，葡萄牙在法国驻华公使哥士耆的帮助下获得了与中国政府谈判澳门问题的机会，企图通过条约将其管治澳门的权力正式化。《中葡互换条约》流产后，澳葡当局进行了更大规模的扩张活动，以便在未来的谈判中获得更大筹码。及至 1887 年，借中国政府急于实施鸦片税厘并征和稽查鸦片走私之机，签订了《中葡和好通商条约》，葡萄牙获得"永居管理澳门"之许可。后来，鉴于中葡澳门划界谈判无果而终，事实上管辖了氹仔和路环两岛。

正是在此一过程中，澳门地区的政治地位发生了重大的变化。

2. 维护葡萄牙在远东地区的政治及商业利益

与领土扩张占领的取向相联系，澳葡当局的第二个取向，就是通过对澳门的扩占和管治，维护并扩大葡萄牙国家在远东地区的政治和商业利益。鸦片战争后，英国割占香港，使之成为大英帝国在远东地区的政治、经济利益的基地；通过一系列的不平等条约，主要西方国家在华获得了各种政治经济权益。在这样的格局下，作为最早与中国发生直接关系的欧洲国家，葡萄牙政府极力地要把澳门变成它的属地，获得与英国人在香港同等的地位，并通过管治澳门，建立葡萄牙国家在国际舞台上的重要地位，为葡萄牙臣民获得在华特殊照顾，从而维护葡萄牙在远东地区的政治和商业利益。正如菲格雷多（Fernando Figueiredo）所指出的那样：

在这个十年（即 19 世纪 40 年代——引者注），由于该地区发生的变化，澳门在维护葡萄牙远东利益方面获得了一种更为中心因而也更加不可或缺的地位。我认为这就是中央政府在决定其行动时的着眼点。①

菲格雷多的看法对我们认识这个时期葡萄牙在澳门施政的利益取向是有启发性的。

二 澳葡当局管理条例实施的效果

上述基本取向是晚清时期葡萄牙对华政策以及澳葡当局治澳政策的最高目标，必然制约和支配澳葡当局管治澳门的基本举措及其效果。

1. 港口运输贸易秩序的维护

如前所述，澳葡当局在逐步实现对澳门地区的扩占和管治过程中，建立了直接负责港口事务的部门——澳葡船政厅（即现代的港务局），并先后制定和颁行了多个港口章程以及有关航运贸易的条例。除了税收规定外，还包括商船进出口的检查、商船在港区的纪律、航行安全等多个方面。就管理的层面上来看，这些措施是必要的，对于维护港口区域的正常秩序和贸易活动的开展发挥了一定的作用。

2. 港口设施的缓慢改善

鸦片战争后，随着条约港口体系的形成，中国对外贸易空前开放。在多口通商的新格局之下，澳门港口既面对其他欧洲国家的竞争，也面对新型航运技术发展的挑战，澳门港口港区和水深等方面的局限性逐步显露出来。应各个方面的要求和呼声，澳门当局曾责成船政厅或者委派专门委员会，对澳门港口状况进行了调查研究，提出改良工程的方案和措施等。晚清时期，澳葡当局在港口改良和有关设施方面，实施了一定

---

① A. H. de Oliveira Marques, dir., *História dos Portugueses no Extremo Oriente*, 3.° Volume, *Macau e Timor-Do Antigo Regime à República* (Lisboa: Fundação Oriente, 2000), p. 165.

的改良工程，如码头的修建和灯塔的建设以及航标（Baliza）的设立等，一定程度上便利了港口的运作和贸易的发展。

温塞斯洛·德·莫莱斯（Venceslau de Morais）曾描述道："内港多淤泥的河床，布满了商业小火船；数百艘蛋家船往返四方；妈阁旁停着许多战船。"①

三　澳葡当局港口管理的缺失

晚清时期，在澳葡治澳政策基本取向的制约下，澳葡当局管理澳门港口的举措和行为也存在着明显的缺失。这些缺失对澳门港口的贸易发展具有一定的影响。归纳起来，这种缺失主要表现为下列三个方面。

1. 港口设施建设的迟缓与乏力

上文已述，面对中国贸易的空前开放和新型航运技术发展所带来的竞争，澳门当局也曾进行过改良澳门港口的努力，但是在这方面，澳葡当局的行动明显迟缓和乏力。1884 年曾有著名工程师制订过一个港口改良的草案，但是多年未见行动。拱北关税务司贺璧理在 1891 年 12 月 31 日的报告中指出：

> 珠江及西江河水带来大量淤泥，致使位于两江出口处的澳门港口迅速淤塞，或许也是导致澳门商业中心地位一落千丈的最重要的原因之一。澳门官方多次吁请葡国政府准许动用现有基金疏浚港湾，但至今未奏成效。这一弊端正在迅速扩大，澳门如果还想维持港口贸易，必须在近期解决这个问题。②

---

① Venceslau de Marais, *Traços do Extremo Oriente*（2.ª edição, Lisboa：Depósito Livraria Barateira, 1946）, p. 38.

② 《1887 至 1891 年拱北关贸易报告》，载莫世祥、虞和平、陈奕平编译《近代拱北海关报告汇编（一八八七——一九四六）》，澳门基金会，1998，第 27 页。

对于澳门港口工程之迟缓，曾在 1910～1912 年署理澳门总督的马沙度（Álvaro de Melo Machado）在离任后出版的《澳门诸事》一书中不无感慨地写道：

（针对港口工程）提出了大量准备在澳门实施的改进措施。问题依然如故，而我们相信已经从各种形式上做了研究。30 年来一直在研究和谈论澳门的港口工程，然而不幸的是，一切都停留在口头、设计和规划上，而港口及其通道的淤塞却令人悲哀地持续着，以致限制甚至阻碍了航行，大大恶化了本殖民地的商业状况。

直到 1911 年，澳门港口仍在等待已经规划出来的港口工程，就像从前企盼赛巴斯蒂昂国王（el-rei D. Sebastião）归来一样。……经历了 30 年的研究和开销后，仍然一事无成。[①]

直到本研究的时期结束时，港口改良工程才真正开展起来。

2. 专营承充制度的弊端

受制于前述澳葡当管治澳门的基本取向，澳葡政府为直接增加财政收入对主要生活必需品和盈利较大的行业普遍推行专营承充制度。这种制度短期内可能具有组织货源、稳定市场、增加收入和减少管理成本等效果，但从长远来看，它背离贸易竞争规律，减弱市场购买力，从而对贸易的发展产生消极作用。正如拱北海关税务司评论说，专卖制度肯定增加澳门的生活开支，压制竞争这一贸易之魂；但它们带来官府需要的岁入，其中有相当部分用于改进房屋及道路卫生等，因此这种制度还是有些好处的[②]。

---

① Álvaro de Melo Machado, *Coisas de Macau*（Macau：Editora Multimédia Lda. Fac-simile da 1.ª Edição de 1913, 1997），pp. 53－54.
② 《1892 至 1901 年拱北关十年贸易报告》，载莫世祥、虞和平、陈奕平编译《近代拱北海关报告汇编（一八八七－一九四六）》，澳门基金会，1998，第 41 页。

例如，1892 年春，澳葡当局对"料半酒"实行包税专营，致使酒价平均增加 16% 。结果引起普遍不满，并导致 5 月间爆发了"澳门开埠三百年来所未有"之大罢市①。

1894 年澳门实行煤油专卖，使得华船的进出口货运量剧减，严重损害澳门的繁荣，需要相当长一段时间才能复原②。

盖火药由商承办，则有碍于制造爆竹各工。此项工人为数最多，向由内地购运爆竹纸壳来澳，实以火药。因火药为内地禁物，且价颇贵，在澳则价廉也。现由商办，价贵于往昔不止十分之一，各工获利较少，相率去而之他，即发卖爆竹之巨店亦迁往内地③。

总之，专营承充制度虽收到一些短时期的经济效益，但从长远来看不利于从整体上增强澳门商业的发展动力，难以提升澳门国际竞争力。

3. 航运贸易体制不健全

此外，晚清时期，澳葡当局在有关航运贸易的相关制度的创设方面也显得滞后。香港从 19 世纪 40 年代起就开始创办此类基础设施，1865 年创办了汇丰银行，1871 年香港货栈公司开办公共货仓业务。相比之下，澳葡当局则显得落后许多。1864 年 5 月 16 日葡王发布命令，批准在里斯本建立大西洋国海外汇理银行（Banco Nacional Ultramarino，即今日之大西洋银行），但王室命令同时规定，该银行无权在澳门发放银行票据（letras á ordem ou notas ao portador）④。虽然经王室令核准的《银行章程》规定在波尔图（O Porto）和卢安达（Luanda）各设一个分行（sucursal）并在其他海外省（Provincia Ultramatina）各设立一个代

---

① 《1892 至 1901 年拱北关十年贸易报告》，载莫世祥、虞和平、陈奕平编译《近代拱北海关报告汇编（一八八七一—九四六）》，澳门基金会，1998，第40～41 页。
② 《1892 至 1901 年拱北关十年贸易报告》，载莫世祥、虞和平、陈奕平编译《近代拱北海关报告汇编（一八八七一—九四六）》，澳门基金会，1998，第67 页。
③ 《光绪二十年（1894）拱北口华洋贸易情形论略》，载莫世祥、虞和平、陈奕平编译《近代拱北海关报告汇编（一八八七一—九四六）》，澳门基金会，1998，第169 页。
④ "Carta de Lei de 16 de Maio de 1864," *Boletim Official* 30 （1864）：117.

理处（agencia），但在澳门，这样的代理处迟迟未能建立起来。所以，该银行长期不参与澳门的经济活动①。

早在 1870 年，澳门华商在回答澳葡当局华政官员有关华船贸易问题的询问时就提出，有必要设立银行，以使商人能够利用信贷来补充自己的资本。他们还希望公钞局接纳香港银行券（nota de banco）作为支付手段，这样就可以省去称量货币时的不方便②。然而，他们的建议并未受到重视。直到近 20 年后的 1889 年 9 月，一个由曹有和卢九参与的专门研究澳门华船贸易问题的五人委员会在其所提交的研究报告中，仍然提出通过建立银行将资本吸引到澳门的建议③。但是，直到 19 世纪末期，号称"自由港"的澳门仍然没有创办银行和保税货仓等商业金融设施。

迟至 1902 年，葡萄牙政府才核准章程，允许大西洋海外汇理银行在澳门设立代理处（Agencia de Macau，该行刊登在《澳门宪报》上的告白汉译为"澳门分局"）④。受葡萄牙政府委托，1906 年"澳门大西洋国家银行分局所出一元、五元银票，此两年间均已通行。自公历十月起，复出有二十五元银票，所望此项银票一出，或者市面所用小银元不致低水太甚也"⑤。从此开始，各项专营竞投所要求的押票银和按柜银均存入大西洋银行所设的公物会账户。自 1906 年起，大西洋国海外汇理银行澳门分局才开始扮演"政府司库"（tesoureiro do Estado）的

---

① "Estatutos de Banco Nacional Ultramarino," *Boletim Official* 3 (1865)：10.

② "Relatorio das Repostas dos Negociantes Chinas aos Quesitos sobre o Commercio de Macau durante o Anno Findo, 26 de Março de 1870," *Boletim Official* 39 (1870)：165.

③ "Relatorio da Commissão Nomeada para Estudar as Causas da Decadencia da Navegação Costeira para Macau," *Boletim Official* 45 (1889)：345.

④ Fernanado Figueiredo, "Os Vectores de Economia," in A. H. de Oliveira Marques, dir., *História dos Portugueses no Extremo Oriente*, 3.°Volume, *Macau e Timor-Do Antigo Regime à República*, p. 275.

⑤ 《光绪三十二年（1906 年）拱北口华洋贸易情形论略》，载莫世祥、虞和平、陈奕平编译《近代拱北海关报告汇编（一八八七——一九四六）》，澳门基金会，1998，第 244 页。

角色①。

4. 收费最高的"自由港"

澳门港虽属自由港，对进出口货物不征关税，但是其他种类的收费比较多、比较高。在澳葡当局制定的港口章程中，各种收费的规定占据重要地位。常规性的收费有三大类，包括十几个税项。1863 年第 35 号总督训令规定：船只进入澳门港口须交纳停泊税，向船政厅交纳附加费，进入内港和氹仔须交纳导航费②。从 1863 年第 35 号总督训令到 1872 年港口章程，由港口泊税、船政厅收费和导航费构成的三大类收费成为制度，而具体的税项则有增加，总的趋势表现为收费增加。1880 年 10 月 21 日，葡萄牙政府发布王室敕令，决定在各海外省设立吨位税，征收对象包括进出海外省港口、从事远洋及沿海贸易的葡萄牙船和外国船，具体标准为：远洋帆船每登记吨 150 厘士，远洋轮船每登记吨 50 厘士，从事宗主国与海外省直接航运的远洋轮船每登记吨 25 厘士，在各海外省从事沿海航运的小船，每登记吨 150 厘士（每年仅征税一次）③。一个由卢九和曹有参加的委员会，在 1889 年提交的研究报告中提出五项促进贸易的建议，其中第二项就是废除澳门的吨位税。他们引用了一份 1888～1889 年自澳门运载鸦片烟膏前往加利福尼亚和澳大利亚港口的轮船在中国澳门、中国香港和新加坡所纳吨税的报告，得出的结论是，香港吨位税为 1 分（um avo de pataca），新加坡为 2 分（dois avos），而澳门却是 5.8 分（5 avos e 8 millessimos），澳门港的吨位税最高。他们认为，废除此税可以吸引来自各地的轮船特别是来自香港和广东西部口岸的商船④。

---

① Fernanado Figueiredo，"Os Vectores de Economia," in A. H. de Oliveira Marques, dir.，*História dos Portugueses no Extremo Oriente*，3.° Volume，*Macau e Timor-Do Antigo Regime à República*，p. 275.

② "Portaria N.°35 do Governador de Macao," *Boletim Official* 37（1863）：147.

③ *Boletim Official* 51（1880）：342.

④ "Relatorio da Commissão Nomeada para Estudar as Causas da Decadencia da Navegação Costeira para Macau," *Boletim Official* 45（1897）：345.

小 结

综上所述，晚清时期澳葡当局在管理澳门过程中存在明显的缺失，缺乏港英当局那样的进取精神和作风，港口改良工程以及贸易相关制度设施的建设滞后，长期征收较高的吨位税和其他费用，等等。所有这些必然对澳门海上贸易的发展产生不利的影响。然而，与"衰落说"者的思维不同的是，本书并不认为是澳葡当局的上述缺失导致澳门失去了中外贸易枢纽的地位以及被香港所超过。澳葡当局的"有为"（诸如切实实施港口工程，尽早建立银行、降低有关费用等），可能会使澳门港口的贸易状况较实际的要好些，但是一个港口的贸易发展状况取决于多种因素，特别是像澳门这样的转口贸易港，需要深广的经济腹地和广泛的对外联系。事实上，19 世纪中期以后，随着国际贸易格局的变化和葡萄牙的衰落，澳门与里斯本之间几乎没有贸易往来①，澳门与帝国其他地区之间的贸易亦变得无利可图，就连历史上贸易关系非常密切的帝汶也不再是澳门重要的贸易伙伴了。如果要从葡萄牙方面寻找原因的话，更为根本的因素是，葡萄牙的衰落使得她无力为澳门提供足以维持可获利商业运作的外部经济联系和贸易网络。

---

① 卫三畏在 1856 年出版的《中国商业指南》中指出："澳门本身没有制造业和出口货，与葡萄牙的贸易也很少。"〔S. W. Williams, *A Chinese Commercial Guide*, *Consisting of a Collection of Details and Regulations respecting Foreign Trade with China*, *Sailing Directions*, *Tables*, *&c.*, Fourth Edition, Rvised and Enlarged, Canton: the office of The Chinese Repository, 1856, p. 266〕科尔特－雷亚尔在 1879 年的论文中称："1870 年以前，葡萄牙商船来此（即澳门）购买茶叶运回本国；从那年以后，没有一艘商船前来，并从这里直接与葡国的商行和市场进行这种贸易，尽管一些商人曾做过努力。"（José Alberto Corte-Real, *O Commercio e a Industria do Chá em Macau e a Lei de 27 de Dezembro de 1870*, Macau: Typographia Mercantil, 1879, p. 10）本多·弗兰萨在 1889 年说："目前，澳门的商业几乎完全掌控在华人手中，因为，我国与这个殖民地没有直接交通。"（Bento da França, *Macau*, Porto: Companhia Nacional Editora, 1890, p. 29.）

结束语

　　晚清时期的澳门海上贸易史是过往学者关注较少的研究领域。本书
广泛使用了《澳门宪报》等葡文报章所刊布的港口统计资料，并结合
其他中外文文献，对晚清 70 余年间澳门港口的海上贸易进行了一项专
门研究。笔者力图克服以往将晚清时期澳门海上贸易定位为衰落的思维
模式的缺陷，以丰富的历史资料对贸易运作的过程加以具体考察。通过
具体翔实的考证和研究，笔者的研究结果远远超出了在"衰落说"的
思维模式下所能达到的广度和深度，从而获得了较为丰富的认识和结
论。

　　第一，"衰落说"思维模式的误区之一在于，用明朝末年特殊情况
下澳门海上贸易的独占性繁荣作为参照系，将晚清时期澳门港口的贸易
运作过程定位为"衰落"。本书简要梳理和概括了 19 世纪初期中外贸
易发展的基本趋势，分析了澳门海上贸易发展进程中的若干变化，认为
随着四口通商的实施，中国海外贸易对其他欧洲国家开放，澳门港口作
为广州唯一外港的独特地位被打破，开始受到其他国家的竞争。在广州
独口通商时期，澳门仍然受到黄埔港的竞争。澳门葡人在中国海外贸易
总体中的份额逐步缩小，澳门港口已不再是中国海外贸易的主要中心。
本书的结论是：其实在鸦片战争前，澳门港口已经不是中国海外贸易的
枢纽和中心了。因此，"衰落说"者以晚清时期澳门港口失去了中国海

外贸易中心为论题，将澳门港口的贸易定位为"衰落"的思维模式，不能反映澳门港口贸易的实际运作过程，因此是不能成立的。

第二，"衰落说"者对鸦片战争后中外贸易新格局对澳门海上贸易的作用和影响做了简单化处理。针对此一缺陷，本书首先概述性地阐述了晚清时期澳门港口所处的总体历史背景：中国对外贸易新格局的形成、葡萄牙对澳门地区的占领与管治等。本书认为，这种新的格局和澳门所处的新地位，是考虑晚清时期澳门海上贸易运作过程时必须加以注意的环境因素，但是不能将其简单化。本书研究的结论是：新格局的形成本身有一个历史过程，其对澳门海上贸易的影响和作用在不同时间段上的表现也是不同的；另外，新格局的逐渐出现，本身也会对澳门港带来某些有利的因素，其中最重要的是，在中国全面开放海上贸易的局面下，其提升了澳门港口作为粤西及海南等西部沿海地区出海口的优势。事实上，在中国对外贸易形成多口通商、总体规模空前扩大和地域结构重组的新格局下，澳门港口贸易的发展被置于了新的环境之下，面对挑战，但也有机会。唯其如此，澳门港口在晚清时期赢得了一定的发展空间，所谓"一落千丈"的描述纯属文学想象。

第三，"衰落说"思维模式的缺失还在于，对晚清时期澳门贸易运作过程的定位缺乏具体资料的支持，有些论者甚至用香港航运贸易增长的资料来反证澳门的"衰落"。有鉴于此，笔者花大气力搜集进出港口的船舶和贸易量值方面的数据，加工整理并编制出完备系统的数据系列，分四个阶段详细考察了澳门港口航运贸易的运作过程，全面再现了晚清70余年澳门海上贸易总量与内部结构的演变。研究表明，由进出口商船数量和吨位反映的港口吞吐量，在晚清时期一直处于发展状态，虽然出现过短期的波动，但长期趋势是增长而非衰落。考察结果表明，正如船舶吨位数据显示的结果一样，澳门港口进出口贸易总量虽然表现出短期的波动，但是，长期趋势同样是增长而非衰落。

第四，新格局和新地位，决定了澳门海上贸易发展过程必然发生某些结构性的调整和变化。"衰落说"者强调了衰落的表现，却忽视了对澳门贸易过程的结构考察。本书不仅认真考察贸易总量的规模变化，而且十分重视内部结构的分析。研究表明，就航运而言，澳门华船在一定时期有过较大增长，而远洋海船特别是轮船增长趋势稳定，成为澳门港口贸易的主体。再以后者来说，虽然国际远洋航行趋于减少，但区域间定期轮船航运则持续增加。所以直到本项研究的时期结束时，进出口船数和吨位的总体规模仍保持较高水平。就贸易结构而言，华船贸易经历了由小变大、接近海船贸易的过程，而海船贸易则在较长时间内居相对优势。就商品结构而言，进出口量值的分布虽多有变化，但主体品种（即贸易额万元以上商品）的结构相当稳定，或增，或减，或保持稳定。贸易地区的分布和品种结构相类似，鸦片（烟土）、洋米、洋布等项进口，苦力、鸦片（熟膏）、茶叶、丝绸等项出口，都曾对贸易地区关系有重要影响，体现了澳门港在某些交易项目和某些地区的交易关系中赢得了一定的发展空间。内部结构的改变，仅表明了澳门港口角色的转变：澳门港口除了提供本地所需货物的进口外，逐渐成为区域性的转口贸易港。

第五，"衰落说"在解释澳门海贸衰落的原因时曾提到一些与澳葡当局治理澳门有关的问题。的确，晚清时期澳门港口既然是在葡萄牙的管理之下，那么，澳葡当局的治澳举措必然对澳门港口的贸易运作过程产生影响。本书考察了澳葡当局管治澳门过程中建立的港口管理机构、制定的规章制度以及在港口工程和贸易机制等方面的作为，并指出了澳葡当局港口管理方面的缺失，认为这些缺失对澳门海贸的运作过程有负面影响。但是，与衰落模式不同，本书并不认为是澳葡当局治澳行为上的缺失导致了澳门港口贸易的衰落，从而使澳门丧失了贸易枢纽的地位。一个更具决定性的因素是，在国际贸易格局发生深刻变化的大场景中，日益衰落的葡萄牙帝国不能为相距遥远的澳门港口提供可在商业上获利的贸易网络。澳葡当局治下的澳门缺少成为繁荣的商业枢纽所必需的外部条件。

第六，摆脱"衰落说"思维模式的束缚，通过对澳门港口贸易及其内部结构的详细考察和分析，揭示了晚清时期澳门历史发展过程中一个极为重要的事实，也是一个非常值得研究的论题。众所周知，晚清时期是葡萄牙人最终实现对澳门地区进行殖民管治的时期，恰恰在该时期，澳门港口实现了在国际新局势下的角色转变：基本退出了传统意义上的远程国际贸易的行列，转而成为中国内地口岸的外港和转运港，同时进口本地所需的华洋物品并出口本地的加工业产品。是故，当葡萄牙人得到了澳门管制权、将澳门纳入葡萄牙殖民体系之时，澳门在经济上却已经回归中国①。难怪葡萄牙史学家徐萨斯在描述 20 世纪 20 年代澳门的社会经济状况时不无感慨地写道："澳门人口在 1920 年时有 145000 人，眼下（即 1926 年——引者注）已增加到约 200000 人，其鲜明特征是，葡萄牙人还不到 1/5。不论在商业上还是在人口上，该殖民地实际上成为一块葡萄牙管治下的华人居留地。"② 这是一个值得研究的历史"悖论"，它提示我们必须认真思考一个问题：澳门的"生存之道"究竟是什么？

第七，以年鉴学派大师布罗代尔的历史长时段理念来观察可以发现，晚清时期澳门港口海上贸易的发展具有某种历史必然性。从葡人来华 400 年、居澳 360 年的整个时期来看，明朝末年澳门的独占性繁荣是在极其特殊情况下的短暂现象。中国融入世界的进程虽然步履维艰，但毕竟已成不可逆转之势。随着时间的推移，中国的贸易势必向越来越多的国家开放；而在发展不平衡规律的作用下，来华贸易国家在中外贸易

---

① 对晚清时期澳门人口结构、澳门工商业等诸方面的研究，可以得到同样的结论。参见 A. H. de Oliveira Marques, ed., *História dos Portugueses no Extremo Oriente*, 3.° Volume,*Macau e Timor-Do Antigo Regime à Republica*, pp. 174 – 186, 196 – 208, 222 – 223, 234 – 243。

② "A população de Macau, que era de 145000 em 1920, aumentou ultimamente para cerca de 200000, consistindo característica flagrante o facto de a secção portuguesa constituir menos do que a quinta parte. Tanto em termos de comércio como populacionais a colónia é praticamente um estabelecimento chinês sob administração portuguesa." in C. A. Montalto de Jesus, *Macau Histórico* (Macau: Primeira Edição Portuguesa da Versão Appreendida de 1926, Livros do Oriente, 1990), p. 306.

结构中的地位也会发生变化。所有这些，对于澳门而言，皆属"事发在外，非其所能左右"。中国对外开放进程的发展和国际关系秩序的变化，构成影响澳门贸易发展的结构性因素。它规定了澳门港口的历史舞台，也规定了她所扮演的角色。晚清时期澳门港口失去了独占地位，完成了角色转变。这是澳门历史角色的常态，更是历史的进步。

第八，"历史的经验值得注意"。突破"衰落说"的思维模式，我们通过对晚清时期澳门海上贸易发展历程的具体研究，从中获得了一个重要的启示。澳门不仅在几个世纪的历史中充当了中西贸易枢纽的角色，即使在晚清时期中外贸易格局深刻变化、面对香港竞争的环境下，仍然在粤西乃至中国西南部地区的对外贸易中扮演了重要角色。历史经验表明，澳门有其不可替代的相对优势和发展空间，具有充当大西南地区开放门户的优势条件。在澳门回归祖国的历史条件下，发挥澳门港口的传统优势，与大西南地区建立新型的港口腹地关系，依靠祖国日益广泛的国际联系和日益强劲的国际竞争力，澳门必将重振国际贸易枢纽的历史辉煌，从而实现经济结构适度多元化的历史性转变。

附录 统计表

表 1 – 1　1864 年中国 13 个开放港口的进出口贸易量值

（1）1864 年，中国 13 个开放港口（含台湾地区）之间以及与欧美不同国家之间实现贸易价值 259803195 两（£ 86601064）。进口值 133721758 两（£ 44573916）；出口值 101393855 两（£ 33797949）；再出口值 24687587 两（£ 8229195）。

（2）与大不列颠及其殖民地的贸易额为 100783771 两；与日本的贸易额为 5223610 两；与美国的贸易额为 4933537 两；与其他国家的贸易额为 5707018 两；与本国港口的贸易额为 143150259 两。

（3）与 1863 年相比，6 个中国港口（上海、广州、厦门、福州、宁波和九江）减少 21000000 两；5 个港口（汕头、汉口、Chinkiang、芝罘和天津）增长 8700000 两。

（4）1864 年，进入 13 个港口的商船合共 17976 艘，登记吨位 6635505 吨。其中，上海 5352 艘，1870909 吨；厦门 1316 艘，419825 吨；汕头 941 艘，338805 吨；宁波 2839 艘，595566 吨；汉口 793 艘，418855 吨；Kinkiang 952 艘，666994 吨；Chinkiang 1196 艘，682170 吨；福州 937 艘，330370 吨；芝罘 900 吨，279449 吨；天津 370 艘，91936 吨；牛庄 504 艘，149804 吨；台湾地区 176 艘，33750 吨。1863 年相应数字为 19422 艘和 6444700 吨。

（5）1864 年进入 13 个港口的商船中，英国船 7925 艘；美国船 5036 艘；荷兰船 197 艘；丹麦船 767 艘；普鲁士船 187 艘；法国船 237 艘；不来梅船 292 艘；俄罗斯船 21 艘，挪威瑞士船 140 艘；汉诺威船 157 艘；律贝克船 24 艘；梅克兰堡船 53 艘；奥登堡船 79 艘；比利时船 22 艘；西班牙船 69 艘；奥地利船 33 艘；暹罗船 156 艘；意大利船 2 艘；葡萄牙船 24 艘；秘鲁船 8 艘；新格拉拿大船 1 艘；日本船 2 艘；夏威夷船 2 艘；中国船 1021 艘；汉堡船 1409 艘；国籍不明商船 102 艘。

（6）1864 年，中国出口生丝 25134 担，1863 年为 33842 担，减少 8608 担。

（7）1864 年，中国出口红茶 1007951 担，绿茶 177656 担，总数为 1185607 担。1863 年，中国出口红茶 1059138 担，出口绿茶 212247 担，总数为 1271305 担，减少 87778 担。1864 年出口茶叶来自福州者：红茶 489728 担，绿茶 7538 担；来自上海者：红茶 335261 担，绿茶 145955 担；来自厦门者：红茶 53623 担，绿茶 9 担；汉口：红茶 46293 担；宁波：绿茶 64 担；Kinkiang：红茶 878 担，绿茶 1540 担；广州：红茶 82163 担，绿茶 22550 担。红茶出口往大不列颠者：781033 担；美国：74729 担；香港及沿海港口：77722 担；澳大利亚：65483 担；内地：3130 担；蒙特利尔：1922 担；其他港口：7017 担。绿茶出口大不列颠：87295 担；美国：63320 担；香港及沿海港口：61992 担；澳大利亚：745 担；内地：1795 担；蒙特利尔：14964 担；其他港口：576 担。

（8）鸦片进口用于 13 个港口当地消费者，1864 年为 52083 担，包括：麻尔瓦 29998 担，巴特纳 16412 担，贝纳尔斯 5063 担，610 担混合货。1863 年进口洋药 98916 担，可见，1864 年少进口 46828 担。

（9）1863 年在 11 个港口的中国海关所征关税总额为 8691817 两，1864 年在 13 个开放港口仅征得关税 8138102 两，减少 553715 两。所有海关中，税收最多的是上海、福州和汉口；税收最少的是牛庄、Chinkiang 和台湾地区。

（10）各港口所出口的最大价值的货物：上海有丝绸、茶叶、棉花、土布；广州有丝织品和生丝、茶叶、白糖与赤糖、铁丝、桂皮、辰砂；福州有茶叶、纸张；天津有棉花和药材；芝罘有豌豆、蚕豆、菜豆、粉丝和棉花；厦门有茶叶、冰糖、陶瓷、纸张和土布；kinkiang 有茶叶、纸张、瓷器和烟叶；汉口有茶叶、棉花、亚麻、木油、药材、食物、木材和植物蜡；宁波有铜钱、生丝、绿茶；汕头有白糖与赤糖、烟叶、靛蓝、纸张；牛庄有菜豆、豌豆、蚕豆、谷子、蚕豆油、大麦；台湾地区有稻米、糖和芝麻。

——*Ta-Ssi-Yang-Kuo*（《大西洋国》）45（2.° Anno,1865）：188。

表 2-1　进出口货物容量单位名称

原名	释义	原名	释义
Almude	阿尔穆德（约合 25 升）	Jarra	罐
Amarrado	捆、包、把、束	Molho	捆、束、串、把
Ancoreta	小桶	Par	对、双、副
Arroba	阿罗巴（约合 15 千克）	Paca	捆、束
Attado	捆、包	Pacote	包
Balça[Balsa]	木桶	Peç[ss]a	块、片、件
Barra	条、块	Pedação	块、片、段
Barrica	小桶	Pico	担
Barril[Barris]	木桶、大巴瑟桶	Resma	令（500 张纸为 1 令）
Balão[Balões]	大瓶	Roll	包、捆、卷
Caixa	箱、盒	Quintal	担
Canastra	箩筐、大筐	Saco[Sacco]	袋
Cesto	篮子、篓子	Troço	块、段
Enbrulho	包、捆	Volume	包、捆
Fardo	捆、包	Lata	桶、铁罐
Frasqueiro	包装盒	Fransco	瓶
Jarro	大罐		
Jogo	套、副		

表 3 - 1　1868～1873 年澳门港苦力运输船舶数量与吨位

年份	船数(艘)	总吨位(吨)	运载苦力人数
1868	41	26054	12494
1869	20	18109	9136
1870	30	24395	13307
1871	39	28600	16518
1872	44	37193	20773
1873	22	21921	13605
年均	33	26045	14306

注：表内载运苦力人数与海事海外部提交大西洋议国政大会议（葡萄牙议会）的报告中的资料略有出入。参见 *Relatorio e Documentos sobre a Abolição da Emigração de Chinas Contratados em Macau Apresentado às Côrtes Sessão Legislativo de 1874 pelo Ministro e Secretario D'estado dos Negócios da Marinha e Ultrama*（Lisboa：Imprensa Nacional，1874），p. 71。

资料来源：1868 年：*Boletim Official* 2（1864）：5。

1869 年：人数与目的地：*Boletim Official* 3（1870）：10。吨位资料系笔者根据 1869 年《澳门宪报》各期"港口动态"栏目中的数据补入。

1870 年：人数与目的地：*Boletim Oficial* 2（1871）：9。吨位资料系笔者根据 1870 年《澳门宪报》各期"港口动态"栏目中的资料补入。

1871 年：人数与目的地：*Boletim Oficial* 20（1872）：82。吨位资料系笔者根据 1871 年《澳门宪报》各期"港口动态"栏目中的资料补入。

1872 年：*Boletim Oficial* 2 - 53（1872）。

1873 年：人数与目的地：*Boletim Oficial* 12（1874）：46。吨位资料系笔者根据 1873 年《澳门宪报》各期"港口动态"栏目中的资料补入，其中缺 2 艘船的吨位资料。

表 3 - 2　1869～1883 澳门港进出口船数吨位变化

年份	每年进出口船数	五年进出口船数	每年吨位	五年合计吨位
1869	12083		1874621	
1870	12459		1912486	
1871	11047	57505	2012162	9583347
1872	11135		1941193	
1873	10781		1842885	
1874	9600		1486993	
1875	9266		1535734	
1876	9391	46914	1428873	7295587
1877	9524		1436280	
1878	9133		1425707	
1879	9149		1608707	
1880	8997		2007011	
1881	9227	44700	2357970	10458268
1882	8931		2190187	
1883	8396		2294393	

资料来源：Adolpho Ferreira de Loureiro, *O Porto de Macau-Ante-Projecto para o seu Melhoramento*（Coimbra：Imprensa da Universidade，1884），p. 38。

表 3 - 3　1869～1880 年澳门港远洋船、小火船进出口船只数量与吨位

年份	进口		出口		合计	
	船数	吨位	船数	吨位	船数	吨位
1869	544	154755	550	158737	1094	313492
1870	549	162781	544	158634	1093	321415
1871	644	185414	643	185710	1287	371124
1872	613	183059	615	188989	1228	372048
1873	546	181535	537	171299	1083	352834
1874	488	121331	503	135682	991	257013
1875	516	116554	518	116980	1034	233534
1876	609	125167	608	124382	1217	249549
1877	608	124301	608	124187	1216	248488
1878	622	128782	622	129034	1244	257816
1879	724	164110	725	165883	1449	329993
1880	918	240976	924	245654	1842	486630
平均	615	157397	617	158764	1232	316161

资料来源：*Boletim Official* 48（1884）：456。另见 Adolpho Ferreira de Loureiro, *O Porto de Macau-Ante-Projecto para o seu Melhoramento*，p. 37。

表 3 - 4　1869～1880 年澳门港进出口远洋船结构

年份	汽船	帆船	总船数	总吨位
1869	6	188	194	103492
1870	6	187	193	111416
1871	7	112	119	140124
1872	21	92	113	153048
1873	12	77	89	142834
1874	10	28	38	47013
1875	3	13	16	12034
1876	1	8	9	5549
1877	0	8	8	3988
1878	8	14	22	13316
1879	18	6	24	20873
1880	42	1	43	31363

资料来源：1869～1883 年：*Boletim Official* 48（1884）：456。1871～1880 年另见 Adolpho Ferreira de Loureiro, *O Porto de Macau-Ante-Projecto para o Seu Melhoramento*（Coimbra：Imprensa da Universidade, 1884），p. 35。

表 3 – 5　1863 ~ 1870 年澳门港进出口远洋商船的国籍结构

国　　籍	1863 年	1864 年	1865 年	1866 年	1867 年	1868 年	1869 年	1870 年
英　　国	42	85	89	91	62	67	70	48
德　　国*	52	65	64	61	68	52	40	23
秘　　鲁	16	23	14	4	1	—	—	1
法　　国	4	24	34	31	30	24	16	25
荷　　兰	23	41	37	29	25	22	14	22
西 班 牙	17	45	43	45	47	18	18	12
葡 萄 牙	38	38	22	47	23	10	9	10
萨尔瓦多	—	—	—	—	6	14	16	30
美　　国	18	13	6	18	2	6	—	7
暹　　罗	2	3	—	3	1	—	2	4
丹　　麦	8	23	31	2	6	4	2	—
俄　　国	—	—	4	12	3	6	4	3
意 大 利	—	2	23	25	14	7	3	2
瑞　　典	3	5	9	1	—	—	—	4
比 利 时	—	2	—	2	—	—	—	—
奥 地 利	2	2	2	3	9	1	—	—
哥伦比亚	—	—	—	2	—	—	—	2
夏 威 夷	—	—	—	4	—	—	—	—
合　　计	225	371	378	380	299	231	194	193

注：德国统一前为各邦合计。

资料来源：1863（7 ~ 12 月）~ 1866 年：*Boletim Official*（1863 ~ 1867）；其余年份：*Boletim Official* 6（1868）：34；6（1869）：30 – 31；*Boletim Official* 48（1884）：457。1866 年进口资料又见 Eudore de Colomban, *Resumo da História de Macau*（Macau：Jacinto José do Nascimento Moura, 1927）：125。

表 3 – 6　1870 ~ 1880 年澳门港进出口远洋船的国籍结构

国　　籍	1870 年	1871 年	1872 年	1873 年	1874 年	1875 年	1876 年	1877 年	1878 年	1879 年	1880 年
英　　国	48	63	48	42	33	15	3	3	15	17	14
北德联盟	23	34	38	21	8	—	—	—	—	—	—
秘　　鲁	1	29	36	40	20	—	—	—	—	—	—
法　　国	25	33	27	14	4	—	—	—	2	—	—
荷　　兰	22	29	22	6	2	—	—	6	—	—	12
西 班 牙	12	10	35	18	—	2	—	—	—	—	—
葡 萄 牙	10	11	12	5	7	5	2	4	4	2	3
萨尔多瓦	30	10	—	—	—	—	—	—	—	—	—
德　　国	—	—	—	—	10	10	12	—	14	6	—
美　　国	7	5	—	4	2	—	—	2	2	6	46
暹　　罗	4	6	2	2	2	—	—	—	—	—	—
中　　国	—	—	—	—	—	—	—	—	—	18	2
丹　　麦	—	—	2	2	2	—	—	1	7	—	—
俄　　国	3	5	—	2	—	—	—	—	—	—	—
意 大 利	2	—	4	4	—	—	—	—	—	—	—
瑞　　典	4	2	—	—	—	—	—	—	—	—	—
比 利 时	—	—	—	3	—	—	—	—	—	—	—
奥 地 利	—	—	2	—	—	—	—	—	—	—	—
哥伦比亚	2	—	—	—	—	—	—	—	—	—	—
合　　计	193	237	228	163	90	32	17	16	44	49	77

资料来源：*Boletim Official* 48（1884）：457。另见 Adolpho Ferreira de Loureiro, *O Porto de Macau-Ante-Projecto para o Seu Melhoramento*（Coimbra：Imprensa da Universidade, 1884），p.39。该书中一些年份的数据有所不同。

表 3 - 7　1869 ~ 1880 年澳门港进口不定期远洋船的地区结构

来源	1869年	1870年	1871年	1872年	1873年	1874年	1875年	1876年	1877年	1878年	1879年	1880年
香港	43	52	62	66	53	16	8	4	4	9	10	5
黄埔	25	20	17	18	19	7	1	—	—	—	—	—
望加锡	8	5	5	6	8	6	5	3	1	—	—	—
西贡	6	3	14	14	2	—	—	—	—	—	—	—
厦门	3	5	7	1	3	2	—	—	—	—	—	—
广州	—	2	2	2	1	1	—	—	—	—	8	—
新加坡	1	1	4	2	—	—	—	—	—	—	1	—
卡亚俄	—	1	2	—	6	2	—	—	—	—	—	—
曼谷	2	2	2	—	—	—	—	—	—	—	—	—
里斯本	1	2	2	1	—	—	—	—	—	—	—	—
Quing-hoi	—	—	—	—	—	—	—	—	—	4	1	—
Cu-mong	—	—	—	—	—	—	—	—	—	4	—	—
果阿和马六甲	—	—	—	—	1	1	—	1	—	1	—	—
巴达维亚	1	1	1	—	—	—	—	—	—	—	—	—
Gosantalao	—	—	—	1	—	—	1	—	1	—	—	—
马尼拉	—	—	—	1	1	—	1	—	—	—	—	—
帝汶	—	—	—	—	—	1	—	1	1	—	—	—
北海与海口	—	—	—	—	—	—	—	—	—	1	2	35
新堡	1	1	—	—	—	—	—	—	—	—	—	—
哈瓦那	1	1	—	—	—	—	—	—	—	—	—	—
苏路巴亚	—	2	—	—	—	—	—	—	—	—	—	—
汕头	—	—	1	—	—	—	—	—	—	—	1	—
好望角	—	—	—	—	1	—	—	—	—	—	—	—
加迪夫	—	—	—	—	—	1	—	—	—	—	—	—
Ilhas de Peleur	—	—	—	—	—	—	—	—	1	—	—	—
利物浦	—	—	—	—	—	—	—	—	—	—	—	—
Montung	—	—	—	—	1	—	—	—	—	1	—	—
新西兰	1	—	—	—	—	—	—	—	—	—	—	—
彭亨	—	—	—	—	—	1	—	—	—	—	—	—
Quinon	—	—	—	—	—	—	—	—	—	1	—	—
悉尼	1	—	—	—	—	—	—	—	—	—	—	—
婆罗洲	—	—	—	—	—	—	—	—	—	—	1	—
横滨	—	1	—	—	—	—	—	—	—	—	—	—
台湾	—	—	—	—	—	—	—	—	—	—	1	—
合计	94	99	119	112	96	38	16	9	8	21	25	40

资料来源：*Boletim Official* 48（1884）：456。

表 3 – 8　1869～1880 年澳门港出口不定期远洋船的地区结构

目的地	1869年	1870年	1871年	1872年	1873年	1874年	1875年	1876年	1877年	1878年	1879年	1880年
香港	9	6	10	17	20	23	10	2	3	11	5	38
卡亚俄	10	28	26	31	14	4	—	—	—	—	—	—
伦敦	19	16	16	15	5	6	1	—	—	—	—	—
哈瓦那	10	2	15	14	9	—	—	—	—	—	—	—
西贡	9	6	18	10	5	—	—	—	—	—	—	—
巴达维亚	8	5	1	4	3	6	—	1	—	—	—	—
黄埔	—	1	1	6	7	1	—	—	—	2	1	—
三宝龙	5	3	1	3	2	2	—	—	—	—	—	—
厦门	1	3	1	1	2	2	1	3	—	—	—	—
广州	2	1	—	—	1	—	—	—	—	—	8	—
果阿和海峡	1	1	—	2	—	1	1	1	2	1	2	1
汉堡	—	2	2	2	—	1	—	—	—	—	—	—
马尼拉	6	5	1	—	—	—	—	—	—	—	—	3
新加坡	—	1	3	2	3	2	1	—	—	—	—	1
法茅斯	6	4	1	—	1	—	—	—	—	—	—	—
爪哇	—	2	2	—	1	—	—	2	—	—	—	—
曼谷	1	1	2	—	1	—	—	—	—	1	—	—
望加锡	1	2	2	1	—	1	—	—	—	—	—	—
苏路巴亚	—	1	1	3	—	—	1	—	—	—	—	—
纽约	1	—	1	—	3	—	—	—	—	—	—	—
Quing-hoi	—	—	—	—	—	—	—	—	—	4	1	—
帝汶	—	—	—	1	1	—	1	—	1	1	—	—
里斯本	1	1	1	—	—	—	—	—	—	—	—	—
墨尔本	—	—	—	—	—	—	—	—	—	—	1	—
上海	—	—	—	—	—	—	—	—	—	—	4	—
加利福尼亚	—	—	—	—	2	—	—	—	—	—	—	—
彭亨	2	—	—	—	—	—	—	—	—	—	—	—
婆罗洲	—	—	2	—	—	—	—	—	—	—	—	—
福州	1	—	—	—	—	—	—	—	—	—	1	—
日本	—	—	—	—	2	—	—	—	—	—	—	—
宁波	1	—	1	—	—	—	—	—	—	—	—	—
横滨	2	—	—	—	—	—	—	—	—	—	—	—
安南	—	—	—	—	—	1	—	—	—	—	—	—
东海岸	—	—	—	—	—	—	—	—	—	—	1	—
哥斯达黎加	—	—	—	1	—	—	—	—	—	—	—	—
Cumong	—	—	—	—	—	—	—	—	—	1	—	—
海丰	—	—	—	—	—	—	—	—	—	—	1	—
Ilhas de Peleur	—	—	—	—	—	—	—	—	1	—	—	—
利物浦	1	—	—	—	—	—	—	—	—	—	—	—
仰光	1	—	—	—	—	—	—	—	—	—	—	—
合计	98	91	108	113	82	50	18	8	8	21	25	43

资料来源：*Boletim Official* 48（1884）：456。

表 3-9 1864 年澳门港进出口货物量值

单位：元（Patacas）

货名	进口		出口	
	数量	价值	数量	价值
稻米	355791 担	849985	6009 担	14011
生油	12815 担	122772	254 桶 136 担 2 箱	4796
Azeite para luzes	21218 担	77003	120 担 21 桶	1300
水银	199 瓶 79 罐	17640	2 桶 99 罐	7268
棉花	3810 包 40 担	149557	2509 包 3681 担	149110
靛蓝 Anil	28215 桶 25 罐	91870	8529 桶	87998
糖 Assucar	11269 担 808 袋	65100	12046 担 337 袋	88199
海参 Bicho do mar	3302 担	47249		
桂皮 Canela	4266 担 370 箱	49727	33695 箱	286121
纸阳伞			2959 箱	68976
茶叶 Chá	3713 箱 2008 担	53964	48614 箱 22667 担	843891
茶叶 Chá	188600 磅 184 罐	19412	683496 磅 48573 罐	224603
锡(含锡片)	2119 担	35530	—	—
铅	2770 担	26466	—	—
钱币	Patacas	731036	Patacas	1286496
茴芹精	—	—	461 箱	34500
茴芹花	—	—	2060 箱	28979
金叶	—	—	10 箱	64200
陶瓷	—	—		15114
Marmore(lages)	30 片	30	Lages 10716 块	23432
中国药品	500 担 57 包	7851	705 箱 668 包 123 担 92 筐	93421
谷子	18352 担	31303	—	—
燕窝	213 箱	16819	154 箱	30660
鸦片	8522 箱	3909891	622.5 箱	309840
茴芹油			1029 箱	91111
桂油	3 箱 42 担	11876	205 箱	18417
纸	2668 包	12938	2741 包 2108 箱	46811
华纸	3 包 24 捆	63	2817 包 3 捆	21280
干鱼	437 担	8906	—	—
沉香	—	—	1809 箱	13273
爆竹	—	—	5300 箱	44895
猪只	2020 担	26173		
盐	65839.5 担	39322	127835 担	55065
丝	465 箱 197 包	186900	2662 箱 25 包	642189
空袋子	302616	9233	17820 个 272 捆 820 包	6415
硝石	11718 担 1195 袋	31818		
黄色丝	62 担	8307		
烟草	4 箱 386 担	1971	6207 箱	132867
华烟草	105 包	525	1671 箱 505 包	47340
烟叶(加工)	—	—	700 担	7000
辰砂	—	—	2026 箱 80 担	52353
其他	—	—		
总计	—	7146458	—	5268144

资料来源：参见附录"统计表"之表 3-11 和表 3-14（洋船与华船合计）。

表 3－10　1871 年澳门港进出口货物量值

单位：元（Patacas）

货名	进口		出口	
	数量	价值	数量	价值
稻米	240047 担	549633	500 担	1270
生油	58220 担	357116	164 桶	3930
棉花	5093 包	108568	7531 担 2849 包	218969
靛蓝	45837 桶	76931	—	—
大茴香	2704 担	40233	400 箱	5100
糖	6776 担 41318 袋 19280 包	160223	910 袋	5600
Assucar mascavado	—	50051	—	—
桂皮	430 箱 75 担	7880	142 担	538
茶叶	6636 担	56792	22923 担 11757 罐	961385
毛毯	142 包	12690	70 双	350
锡	2495 担	29639	—	—
兽皮	2084 担	12668	—	—
铅	691 担	18755	3394 大瓶	20364
美国布	400 包	1640	2930 件	10189
象牙	2489 捆 3500 根	88995	103575 根 60 捆	252499
席子	962811 捆	40667	8940 捆	5300
纱	1357 包	188172	474 包	36820
虫胶	2572 担	14561	—	—
哔叽	20477 担	55441	—	—
Macú	127491 担	223173	500 担	1100
谷子	19634 担	43036	200 担	300
燕窝	357 箱	39618	37 箱 34 包	7220
鸦片	7932 箱	5250532	1540 箱	907644
茴芹油	501 担	9492	439 担 272 箱	48525
桂皮油	—	—	1013 箱 30 担	82278
Oleo de herva doce	57 担	12507	—	—
纸	—	16046	3401 包	11599
沉香	—	—	6259 箱	16572
爆竹	—	—	7303 箱	26310
牛角	4511 担	11492	50 担	300
猪只	19561 担	106209	—	—
Rama amarella	234 箱	47400	—	—
白藤	5507 担	18651	670 担	1350
丝(一等)	43 担	12958	—	—
黄丝	698 担 309 包	125488	—	—
生丝	58 担	20390	1198 箱	60300
Sedaria	—	—	432 箱 2458 包	209000

货名	进口		出口	
	数量	价值	数量	价值
袋子	383050 个	38367	—	—
空袋子	336058 个	13903	22000	900
草袋	586761 个	19116	—	—
阳伞	—	—	5341 箱	21857
烟草	—	—	1863 箱	10180
金银	—	187600	—	1367656
葡萄牙酒	1071 桶 551 箱	27935	20 桶	440
合计	—	8197561	—	4613051

注：1871 年澳门华船进口 Papel vento 数量为 1273 令（Resmas）713 担（Picos）650 包（Fardos）。本年澳门华船进口黑砂糖（Assucar mascavado）1040 担 20300 袋 415 包。

资料来源：*Boletim Official* 36，27，33（1872）：157，118，145。

表 3－11　1864 年澳门港远洋船进出口货物量值

单位：元（Patacas）

货名	进口		出口	
	数量	价值	数量	价值
稻米	338485 担	798489	—	—
鱼翅	452.5 担 244.5 斤	12450	—	—
生油	50 担	600	136 担 254 桶 2 箱	4796
水银	199 瓶 79 罐	17640	99 罐 2 桶	7268
棉花	3810 包	148317	—	—
靛蓝	25 罐	100	8529 桶	87998
大茴香	—	—	713 箱	22466
槟榔	4696 担	10558	58 担	114
糖	5331 担	24632	12046 担 337 袋	88199
椰油	1400 担	11200	—	—
海参	3302 担	47249	—	—
桂皮	370 箱	2682	33695 箱	286121
纸阳伞			2959 箱	68976
茶叶	3713 箱 2008 担	44643	48614 箱 22667 担	843891
茶叶	188600 磅 184 罐	19412	683496 磅 48573 罐	224603
铜	—	—	241 箱	7850
旧铜	20 担	480	—	5045
锡(含锡片)	2244 担	38260	700 担	6800
铅	2770 担	26466	—	—
货币	Patacas	731036	Patacas	1286496
Elephante branco	25 捆	2500	24353 根	70944

续表

货名	进口		出口	
	数量	价值	数量	价值
席子	343390 张 4 捆	12670	100 捆	500
茴芹精	4671 担	35184	461 箱	34500
菜豆	6860 担	10976	—	
茴芹花	—	—	2060 箱	28979
皮革	—	—	10 箱	64200
土布	300 担	300	13480 块	26326
瓷器	—			15114
大理石	—	—	Lages10716 块	23432
中国药品	30 包 500 担	7530	668 包 705 箱	82193
中国药品	57 捆	351	123 担 92 筐	11228
谷子	18352 担	31303	—	
燕窝	213 箱	16819	154 箱	30660
鸦片	8522 箱	3909891	193 箱	97731
茴芹油	—	—	1029 箱	91111
桂皮油	3 箱 42 担	11876	205 箱	18417
布料			26 包	20800
纸	2668 包	12938	2495 包 2108 箱 246 捆	46811
华纸	3 卷 24 包	63	2817 包 3 卷	21280
咸鱼	4511 担	21568	Caixas	1685
鱼干	437 担	8906	—	
沉香	—	—	1809 箱	13273
爆竹	—	—	5300 箱	44895
胡椒	4464 担	26896	486 担 1 箱	5999
白藤	6557 担	22314	—	
盐	2398 担	833	127835 担	55065
丝	465 箱 197 包	187900	2662 箱 25 包	642189
硝石	11718 担 1195 袋	31818		
铜钱	—		632 担 418 袋	16237
烟草	4 箱	48	6107 箱	132007
华烟草	105 包	525	1371 箱 505 包	44940
Vermilhão	—	—	2026 箱 80 袋	53353
总值	—	6327980	—	4754242

注：本年 Aniz estrellado 出口 713 箱 50 包 337 担；本年茶叶进口总值 54734 元，茶叶出口总值 1068494 元。丝绸进口总值 186900 元，丝绸出口总值 642189 元。纸张出口总值 67462元。烟草出口 7478 箱 505 包，总值 176947 元。瓷器出口 1143 包 2282 大筐 2904 小筐 797 箱，总值 15114 元。

资料来源：*Boletim Official* 9，12，17，23，43，47（1864）：33，45，65，89，97，113，137，149，169，185；*Boletim Official* 1，5（1865）：1，17。

表 3－12　1869～1879 年澳门港进口海船货载构成与来源地

货载	船数（艘）	来源地
各种货物	157	亚洲及大洋洲各港口，1 艘来自里斯本
茶叶	47	厦门、广州和黄埔
稻米	33	曼谷、香港和西贡
盐	18	Cu-mong、海南、香港、Qui-non、Quing-hoi 和 Montun
白藤	12	巴达维亚、望加锡和苏路巴亚
桂皮	9	黄埔和西贡
稻米与棉花	8	西贡
煤炭	5	加迪夫、利物浦、新堡和悉尼
茶叶与丝绸	4	黄埔
政府货物	3	里斯本和帝汶
白藤与海参	3	Gosantalo 和望加锡
稻米与木材	1	曼谷
糖	1	香港
茶叶与桂皮	1	黄埔
茶叶与爆竹	1	香港
茶叶与瓷砖	1	厦门
铁与目桂樟	1	曼谷
Mafu	1	苏路巴亚（泗水）
鱼干	1	香港
火药	1	香港
白藤与木材	1	婆罗洲
白藤与葡萄酒	1	新加坡
硝石与纸张	1	厦门
葡萄酒	1	里斯本
葡萄酒、油、盐	1	里斯本
葡萄酒与肉制腊肠	1	里斯本
葡萄酒与军用器具	1	里斯本
载货总船数	315	来自上述各港口
压舱船数	323	来自各港口
总船数合计	638	来抵澳门港

资料来源：*Boletim Official* 48（1884）：459。

表 3 – 13 1869 ~ 1879 年澳门港出口海船货载构成与目的地

货载品名	船数	目的地
各种货物	243	欧洲、亚洲、美洲、大洋洲各港（1 艘往里斯本）
华工（苦力）	162	卡亚俄、哥斯达黎加与哈瓦那（截至 1874 年）
茶叶	51	利物浦、伦敦与西贡
草袋	7	西贡
桂皮	5	法茅斯
政府货物	5	帝汶
茶叶与各种货物	5	香港与伦敦
稻米	4	香港与横滨
鸦片	4	福州、墨尔本与上海
白藤	4	厦门与香港
桂皮与桂油	3	汉堡
茶叶与丝绸	3	伦敦
茶叶与空袋	2	西贡
鸦片与各种货物	2	上海
稻米与棉花	1	香港
煤炭	1	香港
茶叶与桂皮	1	法茅斯
茶叶与阳伞	1	巴达维亚
茶叶及其他中国货物	1	里斯本
铁与目桂樟	1	宁波
药材	1	Cumong
中国日本货物	1	里斯本
鱼干	1	香港
火药	1	安南
爆竹与阳伞	1	西贡
载货总船数	511	往上述各港口
压舱船数	136	往各港口
总船数合计	647	出澳门港

资料来源：*Boletim Official* 48（1884）：460。

表 3–14　1864 年澳门港华船（Embarcações Chinas）进出口货物量值

单位：元（Patacas）

货名	进口		出口	
	数量	价值	数量	价值
棉花	91 担	1240	3681 担 2509 包	149110
靛蓝	28215 桶	91773		
稻米	17306 担	51496	6009 担	14011
糖	5938 担 808 袋	40459	—	
生油	12765 担	122172	—	
灯用油	21050 担	75491	—	
桂皮	4266 担	47045	—	
茶叶	1811 担	9321	—	
茴芹精	4671 担	35184	—	
象牙	—	—	14353 块	70944
棉布	300 块	300	13480 块	26326
Ma-cú	96871 担	127022	—	
帕特那鸦片	—		402 箱	190690
贝纳尔鸦片	—		5 箱	2460
麻尔瓦鸦片	—		33 箱	18959
桂油	42 担	11555		
纸	2668 包	12938	246 包	629
猪只	2020 担	26173	—	
盐	63442 担	38489	—	
空袋子	302616 个	9233	—	
黄丝	62 担	8307	—	
烟草	386 担	1923	1100 箱	10260
合计		818478		513902

资料来源：*Boletim Official* 22，34（1864）：85，133；3，14（1865）：9，53。出口三种鸦片共合 440 箱，212109 元。

表 3–15　1869~1879 年澳门港华船（Junco）进出口货载构成

货载品名	进口	出口	合计
	载货船数	载货船数	载货船数
水果	7991	38	8029（8.6%）
稻米	5374	5317	10691（11.4%）
棉花	3690	1990	5680（6.1%）
食品	3243	1750	4993（5.3%）
猪肉	3232	519	3751（4.0%）
竹子	3178	46	3224（3.5%）

续表

货载品名	进口	出口	合计
	载货船数	载货船数	载货船数
茶叶	2183	249	2432(2.6%)
糖	1619	1865	3484(3.7%)
纸张	1614	185	1779(1.9%)
油	1498	5141	6639(7.1%)
板材	1475	30	1505(1.6%)
布匹	1182	370	1552(1.7%)
面粉	871	35	906(%)
烟草	855	1323	2178(2.3%)
药材	807	122	929(%)
Mafu	803	2323	3126(3.3%)
蔬菜	755	3	758
牛	694	3	697
盐	630	213	843
菜豆	531	907	1438(1.5%)
木炭	517	102	619
葡萄酒	507	46	553
扇子	480	68	548
木材	374	58	432
靛蓝	369	931	1300(1.4%)
耶子	341	515	856
药品	317	315	632
Ramé	303	3	306
席子	253	371	624
铁器	211	8	219
谷子	183	223	406
槟榔	168	147	315
咸鱼	178	18733	18911(20.3%)
煤	151	2	153
母鸡	105		105
各色货物	669	1570	2239(2.4%)
载货总船数	47851	45530	93381
压舱船数	3558	3829	7387
总船数合计	51409	49359	100768
每年平均	4673.5	4487.2	9160.7

注：第四列"合计"为自算。

资料来源：*Boletim Official* 48（1884）：460。

表 4 – 1 1880～1900 年澳门港进出口船只数量与吨位

年份	进港				出港			
	华船		远洋船、小火船		华船		远洋船、小火船	
	船数	吨位	船数	吨位	船数	吨位	船数	吨位
1880	3812	336333	918	240976	3343	294082	924	245454
1881	3980	341155	798	299338	3651	322128	798	295238
1882	4148	468535	568	219043	3648	442381	567	218861
1883	3745	430160	648	261118	3355	386240	648	261118
1884	5445	507666	584	260917	5365	504739	525	239615
1885	4926	458250	686	484115	4978	451941	626	464114
1886	4590	418744	694	535844	4524	407735	696	535740
1887	4375	398143	702	582931	4351	397142	702	583434
1888	5730	433505	751	604453	5726	433261	749	602961
1889	5937	458501	783	597245	5927	457965	784	594490
1890	6294	336796	1013	—	6277	326676	1012	—
1891	6486	332046	994	510009	6287	322500	993	509482
1892	6019	321156	700	480559	5775	311876	700	480559
1893	6120	—	1082	—	5945	—	1082	—
1894	5749	292064	1343	546640	5642	288342	1343	547675
1895	5491	271144	1069	560392	5194	261554	1069	560448
1896	5195	259322	919	545330	4859	246680	919	545652
1899	4750	303500	1301	574636	4530	271940	1279	574175
1900	4833	293953	1375	528862	4539	282484	1372	528644

资料来源：1880～1895 年船只资料：*Boletim Official* 6（1897）：78，85。

1880～1883 年吨位资料：*Boletim Official* 48（1884）：456 – 457。

1884～1888 年华船吨位资料：*Boletim Official* 14，31，34（1887）；*Boletim Official* 46，48（1888）；*Boletim Official* 13（1890）；*Boletim Official* 21（1891）；*Boletim Official* 45（1889）：348.

1884～1888 年洋船吨位资料：*Boletim Official* 27，29（1887）：251，262（1884 年海船出口资料不含 lanchas a vapor），30，31（1887）：271，276（1885 年海船出口资料不含 lanchas a vapor）；*Boletim Official* 50，51（1888）：423，429（1886 年海船出口资料不含 lanchas a vapor）；*Boletim Official* 18，19（1890）：142，148（1887 年海船出口资料不含 lanchas a vapor）；22，44（1890）：176，377（1888 年海船出口资料不含 lanchas a vapor）。

1889 年吨位资料：AHU – ACL – SEMU – DGU – 3R – 007，Cx. 0001，Mic. C0777。

1890 年华船吨位资料：*Boletim Official* 20（1894）：235，237。

1891～1892 年吨位资料：*Boletim Official* 21，29，32，36（1892）；*Boletim Official* 23（1893）：276。

1894～1895 年吨位资料：*Boletim Official* 40（1895）：439；*Boletim Official* 23（1896）：231。

1896 年：*Boletim Official* 40（1897）：493。

1899 年：由月份数据整合而成，详见 *Boletim Official* 51（1899）：446，449；5，10，14，23，26，28，30，33（1900）：46，49；104，107；154；254；318；372；420；478；海船资料系定期航运与不定期航运之和，全年合计为自算。

1900 年：由月份数据整合而成，详见 *Boletim Official* 14，23，26，28，30，33，35，39，43，47，52（1900）：157；257；321；375；423；481；544；608；670；744；842；其中 12 月定期轮船资料取自 AHU – ACL – SEMU – DGU – 3R – 007，Cx. 0001，Mic. C0778，不定期轮船资料取自 *Boletim Official*，Anos de 1900 e 1901，"Movimento de Porto de Macau"。

1884～1888 年、1899～1900 年华船吨位原为"担"，已按照约 17 担 =1 吨的比率换算为"吨"，保留整数，小数点后四舍五入。1890～1895 年华船原为"公吨"。

表 4 – 2　1880～1882 年澳门港主要进口货物价值

单位：元（Patacas）

货名	1880 年	1881 年	1882 年
鸦片	4132170	3637800	4203000
茶叶	1587307	899338	923256
食油	568590	1064513	1097946
稻米	652414	873180	728073
棉花	815621	656479	124680
丝绸	934169	472350	435000
纸张	557332	684270	762969
靛蓝	421298	503438	572287
棉线	88602	566244	242256
水果	273347	310250	289455
布匹	350960	142880	62120
食糖	287891	209690	513760
非归类货物	195123	227651	336667
Mafú	134317	272148	289493
货币	79673	287751	180561
猪只	185836	177813	171254
茴香油、桂油	108691	229915	123142
象牙	195200	137700	300518
烟草	187975	130916	208731
盐	116160	106146	356782
葡萄酒与烈酒	12356	19456	22671
归类各货	1499994	1715327	1333070
合计	13385043	13325263	13277700

资料来源：*Boletim Official* 48（1884）：461。贸易值保留整数，小数点后四舍五入。另见 Adolpho Ferreira de Loureiro, *O Porto de Macau-Ante-Projecto para o seu Melhoramento*（Coimbra: Imprensa da Univerdidade, 1884），p. 45。

表 4 – 3　1880～1882 年澳门港主要出口货物价值

单位：元（Patacas）

货名	1880 年	1881 年	1882 年
鸦片	4035309	3513000	4619946
茶叶	1737369	1368664	1316582
食油	967827	930734	873460
丝绸	747400	805600	849400
咸鱼	610844	751983	858010
象牙	606149	363342	297900

续表

货名	1880 年	1881 年	1882 年
食糖	463662	380408	502881
棉花	455664	345963	530426
货币	256560	306900	415420
靛蓝	228707	299907	308993
非归类货物	235958	245791	237968
茴芹油与桂皮	159517	201085	204788
稻米	355460	419824	403623
Mafu	82510	115107	180992
盐	74416	71842	327143
葡萄酒与烈酒	1996	2764	31825
归类各货	525356	1383086	520715
合计	11544703	11505979	12480071

资料来源：*Boletim Official* 48（1884）：461。贸易值保留整数，小数点后四舍五入。另见 Adolpho Ferreira de Loureiro，*O Porto de Macau-Ante-Projecto para o Seu Melhoramento*（Coimbra：Imprensa da Universidade，1884），p. 45。

表 4 - 4　1889 年澳门港进出口主要货物及其价值

单位：元（Patacas）

货名	进口		出口	
	数量	价值	数量	价值
扇子	52218 捆	52218	53927 捆	53927
棉花	41807 包 8530 担	1175544	13971 担	237560
靛蓝	33856 桶 10928 担	302414	21866 桶 20649 担	348126
大茴香	2012 袋	40280	2399 箱	47980
槟榔	6622 担	28307	4031 筐 3127 担	27900
稻米	62192 担 2601 袋	708183	121399 袋 93014 担	701014
蔗糖	30787 担 3195 袋	256752	20135 担 16313 袋	258850
生油	90827 担 1275 桶	1128169	55584 担 948 桶	695443
公牛	1261 头	31525	11 头	275
竹子	151505 捆	303010	790 捆	1580
甘蔗	188804 捆	22127	8000 捆	1296
螃蟹	—	—	8790 筐	26370
煤炭	32825 担	16413	74 担	37
木炭	21404 担	21404	331 担	331
茶叶	36619 担 1396 袋	309698	31308 箱 9117 担	173122
罐头	333 箱	1665	5106 箱	25530
货币	墨西哥元	10660	墨西哥元	32300
混装货	12088 包	133168	7992 包	59781
象牙	317 捆 8949 颗	63367	21436 颗 22 捆	66946

货名	进口		出口	
	数量	价值	数量	价值
硫黄	4855 袋	25246	23 袋	120
长枪	726 箱	17424	7 箱	168
席子	55226 捆	40239	93611 捆	98417
糠	—		9709 担	14564
面粉	47188 袋 7961 担	110585	3461 担 281 袋	27729
布匹	907 箱	36280	302 箱	12080
菜豆	26007 担	52018	10445 担	20892
棉线	3918 包 5323 担	570263	73575 担	2575133
水果	61886 担 2190 筐	299943	4870 筐 5794 担	74286
母鸡	747 担 108 只	12646	2035 只	20100
土布	261 箱	10440	8 箱	320
蔬菜	7075 担 6039 筐	35224	7966 筐 61 担	21695
粗棕糖	86831 担 1693 筐	864940	47999 担	191997
木柴	211352 担	88068		
粉丝	8529 担	38382	7476 担	33642
各种木材	12251 根 76002 块	31135	19 块	19
Mafu	32759 担 34230 包	93490	23728 担	37965
药品	2974 担 967 包	25506	1160 担 388 箱	11068
谷子	9866 担	14799	500 担	914
茴芹油	440 担 1263 罐	193246	1666 罐 8 担	119912
桂油	679 罐 481 担	76242	1655 罐	54615
鸦片烟土	4326 箱	3028200	53765 担	877580
鸦片烟膏	—	—	3162 箱	2213400
鸭蛋和咸鸭蛋	5328 筐 5 桶	21430	21638 桶 1435 筐	107793
各类纸张	29396 包	225056	175 包 184 担	2845
爆竹	587 箱	9099	8035 箱	124808
各类鱼	45920 担 1138 筐 289 桶	199977	40779 担 3205 筐 196 桶	166428
火水	46832 箱	117080	4541 箱	11853
火药	14528 桶	58112	—	—
果干	236 担	94360	119 担	2365
猪只	25061 头	250610	2183 头	21830
Ramé	4806 担	25471	2682 担	14215
白藤	2371 担 3787 捆	25818	296 担 546 捆	3473
草袋	140095 捆	98487	8917 捆	6242
铜钱	32 箱	1920	238 箱	14280
盐	162555 筐	61277	224787 担	74929
丝绸	2870 包	345500	3834 包	766800
烟草	12032 担 1045 包 62 箱	91711	24447 捆 3346 包 672 担	94607
中国葡萄酒	36079 瓶	33471	14555 瓶	13100
其他货物	略	略	略	略
合计	—	11658962	—	10633574

资料来源：澳门海外历史档案馆：AHU - ACL - SEMU - DGU - 3R - 007, Cx. 0001, Mic. C0777。

表 4 – 5　1891～1892 年澳门港进出口主要货物及其价值

单位：元（Patacas）

货名	1891 年		1892 年	
	进口	出口	进口	出口
棉花	361648	207602	318040	180232
靛蓝	235091	279825	227454	305813
稻米	1186630	871286	950348	573182
食糖	226629	273696	262434	236499
生油	2688760	974831	1625793	1178428
茶叶	262846	598922	1953430	696329
货币	38320	117391	77530	37050
归类各货	2451361	2371060	3730450	2543055
非归类货物	289925	45867	287426	104083
象牙	567390	74313	543675	106246
布匹	224200	19560	12554	—
棉线	2552001	2695420	1326782	1006224
水果	47323	83339	356614	92169
猪	178143	2012	219541	4108
牛	28055	780	48679	1950
Mafú	87036	45815	163429	97546
茴香油、桂油	228343	234720	400299	341457
鸦片	2648320	4197078	2743300	2673212
纸张	103075	2679	113126	4566
咸鱼	118275	315612	149534	863939
盐	84028	80937	45939	73360
丝绸	399870	1366790	378954	1296420
烟草	259101	86714	281477	71082
酒和酒精	86871	5363	93332	18724
总计	15782240	14971605	15410195	12505673

资料来源：1891 年见 *Boletim Official* 29（1892）：242。1892 年见 *Boletim Official* 23（1893）：p. 276。贸易值保留整数，小数点后四舍五入。

表 4 – 6 1894～1895 年澳门港进出口主要货物价值

单位：元（Patacas）

货名	1894 年		1895 年	
	进口	出口	进口	出口
棉花	203782	92331	291629	144151
靛蓝	160482	137794	73485	86943
稻米	1481859	1105493	1313020	957269
食糖	245441	493150	259880	263613
生油	1131334	679846	1018120	953154
茶叶	3733936	3485546	3050183	3871993
货币	128322	47814	92962	86185
归类各货	3715510	1931433	4457824	2483846
非归类货物	432059	701177	368594	164359
象牙	568209	118413	873575	118714
布匹	30597	12480	4998	1960
棉线	1083634	693267	1062260	610453
水果	742772	52490	180269	88165
猪	245922	16308	250648	2941
牛	41395	1075	67700	170
Mafú	87671	38795	64199	22093
茴香油、桂油	318803	325292	84063	194436
鸦片	3884528	3660988	3467360	2907404
纸张	65925	417	139129	1161
咸鱼	102494	1080312	174926	973486
盐	118080	164611	164984	179276
丝绸	311309	856240	536978	890286
烟草	241091	188677	222356	175041
酒	123273	17261	135202	26628
合计	19198427	15901299	18355069	15203725

注：表中"合计"与各项之和略有出入，为保持史料原貌，照录不改。

资料来源：1894 年：*Boletim Official* 40（1895）：439。1895 年：*Boletim Official* 23
(1896)：231. 贸易值保留整数，小数点后四舍五入。

表 4－7　1899 年澳门港进出口主要货物及其价值

单位：元（Patacas）

货名	进口		出口	
	数量	价值	数量	价值
鸦片烟土	4666 箱	4300938	86255 粒	2426952
鸦片烟膏	—		3973 箱	2589092
生油	67536 担 12675 桶	1582501	38726 担 77 桶	618562
稻米	392084 担 15709 袋	1539339	180535 袋 29523 担	1087196
茶叶	20006 担 5138 箱 2065 袋	945115	117574 箱 1428 担	1232125
竹子/竹子品	199008 捆 166975 个	1113763	5344 捆 4590 个	25744
咸鱼	5493 筐 4168 担	128778	99270 担 7499 筐	966086
丝绸	5257 担 28 包	852416	4116 包 486 箱	742140
棉线	10117 包 3977 担	838832	18373 担 3 包	637681
草袋	173772 捆	695160	132464 捆	529860
爆竹	1983 箱	31135	33128 箱	517801
蔗糖	17613 担 12280 袋	246485	30391 袋 19628 担	369317
象牙	1315 包	256527	19464 根	95288
烟草烟叶	31435 担 223 包	250038	22440 包 1731 担	246545
土布	63201 件 521 包	369142	23165 件 94 包	118338
木料	—	3670888	—	156925
猪只	17889 担 1389 头	305395	99 担 12 头	1757
粗棕糖	61519 担	294590	39664 担	190142
水果	51931 担 7526 筐	259938	6704 筐 4704 担	75600
水泥	1428 桶	7711	44996 桶	242983
棉花	5915 包 3144 担	227665	6805 担	131810
禽蛋	9405 筐	59110	23655 筐	178231
家禽	1956 担 537 只	53196	8017 只	169360
茴香油	1084 桶	147569	775 桶	112615
草席	85451 捆	119919	75053 捆	142387
扇子	64813 捆	129626	54449 捆	114862
食品	—	—	4678 箱	116800
盐货	5577 筐 20572 担	97485	141738 担 37 筐	115897
其他货物	略	略	略	略
合计	—	19038009	—	16078475

资料来源：*Boletim Official* XLV（1899）：447－448，450－451；*Boletim Official* XLV（1900）：47－48，50－51，105－106，108－109，155－156，255－256，319－320，373－374，421－422，479－480。原为月份资料，全年合计为自算；表中略去了贸易额在 10 万元以下的货物；表中数据一律四舍五入，保留整数。

表 4 – 8　1881 年澳门港远洋船进出口主要货物及其价值

单位：元（Patacas）

货名	进口		出口	
	数量	价值	数量	价值
棉花	9532 包	232745	—	—
靛蓝	69013 桶	491495	232 桶	1750
大茴香	2500 袋	50920	232 袋	20300
稻米	160 袋 1454 担	3600	7850 袋	19625
茶叶	4231 箱 401 袋 379 担	25352	288081 箱 73 袋 35 罐	1297682
货币	—	278751	—	306900
混装货	25915 包	237660	31773 包	245792
象牙	459 捆	137700	18 捆	5400
布匹	3572 包	142880	2 包	80
棉线	5227 包	512246	—	—
Mafu	48704 袋 20271 担	89662	—	—
燕窝	4 包	710	143 包	45703
茴芹油	2236 桶	172884	2767 桶	195904
桂油	1387 桶、77 罐	52557	157 桶	5181
鸦片	6063 箱	3637800	8 箱	4800
纸张	6944 包	50853	809 包	6066
火药	290980 磅	59116	—	—
铜钱	41 袋	714	3140 袋	54609
丝绸	144 包	28800	3957 包	791400
其他货物	略	略	略	略
合计	—	6413527	—	3094136

资料来源：*Boletim Official* 20，23，43（1882）：167 – 168，194，385 – 386，388 – 389。
原为半年资料，全年合计为自算；略去了贸易额不足 5 万元的货品；数据一律四舍五入。

表 4 – 9　1882 年澳门港远洋船进出口主要货物及其价值

单位：元（Patacas）

货名	进口		出口	
	数量	价值	数量	价值
棉花	4963 包	122338	30 包	739
靛蓝	61901 桶	433307	196 桶	1372
大茴香	2028 袋	40560	908 袋	18160
蔗糖	9667 袋 1444 担 240 筐	90521	9502 袋	55531
茶叶	489 袋 19 箱	5954	276155 箱 2744 袋	1275626
铜	315 箱	31500	85 箱	8500
货币	—	180561	—	415420

续表

货名	进口		出口	
	数量	价值	数量	价值
混装货	41170 Volumes	336667	31281 Volumes	237968
象牙	968 根	290400	7 捆	2100
布匹	1406 包	56240	25 包	1000
棉线	2472 包	242256	—	—
Mafu	47983 袋	57580	—	—
茴芹油	454 桶	32143	2858 桶	202346
桂油	1471 桶	48543	74 桶	2442
鸦片	5005 箱	4203000	200 箱	120000
鸦片烟膏	—	—	1473 箱	1022917
纸张	4151 包	31133	—	—
火药	11043 桶	44172	—	—
丝绸	43 箱 32 包	15000	4086 箱 56 包	828400
其他货物	略	略	略	略
合计	—	6421227	—	4349378

资料来源：*Boletim Official* 21, 22 (1884): 190–191, 199–200。

表 4-10　1889 年澳门港远洋船进出口主要货物及其价值

单位：元（Patacas）

货名	进口		出口	
	数量	价值	数量	价值
棉花	41807 包	1030543	—	—
靛蓝	33856 桶	236852	21866 桶	153062
大茴香	2012 袋	40280	2399 箱	47980
槟榔	—	—	4031 筐	16950
稻米	2601 袋	9104	121399 袋	424897
蔗糖	3195 袋	20768	16313 袋	106035
生油	1275 桶	38250	948 桶	28440
公牛	1261 头	31525	11 头	275
螃蟹	—	—	8790 筐	26370
茶叶	1396 袋	16752	31308 箱	100186
罐头	333 箱	1665	5106 箱	25530
货币（Patacas）	—	10660	—	32300
混装货	12088 包	133168	7992 包	59781
象牙	371 捆	44520	22 捆	2640
硫黄	4855 袋	25246	23 袋	120
长枪	726 箱	17424	7 箱	168
席子	170 捆	1700	17310 捆	45006

续表

货名	进口		出口	
	数量	价值	数量	价值
面粉	47188 袋	70782	281 袋	422
布匹	907 箱	36280	302 箱	12080
棉线	3918 包	383964	—	—
水果	2190 筐	21681	4870 筐	48213
母鸡	108 只	1440	2035 只	20100
土布	261 箱	10440	8 箱	320
蔬菜	6039 筐	16305	7966	21508
粗棕糖	1693 筐	17607	—	—
Mafu	34230 包	41076	—	—
药品	967 包	10637	388 箱	4268
茴芹油	1263 罐	89420	166 罐	118024
桂油	679 罐	23308	1655 罐	54615
鸦片	4326 箱	3028200		
鸦片烟膏	—	—	3162 箱	2213400
鸭蛋和咸鸭蛋	78 筐 5 桶	336	21638 桶 1017 筐	105767
爆竹	587 箱	9099	7404 箱	114762
纸张	1454 包	10178	175 包	1525
各种鱼	1138 筐 289 桶	6356	3205 筐 196 桶	23642
火药	14528 小桶	58112	—	—
猪只	4863 头	48630	16 头	160
白藤	3787 捆	15148	546 捆	2184
铜钱	32 箱	1920	238 箱	14280
盐	162555 筐	61277	—	—
丝绸	477 包	95400	3834 包	766800
烟草	62 箱	217	24447 捆	85555
其他货物	略	略	略	略
合计	—	5799752	—	4717506

资料来源：AHU – ACL – SEMU – DGU – 3R – 007，Cx. 0001，Mic. C0777。

表 4 – 11　1891 ~ 1892 年澳门港远洋船进出口主要货物及其价值

单位：元（Patacas）

货名	1891 年		1892 年	
	进口	出口	进口	出口
棉花	265037	1724	264273	1652
靛蓝	26326	236534	22711	251630
包装茴香油	34884	29184	84645	112157
槟榔	7917	21496	11525	21550

货名	1891 年		1892 年	
	进口	出口	进口	出口
稻米	29806	491502	18793	362361
食糖	64082	150034	154334	80311
生油	1805160	52032	587208	40231
公牛	27030	60	48025	200
虾干	19500	39471	11037	25376
螃蟹	—	38566	—	25832
茶叶	17001	576612	228021	604166
水泥	880	105616	383	145665
货币（Patacas）	38320	117391	77520	37050
归类各货	289922	45870	287425	104103
象牙	566160	3360	540240	600
猎枪	24150	250	36671	60
席子	2800	868940	2050	559160
面粉	78515	302	61615	347
布匹	209000	13280	10320	—
菜豆	6138	399	72225	936
棉线	2406996	3500	1253498	144
火柴	53500	—	12096	41
水果	40464	60832	29704	76792
母鸡	250	26480	17668	29995
本色土布	15200	6280	9040	10400
蔬菜	19781	9398	19040	21093
药用蓣	12110	—	31379	377
药品	17057	2743	7358	1976
燕窝	—	18200	—	139230
茴香油	106053	123924	236877	234945
桂油	11571	110796	98952	106512
鸦片（熟膏）	—	3159100	—	1912712
鸦片（烟土）	2648320	—	2743300	—
蚝干	2218	25201	5626	9584
禽蛋	10790	3349	8778	250
咸蛋	—	124575	—	130933
爆竹	1181	367598	1796	317168
淡水鱼	23048	—	14018	—
咸鱼	79963	20527	114517	73788
鱼干	1064	7483	15200	3374
火药	57512	—	58499	—
猪肉	46470	—	37790	730
盐	84027	—	46984	—
硝石	50880	—	36276	120
丝绸	56110	1366790	7440	1296420
烟草	382	82954	522	65734
西洋葡萄酒	24912	3558	38447	693
合计	9359301	8347320	7449521	6853029

资料来源：*Boletim Official* XL，Supplemento ao № 20，23 - 05 - 1894，p. 241。贸易值保留整数，小数点后四舍五入。

表 4 – 12　1899 年澳门港远洋船进出口主要货物及其价值

单位：元（Patacas）

货名	进口		出口	
	数量	价值	数量	价值
鸦片	4666 箱	4300938	5814 粒 3973 箱	2748825
生油	12675 桶	512639	77 桶	3031
稻米	15709 袋	82742	180535 袋	959417
茶叶	5138 箱 2065 袋	150414	117574 箱	1175426
咸鱼	5493 筐	93374	7499 筐	120550
丝绸	28 包	4510	4116 包 486 箱	742140
棉线	10117 包	701071	3 包	208
爆竹	31 箱	488	11322 箱	175424
蔗糖	12280 袋	108678	30391 袋	258850
象牙	1315 包	256527	64 包 286 根	13915
烟草、烟叶	223 包	2363	22440 包	237864
土布	521 包	91517	94 包 20 件	16620
水果	7526 筐	62713	6704 筐	61751
棉花	5915 包	166642	—	—
禽蛋	3858 筐	24134	23517 筐	177156
家禽	537 只	11749	8017 只	169360
茴香油	1084 桶	147569	775 桶	112615
草席	71005 捆	62660	73987	137747
食品			4678 箱	116800
盐货	55779 筐 13172 担	91417	37 筐	46
其他货物	略	略	略	略
合计	—	8433706	—	8319884

资料来源：*Boletim Official* XLV（1899）：447 – 448，450 – 451；*Boletim Official* XLV（1900）：47 – 48，50 – 51，105 – 106，108 – 109，155 – 156，255 – 256，319 – 320，373 – 374，421 – 422，479 – 480。原为月份资料，全年合计为自算；表中略去了贸易额在 10 万元以下的货品；表中数据一律四舍五入，保留整数。

表 4 – 13　1881 年澳门港华船进出口主要货物及其价值

单位：元（Patacas）

货名	进口		出口	
	数量	价值	数量	价值
扇子	52709 捆 367 箱	47037	7810 捆	6835
棉花	17290 包	423734	14035 包	345963
稻米	305721 担	869581	133847 担	400199
靛蓝	1991 担	11943	42114 桶	298157
蔗糖	27159 担	188731	68237 担	360016
生油	152071 担	1064494	132542 担	927795

货名	进口		出口	
	数量	价值	数量	价值
竹子	177589 捆	26638	—	—
细铁条	12817 担	38450	—	—
茶叶	108015 担 3126 罐 80 箱	873985	2828 担 6880 罐 2430 箱	70963
象牙	26686 块	53372	178971 块	357942
菜豆	25351 担	53238	4452 担	9350
棉线	551 包	53998	4501 包	358886
水果	68096 担	306430	2700 担	12149
蔬菜	18777 担	42249	184 担	304
药用薯蓣	16929 担	67715	233 担	933
粗棕糖	36094 担	116045	8794 担	35176
木柴	191916 担	59570	—	—
木材	45673 板 3073 块 804 担	30986	790 根 110 块	483
Mafu	114055 担	182487	71941 担	115107
药材	8969 担	44844	1509 担	7546
谷子	77005 担	115508	1233 担	1850
鸦片	—	—	102673 粒	1578768
爆竹	1368 箱	21204	—	—
各类纸	12669 担 10 箱 56511 包	599346	120 担 90 包	1750
各种鱼	25704 担	139527	214194 担	749723
猪只	620 担 17161 头	177813	761 头	7610
白藤	9322 担	41950	248 担	1116
草袋	93598 捆	98928	67626 捆	70331
盐货	173450 担	91289	136530 担	71842
各等丝绸	6262 包 254 箱	443550	29 箱 100 包	14200
烟草	17423 担 137 箱	130726	971 捆 12888 箱 880 担 6874 包	18933
其他	略	略	略	略
合计	—	6911835	—	6081405

资料来源：*Boletim Official* 47 （1881）：351－356，357－359；*Boletim Official* 40，41（1882）：356－362；370－373。原为半年资料，全年合计为自算；略去了贸易额不足 5 万元的货品；数据一律四舍五入。

表 4-14 1882 年澳门港华船进出口主要货物及其价值

单位：元（Patacas）

货名	进口		出口	
	数量	价值	数量	价值
扇子	35376 捆 665 箱	32617	21777 捆 215 箱	19593
棉花	95 包	2342	31158 担	529687
靛蓝	19854 担	138980	51270 担	307621
稻米	260445 担	621258	133570 担	394303
蔗糖	39130 担	221507	52853 担	304063
生油	156127 担	1092888	124542 担	871942
竹子	232659 捆	49899	794 捆	119
茶叶	110966 担 216 箱 51210 罐	917303	3013 箱 2076 罐 722 担	30956
象牙	180 根	5094	147900 根	295800
席子	59628 捆	—	38739 捆	27117
面粉	752 担 53871 袋	—	2615 袋	3923
棉线	—	—	1169 包	40915
水果	62945 担	283251	3544 担	15949
蔬菜	22513 担	50655	288 担	848
药用薯蓣	12737 担	50948	695 担	2781
粗棕糖	55583 担	201742	35829 担	143317
木柴	159058 担	54848	—	—
Mafu	144946 担	231914	113120 担	180992
谷子	71210 担	106815	1057 担	1586
鸦片	—	—	94622 粒	1513952
各类纸	48540 担 41899 捆	732626	4645 捆 190 担	41684
各类鱼	19662 担 779 包	86464	241943 担	846851
猪只	15282 头 1765 担	168704	752 头	7520
白藤	8611 担	38749	962 担	4327
草袋	71390 捆	49973	13896 捆	9727
盐货	646002 担	340001	621502 担	327106
丝绸	340 箱 5455 包 80 担	433000	300 担 120 包	21000
烟草	27781 担 219 箱 147 包	208488	2182 担 10213 箱 1762 包	22208
其他货物	略	略	略	略
合计	—	6856472	—	6167619

资料来源：*Boletim Official* 41，43（1883）：359－368；381－386。略去了贸易额不足 5 万元的货品；数据一律四舍五入。

表 4 - 15　1889 年澳门港华船进出口主要货物及其价值

单位：元（Patacas）

货名	进口		出口	
	数量	价值	数量	价值
扇子	52218 捆	52218	53927 捆	53927
棉花	8530 担	145011	13971 担	237506
靛蓝	10928 担	65562	20649 担	195064
槟榔	6622 担	28307	3127 担	10950
稻米	62192 担	699079	93014 担	276117
蔗糖	30787 担	235984	20135	152815
生油	90827 担	1089919	55584 担	667003
木油	1237 担	11136	216 担	1942
竹子	151505 捆	303010	790 捆	1580
甘蔗	188804 捆	22127	8000 捆	1296
煤炭	32825 担	16413	74 担	37
木炭	21404 担	21404	331 担	331
茶叶	36619 担	292946	9117 担	72936
象牙	8949 颗	18847	21436 颗	64306
帆用席子	55056 捆	38539	76301 捆	53411
糠	—	—	9709 担	14564
面粉	7961 担	39803	3461 担	27307
菜豆	26007 担	52018	10445 担	20892
棉线	5323 担	186299	73575 担	2575133
水果	61886 担	278262	5794 担	26073
母鸡	747 担	11206		
蔬菜	7075 担	18919	61 担	187
粗棕糖	86831 担	847333	47999 担	191997
木柴	211352 担	88068	—	—
粉丝	8529 担	38382	7476 担	33642
各种木材	12251 根 76002 块	31135	19 块	19
Mafu	32759 担	52414	23728 担	37965
药品	2974 担	14869	1160 担	6800
谷子	9866 担	14799	500 担	914
茴芹油	440 担	103826	8 担	1888
鸦片	—	—	53765 担	877580
桂油	481 担	52934		
鸭蛋和咸鸭蛋	5250 筐	21049	418 筐	2026
各类纸张	27942 包	214878	184 担	1320
爆竹	—	—	631 箱	10046
鲜鱼和咸鱼	45920 担	193621	40779 担	142786
火水	46832 箱	117080	4541 箱	11853
果干	236 担	94360	119 担	2365
猪只	20198 头	201980	2167 头	21670
Ramé	4806 担	25471	2682 担	14215
白藤	2371 担	10670	296 担	1289
草袋	140095 捆	98487	8917 捆	6242
盐	—	—	224787 担	74929
一等二等丝	2393 包	250100	—	—
烟草	12032 担 1045 包	91494	3346 包 672 担	9052
中国葡萄酒	36079 瓶	33471	14555 瓶	13100
其他	略	略	略	略
合计	—	5859210	—	5916068

资料来源：AHU - ACL - SEMU - DGU - 3R - 007，Cx.0001，Mic. C0777。

表 4-16 1891～1892 年澳门港华船进出口主要货物及其价值

单位：元（Patacas）

货名	1891 年		1892 年	
	进口	出口	进口	出口
扇子	44487	41526	78056	66478
粉丝	28915	351198	48610	74843
棉花	96611	205877	53768	181641
靛蓝	208768	43292	204743	54127
鲜槟榔	23736	6663	5044	1032
稻米	1156825	379785	931555	210320
糖	160926	123582	107311	156253
生油	883256	922799	1038590	1138701
桐油（木油）	4843	1250	12869	1017
竹子	291258	—	927547	—
石炭（煤）	64870	55	71596	28
木炭	19724	—	17179	—
茶叶	245846	22210	846166	92163
象牙	1230		3435	105645
席子	49047	74518	112800	17160
面粉	38016	40204	25588	31934
菜豆	49804	21480	70864	45298
棉线	145005	2691920	73296	1006080
水果	435859	22502	326911	15377
蔬菜	26314	187	26672	24
薯蓣（山药）	10383	1249	6812	2277
粗棕糖	441953	363394	271936	233074
柴火	91238	—	96695	—
中国陶瓷	5017	49	225144	22440
硬木	105700	—	106050	400
Mafu	84796	45815	162280	97537
药品	16511	8518	21064	17598
谷子	10943	2903	27032	1359
茴香油	39955	—	32430	—
桂油	70765	—	32046	—
贝纳尔、巴特纳鸦片	—	976640	—	683248
麻尔瓦鸦片	—	61338	—	76896
勿忘草	—	—	13806	4430
鸭蛋	35175	—	41974	—
爆竹	—	24	—	39114
纸张	101348	—	109976	—
宗教用纸	52038	—	4526	—
鲜鱼和咸鱼	89234	195085	105082	790307

货名	1891 年		1892 年	
	进口	出口	进口	出口
火水	94496	18802	134440	58860
香粉	2636	—	15144	
猪肉	127346	2012	174376	3378
Rame	54218	25099	60240	25937
白藤	12772	830	25283	4375
草袋	141388	54216	442589	254329
盐	—	80937	—	73360
各等丝货	343760	3760	297284	1710
烟叶	253032	—	275373	—
木板	60157	108	46672	3639
中国酒	61850	11672	51354	13064
合计	6382212	6622946	7957436	5664585

资料来源：*Boletim Official* 20（1894）：243。贸易值保留整数，小数点不为四舍五入。

表 4 – 17　1899 年澳门港华船进出口主要货物及其价值

单位：元（Patacas）

货品	进口		出口	
	数量	价值	数量	价值
鸦片	—	—	80441 粒	2267219
生油	67536 担	1069862	38726 担	615531
稻米	392084 担	1456597	29523 担	127779
茶叶	20006 担	794701	1428 担	56699
竹子和竹制品	199008 捆 166975 件	1109893	5344 捆 4590 件	30069
咸鱼	4168 担	35404	99270 担	845536
丝绸	5257 担	847906		—
棉线	3977 担	137761	18373 担	637473
草袋	173772 捆	695160	132464 捆	529860
爆竹	1952 箱	30647	21806 箱	342377
蔗糖	17613 担	137807	19628 担	110467
象牙	—	—	19464 颗	95288
烟草、烟叶	31345 担	247675	1731 担	8681
土布	63201 件	277625	23145 件	101712
木材		367088		156925
猪只	17889 担	284612	99 担	1577
粗棕糖	61519 担	294590	39664 担	190142
水果	51931 担	197225	4704 担	13849
水泥	1428 桶	7771	44615 桶	240926
棉花	3144 担	61023	6805 担	131810
咸蛋	5547 筐	34976	138 筐	1075
家禽	1956 担	41447	—	
草席	14446 捆	57259	1066 捆	4640
扇子	64813 捆	129626	58818 捆	113600
盐	7400 担	6068	141738 担	115851
其他货物	略	略	略	略
总值	—	10604304	—	7758591

资料来源：*Boletim Official* XLV（1899）：448，451，；*Boletim Official* XLVI（1900）：48，51，106，109，156，256，320，374，422，480。原为月份资料，全年合计为自算；表中略去了贸易额在 10 万元以下的货物；表中数据一律四舍五入，保留整数。

表 5 - 1　1900~1909 年澳门港进出口船只数量与吨位

年份	进港				出港			
	华船		远洋船		华船		远洋船	
	船数	吨位	船数	净吨位	船数	吨位	船数	净吨位
1900	4833	293953	1375	528862	4539	282484	1372	528644
1901	4752	298785	1640	549772	4338	267975	1617	549355
1902	4269	261622	1464	537729	3920	240418	1481	541753
1903	3753	235823	2049	846440	3507	223124	2045	846446
1904	3995	221420	1944	878950	3678	213900	1928	876219
1905	4974	284716	2317	1034090	4820	267051	2289	1030502
1906	4254	230553	2035	912553	4317	233204	2014	903434
1907	4178	258610	2424	1173128	4632	246667	2409	1150981
1908	4652	236315	2051	1108330	5038	235885	2025	1095367
1909	6437	356277	1616	958045	6205	340681	1588	947789
合计	46097	2678074	18915	8527899	44994	2551389	18768	8470490

资料来源：1900 年：参见附录"统计表"之表 4 - 1。费格列多在"经济的向量"一章中所录 1900 年船只数据，系以 1899 年 12 月资料为基准推算出来的，与笔者依据完整记录所统计的结果稍有出入。参见 A. H. de Oliveira Marques, dir., *História dos Portugueses no Extremo Oriente*, 3.° Volume, *Macau e Timor-Do Antigo Regime à República* (Lisboa: Fundação Oriente, 2000), p. 244。

1901~1902 年：AHU - ACL - SEMU - DGU - 3R - 007, Cx. 0001, A. H. M., Mic. C0778；原为月份资料，全年合计为自算。

1903~1904 年：AHU - ACL - SEMU - DGU - 3R - 007, Cx. 0001, A. H. M., Mic. C0778；不定期轮船：*Boletim Official*, Annos de 1903 e 1904, "Movimento do Porto de Macau"。原为月份资料，全年合计为自算。

1905 年：*Boletim Official*, Anno de 1905 - Secção de Estatistica, p. 3。不定期轮船：*Boletim Official*, Anno de 1905, "Movimento do Porto de Macau"。

1906 年：*Boletim Official*, Anno de 1906 - Secção de Estatistica. 不定期轮船：*Boletim Official*, Anno de 1906, "Movimento do Porto de Macau"。原为月份资料，全年合计为自算。

1907 年：*Boletim Official*, Anno de 1907 - Secção de Estatistica. 不定期轮船：*Boletim Official*, Anno de 1907, "Movimento do Porto de Macau"。原为月份资料，全年合计为自算。

1908 年：*Boletim Official*, Anno de 1908 - Secção de Estatistica. 不定期轮船：*Boletim Official*, Anno de 1908, "Movimento do Porto de Macau"。原为月份资料，全年合计为自算。

1909 年：*Boletim Official* 28 (1910): 249；不定期轮船：*Boletim Official*, Anno de 1909, "Movimento do Porto de Macau"。

费格列多所撰"经济的向量"一章"图表 25"中 1905 年、1908 年船只资料分别以 11 个月和 9 个月的资料为基准推算而得（A. H. de Oliveira Maeques, *História dos Portugueses no Extremo Oriente*, 3.⁰ Volume, *Macau e Timor. do Antigo Regime à República*, p. 247）。实际上，《澳门宪报》刊载了完整的统计报表。

华船吨位原为"担"，已按约 17 担＝1 吨的比率换算为"吨"，保留整数，小数点后四舍五入。

表5－2　1901年澳门港进出口货物量值

单位：元（Patacas）

货名	进口		出口	
	数量	价值	数量	价值
鸦片烟土	4284 箱	4056038	59489 粒	1641891
鸦片烟膏	—	—	3690 箱 198200 两	3126290
丝绸	9627 担 860 包	818088	4994 包 515 担	816958
稻米	269411 担 23903 袋	1178753	196236 袋 16510 担	889429
茶叶	14745 担 4730 箱	632960	49546 箱 4647 担	679157
生油	52508 担 11926 桶	1308939	28650 担 96 桶	459346
竹子和竹制品	213793 捆 428123 件	1240068	—	
各类鱼	6348 筐 7019 担	120401	121411 担 8563 筐	1136139
草袋	205565 捆	822260	81690 捆	326488
木材	104508 根	583131	5773 块	62630
混装货	—	755270	—	308972
棉布	851 担	374343	—	
水果	83668 担 9130 筐	388211	4136 筐 4789 担	51377
蔗糖	19809 袋 10179 担	240785	44830 袋 10599 担	435846
粗棕糖	83284 担 3806 桶	416622	54208 担 644 桶 399 筐	264891
烟草	24382 担	258451		
燕窝	—	—	210 箱	279306
棉花	6657 包	187020	15288 担 956 包	282833
家禽	8578 筐 1023 只	78679	11812 只	252453
爆竹	3 箱	47	22682 箱	356030
禽蛋	3921 筐	24793	28738 筐	202744
席子	61587 捆	95901	214015 捆	247340
土布	409 包	71994	1311 包 13265 件	289102
棉线	3069 包	214148	346 包	24012
茴芹油	163 馆	22240	1051 罐	143462
罐头	1777 箱	12399	20412	142862
面粉	23409 担 30410 袋	198509	7251 担 2694 袋	47129
火水	63175 箱	164202	13192 箱	37221
纸张	24902 包	146517	—	
金属金属品	18323 担 7650 件	122786	4536 担	36771
木柴	196707 担	118024	—	
盐	67413 筐 46801 担	112991	131417 担	108820
中国葡萄酒	98019 桶	124107		
水泥	—	—	32829 桶	176001
公牛	3665 头	128485	—	—
药品	4447 包 2177 担	119977	3463 担 654 包	67542
货币	—	94340		110697
煤炭	140446 担	101101	—	

续表

货名	进口		出口	
	数量	价值	数量	价值
扇子	49700 捆	99468	38960 捆	77920
菜豆	21353 担	93951	—	—
猪只	4445 头	69825	82 头	1230
陶瓷	3714 件	85436	—	—
兽皮	2341 担	57819	481 担	11899
蘑菇	—	—	818 担	52358
木炭	37182 担	55773	6749 担	10125
桂油	113 担	41702		
鲜槟榔	12102 担	39939	4928 担	16264
其他货物	略	略	略	略
合计	—	17106529	—	14176687

资料来源：AHU－ACL－SEMU－DGU－3R－007，Cx.0001，A.H.M.，Mic.C0778。

表5－3　1903 年澳门港进出口货物量值

单位：元（Patacas）

货名	进口		出口	
	数量	价值	数量	价值
扇子	45624 捆	51248	18268 捆	36536
棉花	1710 包	47880	2121 担 2 包	42495
蔗糖	12384 袋 10731 担	180858	14960 袋 10999 担	192676
稻米	238713 担 23751 袋	992319	93574 袋 20129 担	657810
生油	53494 担 10213 桶	1261868	35664 担	570620
粉丝	3951 担	47406	4337 担	52051
公牛	702 头	24570	—	
槟榔	10415 担 448 筐	42225	5538 担 3738 筐	81073
竹子(制品)	175544 捆 446409 件	1032453	—	
木炭	58343 担 1182 筐	88402	9954 担 83 筐	14993
煤炭	94627 担 719 吨	74603	—	
茶叶	3700 担 5308 箱	201099	18986 箱 1492 担	242127
水泥	—		20588 桶 3350 吨 2049 箱	228740
铜片(制品)	278 箱 328 担	68553	336 箱 1070 担	69638
兽皮	1991 担	47551	615 担 432 捆	22855
耶子(干耶子)	583775 个	23351	2563 担 346670 个	90772
蘑菇	1423 箱	22768	822 担	52607
罐头	448 箱	3416	10280 箱 13 担	72181
货币	—	210790	—	135800
混装货	—	1312737	—	594205

货名	进口		出口	
	数量	价值	数量	价值
象牙	619 捆	121324	—	—
草席	126113 捆	104370	98342 捆	78674
布匹	2021 包	101050		
面粉	4567 担 23786 袋	152909	5986 担	34125
蚕茧	926 担	116163	—	—
水果	49474 担 6842 筐	255581	3249 箱 3097 筐	36871
丝绸	21468 担 807 包	870666	3188 包 991 担	601949
菜豆	20314 担	89337	5034 箱 764 担	25513
棉线	7240 包	502456	12993 担	454751
土布	89965 件 156 包	423302	1024 包 17951 件	259228
家禽	1464 只	31476	6391 只	137407
蔬菜	9821 担 8220 筐	49743	6668 筐	15870
粗棕糖	59600 担 1419 桶	301934	34366 担 213 桶	172852
木柴	114920 担	61952	—	—
陶器	308175 件	78564	31887 件	7972
药品	1496 包 1581 担	53789	1153 担	18444
干面团	—	—	4387 担	52369
海贝	1846 筐 138 担	42507	8383 筐 2018 担	200102
各种木材	8379 块 65773 根	335200	5030 块	94298
禽蛋	12174 筐	79159	21774 筐	150074
鸦片烟土	4312 箱	4976048	56346 粒	1763506
鸦片烟膏			2001500 两	3002250
桂油	130 担	53464	91 罐	11139
茴芹油	137 罐	18701	494 罐	67431
纸张	14002 担 974 包	149567	361 包	3538
鱼和咸鱼	5239 担 4478 筐	86402	109037 担 11490 筐	1185246
爆竹	912 箱	14593	10872 担 5083 箱	254028
沉香	12041 筐	48164	10283 筐	41132
火水	43700 箱	134657	3198 箱	11159
猪只	6856 头	102840	—	—
Ramé	13805 担	128388	2366 担	22005
草袋	90084 捆	360336	51119 捆	204476
盐	25563 担	20954	113779 担	93298
钉子	15346 担	245537	—	—
烟草烟叶	16534 担担 1905 捆	212541	15328 捆 1479 包 2795 担	195445
中国葡萄酒	67718 瓶 21975 桶	110382	229 瓶	344
西洋葡萄酒	2134 箱 182 桶	26254	—	—
铁锅	8745 口	13992	—	—
其他货物	略	略	略	略
合计	—	16342276	—	12558802

资料来源：AHU - ACL - SEMU - DGU - 3R - 007，Cx. 0001. A. H. M. ，Mic. C0778。

表 5 - 4　1905 年澳门港进出口货物量值

单位：元（Patacas）

货名	进口		出口	
	数量	价值	数量	价值
稻米	219353 担 28081 袋	1165167	15426 担 37018 袋	301492
扇子	194479 捆	38958	12516 捆	25032
生油	41881 桶	894601	61534 桶 28 担	1012904
棉花	1,258 包	33048	1257 担 1176 包	58730
棉线	1406 包	97022	19650 包 6 担	669177
槟榔	5737 筐	26629	7037 筐 273 担	93064
糖	18240 袋 2181 担	169470	3080 袋 5509 桶	72604
Aves domesticas	1014 担	18160	22 担	355
竹子	3323 捆	17776	—	—
公牛	3150 头	109320	95 头	3325
自行车	64 辆	9420	45 辆	6750
茶叶	8924 箱	250139	17469 箱	219830
铜片与铜制品	246 箱	30656	321 箱	15802
螃蟹	752 筐	15021	265 筐 8 担	3114
煤炭	251799 吨	195200	7 吨 151 筐	208
木炭	30608 担 523 筐	47103	7837 担 120 筐	11826
兽皮	1898 捆	46351	662 捆	13836
罐头	578 箱	4046	5885 箱	41188
咖啡	84 袋	3480	33 桶	1320
水泥	821 桶	4364	62495 桶 3700 袋	348354
钱币	Patacas	188513	Patacas	134500
杂货	592480 包	2841419	141091 包	1199055
Elephante（panno）	619 捆	121488	2 捆 4173 块	21257
木材	89464 根 1195 块	205688	2110 根	4804
席子	284849 捆	150751	173680 捆	193461
面粉	59149 袋	160524	6502 袋	27170
布匹	1681 包	84050	76 包 302 担	13334
水果	66087 筐	360971	6224 筐 10 担	36198
干果	8396 箱	67441	1245 箱	9251
家禽	1603 只	34408	6544 只	119746
土布	38746 件 149 包	192402	5487 件 971 包	194687
蔬菜	23253 筐 105 担	102648	3524 筐	12313
粗棕糖	38231 桶	166896	27948 桶	120178
瓷器	57 箱	510	460 件 50 箱	645
陶器	78941 件	18836	93110 件	23278
木柴	210557 担	136334	10981 担	9066
硬木	23190 块	399420	4796 块	86352
海贝	3386 担 431 筐	243572	2388 担 7918 筐	252436

续表

货名	进口		出口	
	数量	价值	数量	价值
Mendicamentos	2139 担 1852 包	71220	1930 担 559 包	41543
谷子	3004 担 543 袋	9851	10 担 43 袋	164
鸦片	774 箱	990720	15406 粒	473392
鸦片烟土	3575 箱	4147130	8473 粒 2743 箱	406366
鸦片烟膏	—	—	1894 两	3746000
茴芹油	126 罐	17199	1087 罐	148376
干蚝	—	—	421 筐	18948
禽蛋	22028 筐	148971	18552 筐	116281
咸蛋	41 筐	328	5886 筐	46888
纸	10239 包	102170	839 包、93 担	11442
鲜鱼	4887 担 58 筐	44448	2720 筐 707 担	27658
咸鱼	5432 筐 1170 担	63387	1736 筐 166290 担	2675395
鱼干	30 筐	297	1289 筐	12761
沉香	16138 筐	145375	4643 筐 113 担	20253
香粉	7189 筐	21567	53 筐	159
爆竹	14 箱	220	2230 箱	34587
咸鸭	2 筐	75	238 筐	8889
火水	34775 箱	105379	9487 箱	23815
火药	1500 桶	30000	—	—
猪只	20785 头	323515	753 头	11327
盐	24426 担	20558	18 担	15
丝	238 箱 3140 担	495995	4830 箱 5 包	778990
丝货	7423 件	59696	1317 件	11195
草袋	53573 捆	216312	39256 捆	157025
硝石	2326 袋	44176	2 袋	39
檀香木	1356 块	16092	28 块 15 担	402
铜钱	90 袋	540	179 袋	10740
烟草	15354 包	207778	19492 包 18 担	234606
烟叶	316 包	3349	1106 包	11724
砖	3906030 块	31146	160000 块	778
母牛	501 头	100200	—	—
中国葡萄酒	87377 大瓶 1653 瓶	90013	818 大瓶 2 瓶	1077
西洋葡萄牙酒	321 桶 605 箱	14649	32 桶 59 箱	1454
合计	—	18227615	—	14505919

资料来源：*Boletim Official*，Anno de 1905 – Secção de Estatistica，pp. 5 – 7。

表 5－5　1909 年澳门港进出口货物量值

单位：元（Patacas）

货名	进口		出口	
	数量(千克)	价值	数量(千克)	价值
稻米	19879074	1598306	5915461	473236
扇子	194161	42715	193426	42553
Agua gazoza	116685	14013	—	—
粉丝	357019	89358	525053	131363
生油	24038	7211	18426	5528
Azeite de ginguba	3718403	1116523	2559816	767956
棉花	276564	96660	55410	130710
棉线	1771608	1027505	1814625	1052482
靛蓝	134955	24274	2464	443
槟榔	485647	41359	786792	55076
糖	2684043	435047	599831	95977
家禽	205624	57989	372380	111714
竹子	2491536	74746	217227	6517
公牛	635025(3629 头)	190444	200100(1172 头)	60031
茶叶	494962	321795	550360	354734
铜片、铜制品	36157	28955	25735	25735
螃蟹	11047	3314	280191	84062
煤炭	17702210	177662	991200	9912
木炭	1732547	51976	212000	6342
兽皮	125323	87826	194422	136087
食品	503378	503378	34318	34318
蘑菇	67051	144496	2093	4542
罐头	231761	71846	1670556	517873
咖啡	14253	7554	—	—
水泥	1020	31	14597831	437935
Lodo para Cimento	30200	302	16269408	162694
Pedra para cimento	18444516	36889	226760	454
钱币		334450		224250
杂货	11206242	1120625	3729952	372995
Elephante(panno)	25401	10280	21030	8412
木	5280220	528022	106111	10611
硫黄	89661	4483	—	—
Esteiras para vellas	9419893	188397	13520233	270405
Esteiras de Ningpó	38459	19998	96	50
面粉	1768126	176813	514391	51439
杂色布	252076	90717	9298	3347
丝织品	6372	19116	6397	19190
菜豆	1151638	80605	243816	17063
水果	5877330	527968	1702976	153268
鲜果	927266	120549	188026	24455

货名	进口		出口	
	数量(千克)	价值	数量(千克)	价值
火柴	159921	19191	—	—
花炮	75 箱(2775k)	8242	—	—
棉布	87888	131682	168066	252100
蔬菜	1548368	154837	587402	58741
粗棕糖	1312270	131227	1663643	166365
Lata em folha	309108	21638	21916	1534
炼乳	35038	14366	—	
华瓷	207789	123505	47525	24197
柴火	18486451	184864	335091	3351
木材	293482	44022	4118	618
硬木	2663626	469199	490488	88288
海贝	343935	230456	1085386	727208
Mendicamentos	509876	137656	488273	132482
鸦片烟土	74509	1051360	62110	1096864
鸦片烟膏	—	—	7795	413000
桂油	42046	294328	75984	531888
禽蛋(含咸蛋)	325529	179692	266110	133042
纸	1495751	299149	73249	14649
鲜鱼	245732	49145	168688	33738
咸鱼	1772948	569695	10130797	2734431
沉香	752121	203037	2173313	586845
香粉	146330	14633		
爆竹	57614	34744	1705683	1023409
咸鸭	18784	18784	—	—
火水	1380645	151871	—	—
火药	7786	12928	—	—
猪只	2006280(34344 头)	611884	156180(1603 头)	39300
白藤	197163	78881	156287	56967
Ramé	524274	78641	101706	15256
盐	12180060	242600	13237	265
丝	246559	665706	234053	631944
丝织品	30252	90756	5882	17646
草袋	5879199	412734	1108368	77576
肥皂	43378	14749	—	—
硝石	206897	33204	—	—
檀香木	95023	20905	13048	2871
烟草	837514	201013	1547494	361399
烟草(加工)	19933	15946	337	270
瓷砖	311000	3110	6225	62
调料	386386	3511	123683	9887

续表

货名	进口		出口	
	数量(千克)	价值	数量(千克)	价值
砖	1190000 块	5950	31800 块	5233
中国葡萄酒	1088655(79207 瓶)	142789	48090(3206 瓶)	5771
西洋葡萄酒	328420(328420 升)	91958	14309(14309 升)	3998
合计	—	16632102	—	15091555

资料来源:*Boletim Official* 28 (1909):250 – 253。

表 5 – 6 1901 年澳门港海船进出口主要货物量值

单位:元 (Patacas)

货名	进口		货名	出口	
	数量	价值		数量	价值
鸦片烟土	4284 箱	4056038	鸦片烟土	6070 粒	167527
鸦片烟膏	—	—	鸦片烟膏	3690 箱 198200 两	3126290
丝和丝绸	860 包	158818	丝和丝绸	4994 包	813057
稻米	23903 袋	210037	稻米	196236 袋	808738
茶叶	4730 箱	47300	茶叶	49546	495460
生油	11926 桶	474059	生油	96 桶	3816
蔗糖	19809 袋	159552	蔗糖	44830 袋	365857
公牛	3665 头	128485	燕窝	210 箱	279306
家禽	1023 只	21287	家禽	11812 只	252453
席子	61587 捆	95901	席子	214015 捆	247340
棉线	3069 包	214148	棉线	346 包	24012
土布	409 包	71994	土布	1311 包	230736
棉花	6657 包	187020	棉花	956 包	26688
茴芹油	163 罐	22240	茴芹油	1051 罐	143462
货币	—	94340	货币	—	110697
混装货	34368 包	296782	混装货	24627 包	213945
禽蛋	3921 筐	24793	禽蛋	28738 筐	202744
罐头	1777 箱	12399	罐头	20412	142862
爆竹	3 箱	47	爆竹	8441 箱	132446
盐	67413 筐	74614	水泥	19575 桶	105509
水果	9130 筐	67522	水果	4136 筐	34576
面粉	30410 袋	65078	面粉	2694 袋	5799
各类鱼	6348 筐	60660	各类鱼	8563 筐	78686
药品	4477 包	85360	药品	654 包	12477
猪只	4445 头	69825	猪只	82 头	1230
粗棕糖	3806 桶	18270	粗棕糖	644 桶 399 筐	4906
其他货物	略	略	略	略	略
合计	—	7465976	—	—	8692422

资料来源:AHU – ACL – SEMU – DGU – 3R – 007,Cx.0001,A. H. M.,Mic. C0778。原文件为月份数据,全年合计数据为自算;所有数据一律四舍五入;表中略去了一些贸易额不足 10 万元的货物。

表 5 – 7　1903 年澳门港海船进出口主要货物量值

单位：元（Patacas）

进口			出口		
货名	数量	价值	货名	数量	价值
棉花	1710 包	47880	棉花	2 包	56
蔗糖	12384 袋	99072	蔗糖	14690 袋	117520
稻米	23751 袋	142506	稻米	93547 袋	561282
生油	10213 桶	405967	动物	—	155716
动物	—	159260	铜制品	336 箱	16128
公牛	702 头	24570	槟榔	3738 筐	62798
蘑菇	1423 箱	22768	罐头	10280 箱	71960
铜片	278 箱	53793	茶叶	18986 箱	189860
茶叶	5308 箱	53080	水泥	20588 桶 3550 吨	217675
货币	—	210790	货币	—	135800
混装货	161928 Voluems	809640	混装货	118841 件	594205
象牙	619 捆	121324	帆用席	98342 捆	78674
草席	126113 捆	104370	水果	3097 筐	25891
布匹	2021 包	101050	土布	1024 包	180244
面粉	23786 袋	51095	家禽	6391 只	137407
水果	6842 筐	57199	蔬菜	6668 筐	15870
棉线	7240 包	502456	海贝	8383 筐	167660
土布	156 包	27456	金属	347 箱	18257
家禽	1464 只	31476	禽蛋	21774 筐	150074
蔬菜	8220 筐	19564	茴芹油	494 罐	67431
药品	1496 包	28499	桂油	91 罐	11193
海贝	1846 筐	36920	鸦片生土	8926 粒	257513
金属	286 箱	53577	鸦片烟膏	2001500 两	3002250
生鸦片	4312 箱	4976048	沉香	10283 筐	41132
禽蛋	4932 筐	30830	各类鱼	11490 筐	94878
茴芹油	137 罐	18701	爆竹	4171 箱	65484
沉香	12041 筐	48164	丝绸	3188 包	516456
咸鱼	4478 筐	38063	烟草、烟叶	15328 捆 1479 包	164695
猪只	6856 头	102840			
丝绸	807 包	130734			
硝石	678 袋	13167			
烟草	1905 捆	20193			
西洋葡萄酒	2134 箱 182 桶	26254			
其他货物	略	略	略	略	略
合计	—	8464877	—	—	7027960

资料来源：AHU – ACL – SEMU – DGU – 3R – 007，Cx. 0001，A. H. M.，Mic. C0778。所有数据一律四舍五入；表中略去了一些贸易额不足 1 万元的货物。

表 5 - 8　1905 年澳门港轮船（Vapores）进出口货物量值

单位：元（Patacas）

货名	进口		出口	
	数量	价值	数量	价值
稻米	28081 袋	168486	37018 袋	232059
生油	13645 桶	504229	22 桶 28 担	1988
棉花	1258 包	33048	1257 担 3 包	35280
棉线	1390 包	96466	6 担	416
槟榔	333 筐	5597	4718 筐 273 担	83853
糖	16385 袋	131128	5509 桶 101 袋	44880
Bahus	31 箱	155	2054 桶	10270
自行车	64 辆	9420	45 辆	6750
公牛	2601 头	90105	95 头	3325
茶叶	3561 箱	35610	15833 箱	158330
铜片和铜制品	143 箱	25904	124 箱	5952
食品袋	20000 筐	800	—	—
煤炭	641 吨	7051	7 吨	77
木炭	523 筐	1202	120 筐	70
兽皮	444 捆	7641	352 捆	6086
罐头	578 箱	4046	5885 箱	41188
咖啡	84 袋	3480	33 桶	1320
水泥	821 桶	4364	61934 桶 3700 袋	345324
钱币（Patacas）	—	188513	—	134500
混装货	185114 Volumes	934534	89938 Volumes	454725
Elephante（panno）	619 捆	121488	2 捆	392
席子	49944 捆	112374	—	—
Esteiras para vellas	232513 捆	31609	172880 捆	187301
Esteiras de Ningpó	545 捆	5002		
面粉	49614 袋	106174	2778 袋	5945
布匹	1681 包	84050	76 包 302 件	13334
菜豆	823 袋	3681	1288 袋 92 担	6029
水果	9033 筐	75516	1488 筐 10 担	12523
干果	468 箱	8776	3 箱	56.25
火柴	—	—	1923 箱	7115
各类家禽	1603 只	34408	6544 只	119746
土布	149 包	21920	971 包	170544
Gelos	1616 箱	12120	—	—
蔬菜	10366 筐	24698	2536 筐	6036
粗棕糖	4145 桶	19896	6 桶	29
海贝	430 筐	8600	7918 筐	156900
Mendicamentos	1852 包	31805	559 包	10666
生鸦片	4379 箱	5137850	8473 粒 38 箱	319806

货名	进口		出口	
	数量	价值	数量	价值
烟膏	—	—	1894 两	3746000
茴芹油	126 罐	17199	1087 罐	148376
干蚝	—	—	421 筐	18948
禽蛋	8692 筐	54285	18225 筐	113969
咸蛋	41 筐	328	5886 筐	46888
纸	1207 包	11851	24 包 93 担	3293
鲜鱼	58 筐	464	2720 筐 537 担	26128
咸鱼	5432 筐	46172	1736 筐 1 担	14765
鱼干	30 筐	297	1289 筐	12761
沉香	9403 筐	37612	4637 筐	18344
香粉	7189 筐	21567	53 筐	159
爆竹	14 箱	220	2203 箱	34587
咸鸭	2 筐	75	238 筐	8889
火水			8725 箱	21376
火药	1500 桶	30000	—	—
猪只	10847 头	162705	727 头	10905
丝	238 箱	38347	4803 箱	778180
草袋	2917 捆	11668	160 捆	640
硝石	2326 袋	44176	2 袋	39
铜钱	90 袋	540	179 袋	10740
烟草	1571 包	15510	11908 捆 43 包 18 担	126772
烟草(加工)	—	—	776 箱 18 担	1191
烟叶	316 捆	3349	1106 捆	11724
母牛	501 头	100200	—	—
中国葡萄酒	4197 大瓶 1653 瓶	6872	510 大瓶 2 瓶	765
西洋葡萄酒	321 桶 605 箱	14649	32 桶 59 箱	1454
合计	—	9025720	—	7783251

资料来源：*Boletim Official*，Anno de 1905 – Secção de Estatistica, pp. 6 – 7。

表 5 – 9 1909 年澳门港轮船（Vapores）进出口货物量值

单位：元（Patacas）

货名	进口		出口	
	数量(千克)	价值	数量(千克)	价值
稻米	11971023	957682	2215108	177208
Agua gazoza	116685	14013	—	—
粉丝	291749	72937	2728	682

货名	进口		出口	
	数量（千克）	价值	数量（千克）	价值
生油	24038	7211	18426	5528
Azeite de ginguba	3550799	1065241	—	—
棉花	275116	96291	84	29
棉线	1769524	1026324	—	—
靛蓝	122714	22071	2464	443
槟榔	210482	22124	187413	13119
糖	2659514	429522	170423	27267
家禽	58200	13005	361050	108315
自行车	32 件	4798	14 件	2099
公牛	619800(3542 头)	185876	194225(1139 头)	58268
茶叶	123081	80003	523396	340207
墨鱼	—	—	8644	173
铜片和铜制品	36157	28955	25735	25735
螃蟹	—	—	275812	82744
煤炭	3396938	34069	—	—
木炭	4348	130	41034	1231
兽皮	45264	31685	126146	88302
食品	503378	503378	34318	34318
蘑菇	67051	144496	2093	4542
罐头	231761	71846	1670556	517873
咖啡	14253	7554	—	—
水泥	—	—	14576921	437308
Lodo para cimento	—	—	12819360	128194
钱币		334450		224250
杂货	6575016	657502	1612599	161260
Elephante（panno）	25385	10274	—	—
木材	589063	58906	—	—
硫黄	89661	4483	—	—
Esteiras para vellas	9419893	188397	13520233	270405
Esteiras de Ningpó	38459	19998	96	50
面粉	1748758	174876	106280	10628
布匹	252076	90717	9298	3347
丝品	6372	19116	6397	19190
菜豆	473329	33133	17465	1222
水果	2257335	203167	742757	66848
火柴	159921	19191	—	—
花炮	2775(75 箱)	8242	—	—
土布	13150	19725	106125	159188
蔬菜	932235	93224	479557	47956

续表

货名	进口		出口	
	数量（千克）	价值	数量（千克）	价值
粗棕糖	1110459	111046	18775	1878
铁皮	309108	21638	21916	1534
炼乳	35038	14366	—	
陶瓷	39220（628 箱）	39220	868（14 箱）	868
木材	293482	44022	4118	618
硬木	257825	38604	—	—
海贝	245536	164530	249582	167220
Mendicamentos	434038	117180	24803	6697
生鸦片	74509（1028 箱）	1051360	—	
烟膏	—	—	7795	413000
桂油	31276	218938	75984	531888
禽蛋	73532（2068300 个）	34815	251462（7754340 个）	125718
咸蛋	4276（85720 个）	1454	139215（2784300 个）	47333
纸	194970	38993	37867	7573
鲜鱼	68502	13700	167420	33484
咸鱼	1682789	545352	2049691	553416
沉香	8067	2188	2165685	584785
香粉	146330	14633	—	—
爆竹	31881	19304	1629249	977549
咸鸭	—	—	14755	14755
火药	7786 桶	12928	—	—
猪只	855600（14166 头）	256680	1316 头（78960）	16134
白藤	60836	24334	22905	9162
Rame	351246	52687	5194	779
丝	9140	24675	233995	631787
肥皂	43378	14749	—	—
盐	12180060	242600	996	20
硝石	206897	33204	—	—
檀香木	74885	16475	8163	1796
烟草	278651	66876	1261002	302641
烟草（加工）	19933	15946	337	270
葡萄酒	111250（6650 瓶）	12150	1449 瓶（21735）	2608
洋葡萄酒	328420（328420 升）	91958	14309 升	3998
合计	—	10040138	—	7467378

资料来源：*Boletim Official* 28 （1910）：252 – 253。

表 5 – 10　1901 年澳门港华船进出口主要货物量值

单位：元（Patacas）

	进口			出口	
货名	数量	价值	货名	数量	价值
扇子	497 捆	99468	扇子	38960 捆	77920
鲜槟榔	12102 担	39939	棉花	15288 担	256145
稻米	269411 担	968716	鲜耶子	4928 担	16264
动物	19593 担	313613	稻米	16510 担	80691
竹制品	428123 个	64218	蔗糖	10599 担	69989
白糖	10179 担	81233	生油	28650 担	455530
生油	52508 担	834880	木炭	6749 担	10125
竹子	213793 捆	1175850	茶叶	4647 担	183697
煤炭	140446 担	101101	水泥	13254 桶	70492
木炭	37182 担	55773	耶子	450270 个	18110
茶叶	14745 担	585660	蘑菇	818 担	52358
耶子	844345 个	33774	兽皮	481 担	11899
兽皮	2341 担	57819	面粉	7251 担	41330
面粉	23409 担	133431	水果	4789 担	16801
菜豆	21353 担	93951	土布	13265 件	58366
水果	83668 担	320689	食品	5615 担	24498
蔬菜	8394 担	25767	粗棕糖	54208 担	259985
粗棕糖	83284 担	398352	水泥用土	34468	20681
木柴	196707 担	118024	木材	5773 块	62630
陶瓷	3714 件	85436	海贝	3109 担	22753
木材	104508 根	583131	药品	3463 担	55065
各种线团	3767 担	44897	金属	4231 担	22240
药品	2177 担	34617	金属品	305 担	14531
混装货	—	458488	混装货	8205	95027
金属	18323 担	110852	鸦片	53419 粒	1474364
金属品	7650 件	11934	爆竹	14241 箱	223584
桂油	113 担	41702	鱼	121411 担	1057453
家禽	8578 筐	57392	火水	13192 箱	37221
纸张	24902 筐	146517	蓝靛	3133 担	18799
鱼	7019 担	59741	草袋	81690 捆	326488
火水	63175 箱	164202	盐	131417 担	108820
草袋	205565 捆	822260	丝绸	515 担	3901
檀香木	840 担	10665			
盐	46801 担	38377			
烟叶	24382 担	258451			
丝绸	9267 担	659270			
棉布	851 担	374343			
中国葡萄酒	98019 桶	124107			
其他货物	略	略	略	略	略
合计	—	9640553	—	—	5484265

资料来源：AHU – ACL – SEMU – DGU – 3R – 007，Cx. 0001，A. H. M.，Mic. C0778。所有数据一律四舍五入；表中略去了一些贸易额不足 1 万元的货物。

表5-11 1902年澳门港华船进出口主要货物量值

单位：元（Patacas）

	进口			出口	
货名	数量	价值	货名	数量	价值
扇子	279 捆	55720	扇子	141 捆	28174
鲜槟榔	10036 担	33120	棉花	1380 担	27554
稻米	264356 担	943371	粉丝	5358 担	64298
动物	17280 担	278168	槟榔	3772 担	12439
竹制品	397302 件	59595	稻米	76945 担	340594
糖	14961 担	124648	蔗糖	9927 担	74525
生油	55618 担	885084	生油	29886 担	477664
竹子	247517 捆	1361344	木炭	11271 担	16906
煤炭	88487 担	70796	茶叶	2764 担	110357
木炭	45256 担	67283	墨鱼干	2650 担	79485
茶叶	7736 担	308524	蘑菇	711 担	45528
蘑菇	295 担	18861	耶子	517930 个	20597
耶子	913059 个	36522	菜豆	5395 担	23736
兽皮	1914 担	50593	面粉	6542 担	37290
面粉	27084 担	154378	土布	9817 件	43195
水果	58526 担	231031	粗棕糖	77975 担	386486
食品	26982 担	118388	水泥用土	19448 担	11669
蔬菜	10149 担	28788	木材	9046 块	118308
粗棕糖	112704 担	555562	药品	1357 担	21704
木柴	145484 担	87291	鸦片	63016 粒	1837070
木材	96082 块	719477	金属品	1249 担	22538
面团	3752 担	44638	爆竹	12270 箱	195725
药品	1740 担	27834	鱼	156419 担	962529
混装货	23433 担	145263	混装货	—	202488
金属	14760 担	99694	火水	79 箱	21263
桂油	74 担	30340	草袋	79150 捆	308600
禽蛋	90 筐	59541	盐	99083 担	81248
各种纸张	12511 担 9344 包	133176	丝绸	1168 包	9927
爆竹	551 箱	8744	棉布	776913 担	271859
鱼	6366 担	60114			
火水	50450 箱	124592			
陶瓷制品	531740 件	90883			
Ramé	18561 担	119126			
白藤	8563 担	51376			
草袋	126580 捆	506320			
檀香木	1010 担	14049			
盐	92321 担	75703			
烟草	27122 担	272091			
丝绸	14252 包	923914			
棉布	77877 包	342659			
中国葡萄酒	72197 瓶 31639 桶	120833			
其他货物	略	略	略	略	略
总值	—	9541296	—	—	5957686

资料来源：AHU - ACL - SEMU - DGU - 3R - 007, Cx. 0001, A. H. M. , Mic. C0778。所有数据一律四舍五入；表中略去了一些贸易额不足1万元的货物。

表 5－12　　1903 年澳门港华船进出口主要货物量值

单位：元（Patacas）

进口			出口		
货名	数量	价值	货名	数量	价值
扇子	45624 捆	51248	扇子	18268 捆	36536
竹子制品	446409 件	66961	棉花	2122 担	42439
稻米	238713 担	849813	粉丝	4337 担	52051
糖	10734 担	81784	稻米	20129 担	96528
粉丝	3951 担	47406	槟榔	5538 担	18275
生油	53494 担	855902	蔗糖	10999 担	75156
槟榔	10415 担	34699	生油	35664 担	570620
竹子	175544 捆	965492	铜制品	1070 担	53510
木炭	58343 担	87515	蘑菇	822 担	52607
茶叶	3700 担	148019	干耶子	2563 担	76901
煤炭	94627 担	68132	木炭	9954 担	14931
兽皮	1991 担	47551	耶子	346770 个	13871
铜片	328 担	14760	茶叶	1492 担	52267
耶子	583775 个	23351	兽皮	615 担	15386
蚕茧	926 担	116163	水泥	2049 箱	11065
水果	49374 担	198382	水果	2745 箱	10980
面粉	17862 担	101814	面粉	5986 担	34125
菜豆	19322 担	85016	菜豆	5034 箱	22151
土布	89965 件	395846	棉线	12993 担	454751
蔬菜	9820 担	30179	土布	17951 件	78984
粗棕糖	59600 担	295123	粗棕糖	34366 担	171830
木柴	114920 担	68952	干百合	2494 担	27439
陶器	308175 件	77044	药品	1153 担	18444
药品	1581 担	25290	干面团	359 担	2368
各类木材	8579 块 65523 根	330450	海贝	1204 担	2409
混装货	—	503097	各种木材	4815 块	90459
禽蛋	7242 筐	48329	鸦片烟土	47420 粒	1505993
桂油	130 担	53464	咸鱼	109037 担	1090368
钉子	15346 担	245537	火水	3198 箱	11159
纸张	14002 担	140022	爆竹	10872 担 912 箱	188544
各类鱼	5228 担	48339	Rame	2366 担	22005
火水	43700 箱	134657	白藤	3672 担	22033
爆竹	912 箱	14593	草袋	51119 捆	204476
Ramé	13805 担	128388	盐	113779 担	93298
白藤	7817 担	46900	丝绸 Seda	991 担	85493
草袋	90084 捆	360336	烟草（叶）	2795 担	30750
丝绸 Seda	4567 担	739932	中国葡萄酒	867 瓶 9203 桶	4982
盐	25554 担	20954			
烟草、烟叶	16534 担	192348			
铁锅	8745 口	13992			
中国葡萄酒	63593 瓶 21975 桶	104180			
其他	略	略	略	略	略
总值	—	7877399	—	—	5530842

资料来源：AHU－ACL－SEMU－DGU－3R－007，Cx.0001，A. H. M.，Mic. C0778。所有数据一律四舍五入；表中略去了一些贸易额不足 1 万元的货物。

表 5-13 1905 年澳门港华船（Junco）进出口货物量值

单位：元（Patacas）

货名	进口		出口	
	数量	价值	数量	价值
稻米	219353 担	966681	15426 担	69433
扇子	194479 捆	38958	11516 捆	23032
生油	28236 桶	390372	61314 桶	1010916
棉花	—	—	1173 包	23450
棉线	16 包	556	19650 包	688761
槟榔	5404 筐	21032	2319 筐	9211
糖	2181 担 1855 袋	38342	2979 袋	27804
家禽	1014 担	18160	22 担	355
竹子	3232 捆	17776	—	—
公牛	549 头	19215	—	—
茶叶	5363 箱	214529	1536 箱	61500
Artigos de cobre	60 箱	3015	197 箱	9850
螃蟹	752 筐	15021	1 担	13
煤炭	251158 吨	188157	151 筐	977
木炭	30608 担	45901	7837 担	11756
兽皮	1545 捆	38710	310 捆	7750
杂货	407374 包	1906885	51153 包	744330
象牙	—	—	4173 块	20865
木	89464 根	202767	2110 根	4803
面粉	9535 袋	54350	3724 袋	21225
水果	57054 筐	285455	4736 筐	23675
水果干	7928 箱	58665	1242 箱	9192
土布	38746 件	170482	5487 件	24143
蔬菜	12887 筐 105 担	77950	988 筐	6227
粗棕糖	34086 桶	147000	27942 桶	120149
Louças de barro	78941 件	18836	93110 件	23278
木柴	担 210557	136334	10981 担	9066
硬木	23190 块	399420	4766 块	85788
海贝	3386 担 1 筐	234972	2388 担	95534
中国药品	2139 担	39415	1930 担	30877
谷子	2750 担	8525	10 担	31
鸦片	—	—	15406 粒	473392
生鸦片	—	—	2705 箱	86560
禽蛋	13336 筐	94686	327 筐	2312
纸	9032 包	90319	815 包	8149
鲜鱼	4887 担	43984	170 担	1530
咸鱼	1170 担	17215	166289 担	2660630
沉香	6735 筐	107763	6 筐 113 担	1909

续表

货名	进口		出口	
	数量	价值	数量	价值
爆竹	—	—	1397 箱	22345
火水	34775 箱	105379	762 箱	2439
猪只	10048 头	160810	26 头	422
苎麻	39 包	362.7	—	—
盐	24426 担	20558	18 担	15.30
丝	3140 担	457648	5 包	810
丝货	7423 件	59696	1317 件	11195
草袋	50656 捆	204644	39096 捆	156385
檀香木	1204 根	15757	28 根	364
烟草	13783 包	192268	7541 包	107834
调料	903 担	3789	451 担	1893
方砖	3906030 块	31146	160000 块	778
醋	910 瓶	273	32 瓶	9.6
华酒	83180 瓶	83185	308 瓶	308
合计	—	7451896	—	6732595

资料来源：*Boletim Official*，Anno de 1905 – Secção de Estatistica, p. 5。

表 5 - 14　1909 年澳门港华船（Junco）进出口货物量值

单位：元（Patacas）

货名	进口		出口	
	数量（千克）	价值	数量（千克）	价值
稻米	7908051	640624	3700353	296028
扇子	194161	42715	192883	42434
Azeite de ginguba	167604	51282	2559816	767956
棉花	1448	369	55326	130681
棉线	2084	1181	1814625	1052482
粉丝	65270	16421	522325	130681
靛蓝	12241	2203	—	—
槟榔	275165	19235	599379	41957
糖	24529	5525	429408	68710
家禽	147424	44984	11330	3399
竹子	2491536	74746	217227	6517
公牛	15225	4568	5875	1763
茶叶	371881	241792	26964	14527
桂油	10770	75390	—	—
螃蟹	11047	3314	4379	1318
石灰	206063	2061	158040	1480

货名	进口		出口	
	数量(千克)	价值	数量(千克)	价值
煤炭	14305272	143053	991200	9912
木炭	1728199	51846	170966	5111
兽皮	80059	56141	68276	47785
水泥	1020	31	20910	627
Lodo para cimento	30200	302	3450048	34500
Pedra para cimento	18444516	36889	226760	454
散货	4631226	463123	2117353	211735
Elephante（panno）	16	6.4	21030	8412
木	4691157	469116	106111	10611
面粉	19368	1937	408111	40811
菜豆	678309	47472	226351	15841
水果	3620003	324801	960219	86420
干果	916937	119206	182680	23748
山羊	900	360	4050	1620
土布	74738	111957	61941	92912
蔬菜	616133	61613	107845	10785
粗棕糖	201811	20181	1644868	164487
Louça ordinaria da china	168569	84285	46657	23329
木柴	18480134	184801	296872	2969
木材	2405801	430595	490488	88288
海贝	98399	65926	835804	559988
药品	75838	20476	463470	125785
谷子	125346	6242	—	—
生鸦片	—	—	62110	1096864
禽蛋	7520000 只	244857	444000	7324
咸蛋	57120 只	971	—	—
纸	1300781	260156	35382	7076
鲜鱼	177230	35445	1268	254
咸鱼	90159	24343	8081106	2181015
沉香	744054	200849	7628	2060
爆竹	25733	15440	76434	45860
咸鸭	18784	18784	—	—
Pedra aparada	120800	2416	116496	2330
火水	1379865	151785	70290	7782
猪只	1150680	355204	77220	23166
Ramé	173028	25954	96512	14477
白藤	136327	54547	133382	47355
盐	—	—	12241	245
丝	237419	641031	58	157

续表

货名	进口		出口	
	数量（千克）	价值	数量（千克）	价值
丝品	30252	90756	5882	17646
草袋	5897199	412734	1108368	77576
檀香木	20138	4430	4885	1075
烟草	558863	134137	286492	58758
瓷砖	311000	3110	6225	6225
调料	386386	32511	123683	9887
砖	1190000	5950	31800	5233
葡萄酒	1088655	130639	26355	3163
合计	—	6591964	—	7624177

资料来源：*Boletim Official* 28（1910）：250 – 251。

表 5 – 15　1909 年澳门港华船进出口贸易关系

进口来源	船型	出口去向	船型
广州 Cantao	拖船 Tú	广州 Cantao	拖船 Tú
陈村 Chan-chin	三板 Sampá	陈村 Chan-chin	舢板 Sampá
Chec-cai	Cha-pon	Chec-cai	Cha-pon
Cheng-van	扒艇 Poetiang	Chong-cam	扒艇 Poeting
Cheong-cam	头猛 Tao-mun	江门 Cong-mun	头猛 Tao-mun
江洲 Cong-chao		甘洲 Con-chao	小火船 Lorcha
江门 Cong-mun		香港 Hongkong	
甘洲 Con-chao		Hon-nam	
香港 Hongkong		东港 Tong-kong	
Hon-nam		甘洲 Keng-chao	
阳江 Iong-kong		林石 Lam-seac	
甘竹 Keng-chao		Leong-soi	
林石 Lam-seac		雷州 Lui-chao	
陵水 Lem-soi		龙江 Long-kong	
廉州 Lim-chau		廉州 Lim-chao	
廉 Lim-cuong		南石 Nam-seac	
雷水 Lui-soi		南水 Nam-soi	
雷州 Lui-chau		那州 Ngai-chao	
Lang-kong		西江 Sai-cong	
Mem-soi		沙涌 Sa-iong	
南水 Nam-soi		Sam-chon	
瑞洲 Ngai-chao		Sam-hon	
北海 Pac-hoi		三水 Sam-sui	

进口来源	船型	出口去向	船型
西江 Sai-cong		新宁 San-neng	
三陈 Sam-chan		新安 San-on	
三水 Sam-sui		新会 San-iu	
新宁 San-neng		Leac-cong	
新安 San-on		石湾 Leac-van	
新会 San-ui		石歧 Seac-ki	
石江 Seac-cong		水东 Soi-tong	
石湾 Seac-van		斗门 Tau-mun	
石歧 Seac-ki		顶头 Tin-tao	
水东 Soi-tong		东莞 Tong-cun	
斗门 Tau-mun			
东莞 Tong-cun			
东涌 Tong-iong			
惠州 Vai-chao			
黄埔 Vong-pon			

资料来源：*Boletim Official* 28（1910）：248。

参考文献

一 中文

1. 档案文献

陈翰笙主编《华工出国史料汇编》（第2、4辑），北京：中华书局，1981。

邓开颂编《澳门港史资料汇编》，广州：广东人民出版社，1991。

拱北海关志编辑委员会编《拱北关史料集》，珠海：拱北海关印刷，1998。

广州市地方志编纂委员会办公室、广州海关志编纂委会编译《近代广州口岸经济社会概况——粤海关报告汇集》，广州：暨南大学出版社，1995。

李铁崖编《中外旧约章汇编》，北京：生活·读书·新知三联书店，1957。

莫世祥等编译《近代拱北海关报告汇编（1887～1946）》，澳门基金会，1998。

聂宝璋、朱荫贵编《中国近代航运史资料（1895～1927）》（上下册），北京：中国社会科学出版社，2002。

聂宝璋编《中国近代航运史料》，上海：上海人民出版社，1983。

严中平等编《中国近代经济史统计资料选辑》，北京：科学出版社，1955。

姚贤镐编《中国近代对外贸易史料》（第 2 册），北京：中华书局，1962。

张富强、乐正等译编《广州现代化进程——〈粤海关十年报告（1882~1941）〉译编》，广州：广州出版社，1995。

中国第一历史档案馆编《明清宫藏中西商贸档案》，北京：中国档案出版社，2010。

中国第一历史档案馆编《清宫粤港澳商贸档案全集》（12 册），北京：中国书店，2003。

中国第一历史档案馆等合编《明清时期澳门问题档案文献汇编》（2~4 册），北京：人民出版社，1999。

2. 近代中文报刊

《广东日报》，广东中山图书馆藏原报。

《华字日报》，香港大学孔安道图书馆藏原报缩微胶卷。

《镜海丛报》，澳门基金会、上海社科院出版社据澳门历史档案馆藏原报影印本，2000。

《申报》，上海书店 1986 年影印本。

《遐迩贯珍》（*Chinese Serial*），香港大学孔安道图书馆藏香港英华书院刊印本。

《循环日报》，香港大学孔安道图书馆藏原报缩微胶卷。

《知新报》，澳门基金会、上海社科院出版社据原报影印本，1996。

《中西闻见录》，北京图书馆藏原报。

3. 学术专著

邓开颂：《澳门历史（1840~1945）》，珠海：珠海出版社，1999。

费成康：《澳门四百年》，上海：上海人民出版社，1989。

费正清、刘广京编《剑桥中国晚清史》，中国社会科学院历史研究

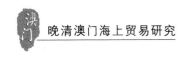

所编译室译，北京：中国社会科学出版社，1985。

格林堡：《鸦片战争前中英通商史》，康成译，北京：商务印书馆，1961。

黄鸿钊：《澳门史》，福州：福建人民出版社，1999。

黄启臣：《澳门通史》，广州：广东人民出版社，2000。

李育民：《中国近代条约体制研究》，长沙：湖南人民出版社，2000。

梁嘉彬：《广东十三行考》，广州：广东人民出版社，1999。

马士：《东印度公司对华贸易编年史（1635~1834）》，区宗华等译，广州：中山大学出版社，1991。

马士：《中华帝国对外关系史》，张汇文等译，上海：上海书店，2000年重印本。

萨安东：《葡萄牙在华外交政策（1841~1854）》，金国平译，里斯本：葡中关系研究中心、澳门基金会，1997。

唐文雅主编《广州十三行沧桑》，广州：广东省地图出版社，2001。

吴义雄：《条约口岸体系的酝酿——19世纪30年代中英关系研究》，北京：中华书局，2009。

颜清湟：《出国华工与清朝官员》，粟明鲜、贺跃夫译，北京：中国友谊出版社，1990。

张廷茂：《明清时期澳门海上贸易史》，澳门：澳亚周刊出版有限公司，2004。

张晓宁：《天子南库——清前期广州制度下的中西贸易》，南昌：江西人民出版社，1999。

赵春晨、冷东主编《广州十三行研究回顾与展望》，广州：广东世界图书出版公司，2010。

赵春晨、冷东主编《广州十三行与广州城市发展》，广州：广东世界图书出版公司，2011。

中华人民共和国拱北海关编《拱北海关志》，珠海：拱北海关印刷，1997。

4. 研究论文

戴一峰：《赫德与澳门：晚清时期澳门民船贸易的管理》，《中国经济史研究》1995 年第 3 期。

郭雁冰：《1887～1915 年拱北海关鸦片贸易述略》，《文化杂志》（中文版）第 93 期，2014 年冬季刊。

莫世祥：《近代澳门贸易地位的变迁——拱北海关报告展示的历史轨迹》，《中国社会科学》1999 年第 6 期。

张廷茂：《19 世纪四五十年代澳门海上贸易的挫折与恢复》，载《暨南史学》（第九辑），广西师范大学出版社，2014。

张廷茂：《〈澳门宪报〉中有关晚清澳门海上贸易的葡语史料》，载《珠海、澳门与近代中西文化交流——"首届珠澳文化论坛"论文集》，北京：社会科学文献出版社，2010。

二 外文

1. 档案文献

（1）Arquivo Histórico de Macau［AHM］（澳门历史档案馆）。

（1a）Arquivo Histórico de Macau, *O Fundo do Leal Senado*［LS］，AH/LS/001 – AH/LS/939［缩微号 A0001 – A0272］（手稿）；AH/LS/P. 001 – AH/LS/P. 522［缩微号 A0273 – A0302］（案卷）。

（1b）Macau, Leal Senado, Códices 384, 385, 400 e 401.

（1c）Documentação do Fundo da Marinha［1854 – 1870］.

（2）Arquivo Histórico Ultramaríno［AHU］（葡萄牙海外历史档案馆）。

（2a）Arquivo Histórico Ultramaríno［AHU］，澳门历史档案馆缩微号：C0712 – C0726, Caixas-Macau, 1843 – 1911（15 vols）；澳门历史档案馆缩微号：C0727 – C0880, Caixas-Macau, 1879 – 1909（154

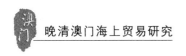

vols）。

（2b）Arquivo Histórico Ultramarino ［AHU］, *Documentação Avulsa de Macau*：Pastas 1 a 26 （1834 – 35 a 1859）.

（2c）Arquivo Histórico Ultramarino ［AHU］, *Noticias sobre as Missões do Real Padroado na China , Macau e Timor.*

（3）Instituto dos Arquivos Nacionais da Torre do Tombo ［IAN/TT］（葡萄牙国家档案馆）。

Instituto dos Arquivos Nacionais da Torre do Tombo ［AN/TT］, 澳门历史档案馆缩微号：C0555，C0562 – C0562 – A，1692 – 1914。

（4）Biblioteca Nacional de Lisboa ［BNL］（葡萄牙国家图书馆）。

Biblioteca Nacional de Lisboa ［BNL］, 澳门历史档案馆缩微号：C0557 – C0569；C0572 – C0711。

（5）*British Parliamentary Papers* ［BPP］（英国议会文件）。

（5a）*Chinese Coolies from Macau. Corresponence Respecting the Emigration of Chinese Coolies from Macao.* London：Parliamentary paper （Blue Book） 1872.

（5b）*Macao Coolie Trade. Correspondence Respecting Macao Coolie Trade.* London：Parliamentary Paper （Blue Book） 1875. Paper 1212 N.°3.

（6）*Estatistica do Commércio e Navegação* （航海贸易统计）。

（6a）*Estatistica do Commercio e Navegação da India , Macau e Timor nos Annos de 1901 , 1902 e 1903 e Resumos do Movimento Commercial dos Annos de 1890 a 1904.* 2 vols.

（6b）*Estatistica do Commercio e Navegação da India , Macau e Timor no Anno de 1904.* 2 vols.

（6c）*Estatistica do Commercio e Navegação da India , Macau e Timor no Anno de 1905.* 2 vols.

（6d）*Estatistica do Commercio e Navegação da India , Macau e Timor no Anno de 1906.* 2 vols.

2. 澳门宪报（*Boletim Oficial de Macau*）

（1） *Boletim Official do Governo de Macau*，05 – 09 – 1838 a 26 – 12 – 1838.

澳门历史档案馆馆藏缩微胶卷编号：第 C0689 号

Vol. I，N°s 1 – 17 （05 – 09 – 1838 a 26 – 12 – 1838）

1839 a 1845，Não há.

（2） *Boletim do Governo da Provincia de Macau，Timor e Solor*，08 – 01 – 1846 a 00 – 00 – 1857

澳门历史档案馆馆藏缩微胶卷编号：第 C0689 号

Vol. I，N°s 1 – 51 （08 – 01 – 1846 a 31 – 12 – 1846）

Vol. II，N°s 1 – 35 （07 – 01 – 1847 a 20 – 11 – 1847）【Falta N° 18】

Vol. III，N°s 1 – 24 （N. ° XXXVI a N. ° LIX，09 – 02 – 1848 a 25 – 12 – 1848）

IV. ° ANNO N°s LX – 88 （13 – 01 – 1849 a 15 – 12 – 1849）

V. ANNO N°s 89 – 94 （10 – 01 – 1850 a 06 – 06 – 1850）

Nova Serie Vol. 6 N°s 4 – 5 （07 – 12 – 1850 a 14 – 12 – 1850）

Nova Serie Vol. 6 N°s 7 – 53 （04 – 01 – 1851 a 22 – 11 – 1851）

澳门历史档案馆馆藏缩微胶卷编号：第 C0690 号

Volume VII，Numero 1 – 17 （03 – 01 – 1852 a 07 – 12 – 1852）

Volume VIII，Numero 18 – 27 （07 – 01 – 1853 a 10 – 11 – 1853）

Vol. I，N°s 1 – 11 （21 – 10 – 1854 a 30 – 12 – 1854）

Vol. I，N°s 12 – 24 （06 – 01 – 1855 a 07 – 04 – 1855）【N° 25 以下缺】

Vol. II，N°s 1 – 10 （27 – 10 – 1855 a 29 – 12 – 1855）

Vol. II，N°s 11 – 12 （05 – 01 – 1856 a 12 – 01 – 1856）【N° 13 以下缺】

Vol. II，N°s 29 – 31 （10 – 05 – 1856 a 24 – 10 – 1856）【N° 32 以下缺】

Vol. Ⅲ, N°s 00 – 00（00 – 00 – 1857 a 00 – 10 – 1857）

（3）*Boletim do Governo de Macau*, 31 – 10 – 1857 a 11 – 02 – 1867

Boletim do Governo de Macau, 1857 – 1858

Vol. Ⅳ, N°s 1 – 9（31 – 10 – 1857 a 26 – 12 – 1857）

Vol. Ⅳ, N°s 10 – 52（02 – 01 – 1858 a 23 – 10 – 1858）

Boletim do Governo de Macau, 1858 – 1864

澳门中央图书馆藏缩微胶卷编号：第 23 卷

Vol. Ⅴ, N°s 1 – 52（30 – 10 – 1858 a 22 – 10 – 1859）

Vol. Ⅵ, N°s 1 – 51（09 – 12 – 1859 a 24 – 11 – 1860）

Vol. Ⅶ, N°s 3 – 51（22 – 12 – 1860 a 30 – 11 – 1861）

Vol. Ⅷ, N°s 5 – 49（04 – 01 – 1862 a 08 – 11 – 1862）

Vol. ⅤⅨ, N°s 1 – 56（06 – 12 – 1862 a 28 – 12 – 1863）

Vol. Ⅹ, N°s 1 – 24（04 – 01 – 1864 a 13 – 06 – 1864）

Boletim do Governo de Macau, *1864 – 1867*

馆藏胶卷编号：第 24 卷

Vol. Ⅹ, N°s 24 – 52（13 – 06 – 1864 a 26 – 12 – 1864）

Vol. ⅩⅠ, N°s 1 – 52（02 – 01 – 1865 a 25 – 12 – 1865）

Vol. ⅩⅡ, N°s 1 – 53（01 – 01 – 1866 a 31 – 12 – 1866）

Vol. ⅩⅢ, N°s 1 – 6（07 – 01 – 1867 a 11 – 02 – 1867）

（4）*Boletim do Governo de Macau e Timor*, 18 – 02 – 1867

Vol. ⅩⅢ, N.º 7（18 – 02 – 1867 ）

（5）*Boletim da Provincia de Macau e Timor*, 25 – 02 – 1867 a 26 – 12 – 1890

Boletim da Provincia de Macau e Timor, 1867 – 1868

Vol. ⅩⅢ, N°s 8 – 52（25 – 02 – 1867 a 30 – 12 – 1867）

Vol. ⅩⅣ, N°s 1 – 51（06 – 01 – 1868 a 21 – 12 – 1868）

Boletim da Provincia de Macau e Timor, 1867 – 1868

馆藏胶卷编号：第 25 卷

Vol. XIV，Nᵒˢ 1 – 52（06 – 02 – 1868 a 28 – 12 – 1868）

Boletim da Provincia de Macau e Timor，1869 – 1874

馆藏胶卷编号：第 28 卷

Vol. XV，Nᵒˢ 2 – 52（11 – 01 – 1869 a 27 – 12 – 1869）

Vol. XVI，Nᵒˢ 1 – 52（03 – 01 – 1870 a 26 – 12 – 1870）

Vol. XVII，Nᵒˢ 2 – 52（09 – 01 – 1871 a 25 – 12 – 1871）

Vol. XVIII，Nᵒˢ 2 – 53（08 – 01 – 1872 a 28 – 12 – 1872）

Vol. XIX，Nᵒˢ 5 – 53（01 – 02 – 1873 a 27 – 12 – 1873）

Vol. XX，Nᵒˢ 1 – 51（03 – 01 – 1874 a 19 – 12 – 1874）

Boletim da Provincia de Macau e Timor，1875 – 1878

馆藏胶卷编号：第 29 卷

Vol. XXI，Nᵒˢ 1 – 52（02 – 01 – 1875 a 25 – 12 – 1875）

Vol. XXII，Nᵒˢ 1 – 52（01 – 01 – 1876 a 23 – 12 – 1876）

Vol. XXIII，Nᵒˢ 1 – 52（06 – 01 – 1877 a 29 – 12 – 1877）

Vol. XXIV，Nᵒˢ 1 – 52（05 – 01 – 1878 a 28 – 12 – 1878）

Boletim da Provincia de Macau e Timor，1879 – 1880

馆藏胶卷编号：第 30 卷

Vol. XXV，Nᵒˢ 1 – 52（04 – 01 – 1879 a 27 – 12 – 1879）【自 Nᵒ 5 始恢复中文翻译】

Vol. XXVI，Nᵒˢ 1 – 52（03 – 01 – 1880 a 25 – 12 – 1880）

Boletim da Provincia de Macau e Timor，1881 – 1883

馆藏胶卷编号：第 32 卷

Vol. XXVII，Nᵒˢ 1 – 52（01 – 01 – 1881 a 24 – 12 – 1881）

Vol. XXVIII，Nᵒˢ 1 – 52（07 – 01 – 1882 a 30 – 12 – 1882）

Vol. XXIX，Nᵒˢ 1 – 33（06 – 01 – 1883 a 18 – 08 – 1883）

Boletim da Provincia de Macau e Timor，1883 – 1885

馆藏胶卷编号：第 33 卷

Vol. XXIX，Nᵒˢ 33 – 52（18 – 08 – 1883 a 29 – 12 – 1883）

Vol. XXX，N°s 1 – 52（05 – 01 – 1884 a 27 – 12 – 1884）

Vol. XXXI，N°s 1 – 52（03 – 01 – 1885 a 31 – 12 – 1885）

Boletim da Provincia de Macau e Timor，1886

馆藏胶卷编号：第 34 卷

Vol. XXXII，N°s 1 – 52（07 – 01 – 1886 a 30 – 12 – 1886）

Boletim da Provincia de Macau e Timor，1887

馆藏胶卷编号：第 97 卷

Vol. XXXIII，N°s 1 – 2（06 – 01 – 1887 a 13 – 01 – 1887）

Vol. XXXIII，N°s 3 – 52（20 – 01 – 1887 a 29 – 12 – 1887）

馆藏胶卷编号：第 98 卷

Vol. XXXIII，N°s 3 – 52（20 – 01 – 1887 a 29 – 12 – 1887）

Boletim da Provincia de Macau e Timor，1888 – 1889

馆藏胶卷编号：第 34 卷

Vol. XXXIV，N°s 1 – 52（05 – 01 – 1888 a 27 – 12 – 1888）

Vol. XXXV，N°s 1 – 28（03 – 01 – 1889 a 11 – 07 – 1889）

Boletim da Provincia de Macau e Timor，1889 – 1890

馆藏胶卷编号：第 35 卷

Vol. XXXV，N°s 28 – 52（11 – 07 – 1889 a 26 – 12 – 1889）

Vol. XXXVI，N°s 1 – 52（02 – 01 – 1890 a 26 – 12 – 1890）

（6）*Boletim Oficial do Governo da Provincia de Macau e Timor*，02 – 01 – 1891 a 26 – 12 – 1896

Boletim Official do Governo da Provincia de Macau e Timor，1891

馆藏胶卷编号：第 37 卷

Vol. XXXVII，N°s 1 – 25（21 – 01 – 1891 a 08 – 06 – 1891）

Boletim Official do Governo da Provincia de Macau e Timor，1891 – 1893

馆藏胶卷编号：第 38 卷

Vol. XXXVII，N°s 25 – 53（18 – 06 – 1891 a 31 – 12 – 1891）

Vol. XXXVIII，N°s 1 – 25（01 – 01 – 1892 a 31 – 12 – 1892）

Vol. XXXIX, N°s 1 – 21（07 – 01 – 1893 a 29 – 05 – 1893）

Boletim Oficial do Governo da Provincia de Macau e Timor, 1893 – 1894

馆藏胶卷编号：第 39 卷

Vol. XXXIX, N°s 21 – 52（29 – 05 – 1893 a 30 – 12 – 1893）

Vol. XL, N°s 1 – 52（08 – 01 – 1894 a 29 – 12 – 1894）

Boletim Oficial do Governo da Provincia de Macau e Timor, 1895 – 1896

馆藏胶卷编号：第 40 卷

Vol. XLI, N°s 1 – 52（05 – 01 – 1895 a 01 – 12 – 1895）

Vol. XLII, N°s 1 – 46（04 – 01 – 1896 a 14 – 11 – 1896）

馆藏胶卷编号：第 41 卷

Vol. XLII, N°s 47 – 52（21 – 11 – 1896 a 31 – 12 – 1896）

（7）*Boletim Oficial do Governo da Provincia de Macau*, 31 – 12 – 1896 a 28 – 12 – 1912

Boletim Oficial do Governo da Provincia de Macau, 1896 – 1898

馆藏胶卷编号：第 41 卷

Vol. XLII, 2.° Supplemento ao N.°52（31 – 12 – 1896）

Vol. XLIII, N°s 1 – 52（02 – 01 – 1897 a 25 – 12 – 1897）

Vol. XLIV, N°s 1 – 47（01 – 01 – 1898 a 19 – 11 – 1898）

Boletim Oficial do Governo da Provincia de Macau, 1898 – 1900

馆藏胶卷编号：第 42 卷

Vol. XLIV, N°s 47 – 53（19 – 11 – 1898 a 31 – 12 – 1898）

Vol. XLV, N°s 1 – 52（07 – 01 – 1899 a 30 – 12 – 1899）

Vol. XLVI, N°s 1 – 36（06 – 01 – 1900 a 08 – 09 – 1900）

Boletim Oficial do Governo da Provincia de Macau, 1900

馆藏胶卷编号：第 43 卷

Vol. XLVI, N°s 37 – 52（15 – 09 – 1900 a 31 – 12 – 1900）

Boletim Oficial do Governo da Provincia de Macau, 1901

馆藏胶卷编号：第 49 卷

Vol. I, N°s 1 – 52（05 – 01 – 1901 a 28 – 12 – 1901）

Boletim Oficial do Governo da Provincia de Macau, 1902 – 1904

馆藏胶卷编号：第 50 卷

Vol. II, N°s 1 – 52（04 – 01 – 1902 a 27 – 12 – 1902）

Vol. III, N°s 1 – 52（03 – 01 – 1903 a 29 – 12 – 1903）

Vol. IV, N°s 1 – 41（21 – 01 – 1904 a 08 – 10 – 1904）

Boletim Oficial do Governo da Provincia de Macau, 1904 – 1905

馆藏胶卷编号：第 51 卷

Vol. IV, N°s 41 – 53（08 – 10 – 1904 a 31 – 12 – 1904）

Vol. V, N°s 01 – 48（07 – 01 – 1905 a 21 – 12 – 1905）

Boletim Oficial do Governo da Provincia de Macau, 1905 – 1906

馆藏胶卷编号：第 52 卷

Vol. V, N°s 48 – 52（02 – 12 – 1905 a 30 – 12 – 1905）

Vol. VI, N°s 01 – 52（06 – 01 – 1906 a 29 – 12 – 1906）

Boletim Oficial do Governo da Provincia de Macau, 1907 – 1908

馆藏胶卷编号：第 53 卷

Vol. VII, N°s 01 – 52（05 – 01 – 1907 a 28 – 12 – 1907）

Vol. VIII, N°s 1 – 38（04 – 01 – 1908 a 19 – 09 – 1908）

Boletim Oficial de Macau. Secção de Estatiatica 1906

Boletim Oficial do Governo da Provincia de Macau, 1908 – 1910

馆藏胶卷编号：第 54 卷

Vol. VIII, N°s 38 – 52（19 – 09 – 1908 a 26 – 12 – 1908）

Vol. IX, N°s 1 – 52（02 – 01 – 1909 a 25 – 12 – 1909）

Vol. X, N°s 1 – 52（01 – 01 – 1910 a 24 – 12 – 1910）

Boletim Oficial do Governo da Provincia de Macau, 1910 – 1911

馆藏胶卷编号：第 55 卷

Vol. X, N°52（24 – 12 – 1910）

Vol. XI, N°1 – 52（07 – 01 – 1911 a 31 – 12 – 1911）

Boletim Oficial do Governo da Provincia de Macau，1912

馆藏胶卷编号：第 98 卷

Vol. XII，Nᵒˢ 1 – 12（06 – 01 – 1912 a 27 – 03 – 1912）

馆藏胶卷编号：第 99 卷

Vol. XII，Nᵒˢ 12 – 52（27 – 03 – 1912 a 28 – 12 – 1912）

3. 其他文献

Directorio da Macau para o Ano de 1879．Macau：Typographia Mercantil 1879．

Directorio da Macau para o Ano de 1885．Macau：Typographia Mercantil 1885．

Directorio da Macau para o Ano de 1886．Macau：Typographia Mercantil 1886．

Directorio da Macau para o Ano de 1890．Macau：Typographia do Correio Macaense 1890．

Recenseamento geral da população de Macau em 31 de Dezembro de 1878．publicado no supplemento ao Boletim da Orovincia de Macau e Timor de 31de Dezembro de 1880．Macau：Typographia Commercial，1881．（LR0095/AH．Mic．B0020）

Recenseamento Geral da População de Macau Feito em 13 de Fevereiro de 1896．Publicado No 2．° Supplemento ao N．° 6 do Boletim Offical da Provincia de Macau de 12 de Fevereiro de 1897．Macau：Typographia Commercial de N. T. Fernandes e Filhos，1897．（LR0096/AH．Mic．B0361）

Recenseamento de Macau 1910．s. l. m. d．22 pgs + 29 mapas．（LR2223/AH．Mic．B0349）

Relatorio da Emigração Chineza e do Porto de Macau Dirigido a S．Ex．ª o Governador Geral de Macau Isidoro Francisco Guimarães，por A. Marques Pereira．Macau：Typographia de José da Silva，1861．

Relatorios da Repartição de Estatistica de Macau acerca da População Chinesa da

Mesma Colonia. Macau: Typographia de J. Da Silva, 1868.

Relatorio e Documentos sobre a Abolição da Emigração de Chinas Contratados em Macau Apresentado às Côrtes Sessão Legislativo de 1874 pelo Ministro e Secretario D'estado dos Negócios da Marinha e Ultramar. Lisboa: Imprensa Nacional, 1874.

Relatorio do Governador da Provincia de Macau e Timor 1872 – 1873. Lisboa: Imprensa Nacional, 1875.

Relatorio do Governo da Provincia de Macau e Timor (1880) e dos Governadores da Guiné e de S. Tomé (1882). Lisboa: 1883.

Relatorio sobre Macau e Timor 1884 – 1889. Macau: Typographia Mercantil, 1889.

Relatorio do Governo da Provincia de Macau e Timor em Referencia a 1886 – 1887. por Firmino José da Costa. Lisboa: Imprensa Nacional, 1889.

Relatorio do Governo da Provincia de Macau e Timor de 30 de Setembro de 1889 com Refererencia a 1888 – 1889. Lisboa: Ministero da Marinha e Ultramar, 1890.

Relatorio do Governo da Provinvia de Macau, 1911, Macau: Imprensa Nacional, 1912.

4. 时人著述

Anónimo, José da Silva, *O Juiz Lacerda e o Superintendente da Emigração Chinesa*, Episodio, sem data.

Anónimo, José da Silva, *Regulamento de Emigracion China del Puerto de Macao Aprovbado per Decreto N. ° 34 de 28 de Mayo de 1872.* Macau: 1872.

Anónimo, José .da Silva, *Regulamento de Capitania do Porto.* Macau: 1872.

Breves Considerações sobre o Comercio e Navegação de Portugal para a Asia por hum Portugues. Lisboa: Typographia de Filipe Nery, 1835.

Caldeira, Carlos José, *Apontamentos de Uma Viagem de Lisboa à China e da China a Lisboa*. Vol. I, Lisboa: Tipygraphia de G. M. Martins, 1852; Vol. II, Lisboa: Tipygraphia de Castro & Irmão, 1853.

Coolodge, Mary Roberts, *Chinese Immigration*. New York: 1909.

Corte-Real, José Alberto, *O Commercio e a Industria do Chá em Macau e a Lei de 27 de Dezembro de 1870*. Macau: Typographia Mercantil, 1879.

Corvo, João de Andrade, *Estudos sobre as Provincias Ultramarinas*, Vol. IV. Lisboa: Academia Real das Sciências, 1887.

Corvo, João de Andrade, *Estudos sobre as Provincias Ultramarinas*, Vol. IV. Lisboa: Academia Real das Sciências, 1887. in Carlos Pinto Santos Orlando Neves (ed.), *De Longe à China, Macau na Historiografia e na Literatura Portuguesas*, Tomo II, Macau: Instituto Cultural de Macau, 1988.

Costa e Silva, A. Talone, *Jornal Celebração do 4.° Centenario do Descobrimento do Caminho Maritimo para a India por Vasco da Gama*. Macau, 20 de Maio de 1898.

Cruz, Félix Feliciano, *Pauta Geral da Alfandega da Cidade de Macao*. Macau: Tip. Arménia, 1844.

Davidson, G. F., *Trade and Travel in the Far East; or, Recollections of Twenty-One Years Passed in Java, Singapore, Australia, and China*, London: Maden, 1846.

Fonseca, António M. Ribeiro da, *Índice Alfabético e Cronológico de Todas as Disposições Contidas nos Boletins da Província de Macau desde 1847 a 1887 e Relativas à Administração da Mesma Província, Organizado por Ordem do Governo de Sua Majestade*. Macau: Tip. Correo de Macaense, 1888.

França, Bento da, *Macau*. Porto: Companhia Nacional Editora, 1890.

Guedes, António Pinto de Miranda, *Obras do Porto de Maucau-Conferencia Realisada no Gremio Militar de Macau em 25 de Julho de 1910*,

Macau: Imprensa Nacional, 1911.

Hunter, William C. , *Bits of Old China*（亨特:《旧中国杂记》（第
2 版），沈正邦译、章文钦校，广东人民出版社，2000。）

Loureiro, Adolpho Ferreira de, *O Porto de Macau-Ante-Projecto para o
Seu Melhoramento*. Coimbra: Imprensa da Universidade, 1884.

Maia, José António, *Memória sobre a Franquia do Porto de Macao*.
Lisboa: Typographia da Revolução de Septembro. 1849.

Maia, José António, "Memória sobre a Franquia do Porto de Macao",
in Carlos Pinto Santos Orlando Neves (ed.), *De Longe à China*, *Macau na
Historiografia e na Literatura Portuguesas*, Tomo II, Macau: Instituto Cultural
de Macau, 1988.

Meios (Os) de Transporte em Macau. in *Revista Aquem e Alem-Mar*,
Lisboa: 1957, Vol. VIII, N. ° 86.

Morrison, J. Robert. , *A Chinese Commercial Guide*, *Consisting of a
Collection of Details and Regulation Respecting Foreign Trade with China*. Macau:
2nd. Ed. Typ. S. Wells Williams, 1844.

Pereira, Antonio Jr. , *Capitania dos Portos de Macau 1587 – 1889* (in
Arquivos de Macau, 1 – 2 Jan. – Dez. 1982, pp. 163 – 194)

Pereira, A. Marques, *Relatório da Emigração Chineza e do Porto de Macau
dirigido a S. Ex.ª o Governador Geral de Macau Isidoro Francisco Guimarães*.
(Boletim Official, Vol. VII, pp. 137 – 138, 141 – 142, 145, 149 – 150,
153 – 154, 159 – 160, 166 – 168, 170 – 171, 173 – 174, 182 – 183,
185 – 186, 193 – 194, 198 – 199)

Pereira, A. Marques, *Ephemérides Commerativas da História de Macau e das
Relações da China com os Povos Cristãos*, Macau: Jose da Silva, Editor, 1868.
Mic. Rolo 203.

Pereira, A. Marques, *As Alfandegas Chinesas de Macau. Analyse do
Parecer da Junta Consultiva do Ultramar sobre este Objecto*. Macau: Typographia

de J. da Silva，1870.

Pinheiro，J. Xavier, *Importação de Trabalhadores Chineses. Memoria Apresentada ao Governo Brasileiro.* Rio de Janeiro，1869.

Queiroz，Eça de，J. M.，*A Emigração como Força Civilizadora*，in Carlos Pinto Santos Orlando Neves（ed.），*De Longe à China*，*Macau na Historiografia e na Literatura Portuguesas*，Tomo II，Macau：Instituto Cultural de Macau，1988.

Queiroz，Eça de，J. M.，*A Emigração como Força Civilizadora.* Prefácio de Raúl Rego. Ed. Perspectivas e Realidades / Secretaria de Estado da Cultura，Lisboa，1979.

Sampaio，Manuel de Castro，*Os Chinas em Macau.* Hong Kong：Typographia de Noronha e Filhos，1867.

Seward，George F.，*Chinese Immigration.* San Francisco：1881.

Tufão de 74［*Texto dactilografado*］：*22 e 23 de Setembro de 1874*：*Relatorios, etc.* Macau：s. n.，1874.

Williams，S. Wells.，*The Middl Kingdom*：*a Surey of the Geography*，*Government*，*Literature*，*Social Life*，*Art*，*and History of Chinese Empire.* 2 vols，London：1848；revised edn. 1883.

Williams，S. W.，*A Chinese Commercial Guide*，Consisting of a Collection of Details and Regulations respecting Foreign Trade with China，Sailing Directions，Tables，&c，Fourth Edition，Rvised and Enlarged，Canton：The Office of The Chinese Repository，1856.

5. 近代西文报刊

A Abelha da China（《蜜蜂华报》）（12 – 09 – 1822 a 27 – 12 – 1823）

Gazeta de Macau（《澳门杂志》）（03 – 01 – 1824 a 31 – 12 – 1826）（32 Numeros：17 – 01 – 1839 a 29 – 08 – 1839）［Rolo 1］

The Canton Register（《广州纪事》）（08 – 11 – 1827 a 30 – 03 – 1844）

The Chinese Repository（《中国丛报》）（31 – 05 – 1831 a ？ – 08 –

1852)

Chronica de Macao（《澳门新闻》）（45 numeros, 12 - 10 - 1834 a
18 - 11 - 1836）

O Macaista Imparcial（《公正的澳门人》）（09 - 06 - 1836 a 04 - 07 -
1839）

O Commercial（《商报》）（1838 a 1842）

Portuguez na China（《葡萄牙在中国》）（02 - 09 - 1839 a ? - 09 -
1843）

A Aurora Macaense（《澳门的曙光》）（14 - 01 - 1843 a 03 - 02 -
1844）

O Procurador dos Macaistas（《澳门土生代言人》）（06 - 03 - 1844 a
02 - 09 - 1845）

Ta-Ssi-Yang-Kuo（《大西洋国》）（1863 - 1866；1898 - 1899）

O Independente（《独立者》）（1868 - 1869；1873 - 1877；1880；
1882 - 1894；1897 - 1898）

O Noticiário Macaense（《澳门新闻》）（04 - 11 - 1869 a 31 - 03 -
1870）

O Oriente（《东方》）（10 - 10 - 1869 a 21 - 01 - 1870；02 - 01 a
14 - 10 - 1872）

Gazeta de Macau e Timor（《澳门帝汶报》）（20 - 09 - 1872 a 20 -
03 - 1874）

O Crreio de Macau（《澳门邮报》）（1882 - 1883；1883 - 1888；
1890）

O Macaense（《澳门人》）（1882 - 1884；1889 - 1891；1891）

China Review（《中国评论》）

China Mail（《中国邮报》）

A Liberdade（《自由报》）（19 - 07 - 1890 a 05 - 02 - 1891）

Echo Macaense（《澳门人的回声》）（? - 07 - 1893 a 24 - 09 - 1899）

O Porvir（《未来报》）（1897 – 1907）

A Verdade（《真理报》）（19 – 11 – 1908 a 22 – 04 – 1911）

6. 学术专著

Abreu, Basilio Augusto de, *Relatório da Contabilidade das Obras do Porto de Macau durante a Gerência de 1917 – 1918*, Macau：Tip. Mercantil de N. T. Fernandes e Filhos, 1918.

Branco, Hugo Carvalho de Lacerda Castelo, *Macau e Seu Futuro Porto*. Macau：Tip. Mercantil N. T. Fernandes e Filhos, 1922.

Branco, Hugo Carvalho de Lacerda Castelo, *Macau e o Seu Porto Artificial através a Imprensa Portuguesa*, Vol. I, Macau：Secção de Propaganda. Conselho Superio das Obras dos Portos de Macau, Typografia Mercantil, 1924.

Branco, Hugo Carvalho de Lacerda Castelo, *Obras dos Portos de Macau：Memorias e Principais Documentos desde 1924*, Macau：Tip. Mercantil N. T. Fernandes e Filhos, 1925.

Branco, Hugo Carvalho de Lacerda Castelo, *Apontamentos Gerais sobre as Obras dos Portos de Macau*. Macau：Tipografia do Orfanato, 1927.

Branco, Hugo Carvalho de Lacerda Castelo, *Macau e o Seu Novo Porto. Extracto do Relatório dos Principais Serviços Prestados, desde Dezembro de 1918 a Março de 1927*, Lisboa：Sep. BAGC, 1927.

Carmona, Artur Leonel Barbosa, *Lorchas, Juncos e Outros Barcos Usados no Sul da China. A Pesca em Macau e Arredores*, Macau：Imprensa Nacional, 1954.

Colomban, Eudor de, *Resumo da Historia de Macau*, Macau：Tipographia da Orianato da C., 1927.

Conceição, Lourenço Maria da, *Macau entre Dois Tratados com a China (1862 – 1887)*, Macau：Instituto Cultural de Macau, 1988.

Cónim, Custódio N. P. S. e Maria Fernanda Bragança Teixeira, *Macau e a Sua População 1500 – 2000*：*Aspectos Demográficos*，*Sociais e Económicos*，Macau，Direcção dos Serviços de Estatistica e Censos de Macau，1999.

Dias，Alfredo Gomes，*Macau e a I Guerra do Ópio*，Macau：Instituto Português do Oriente，1992.

Dias，Alfredo Gomes，*Sob o Signo da Transição*：*Macau no Século XIX*，Macau：Instituto Português do Oriente，1998.

Dias，Jorge，"Macau em Meados do Séc. XIX：o Relato do Explorados Austríaco Karl Ritter Von Scherzer，" *Revista de Cultura* 7 – 8（Edição em Português，Macau：Instituto Cultural de Macau，1998）.

Duarte，Mário，*Eça de Queiroz*，*Consul*，*al Servicio de la Patria y de la Humanidad*，Editorial Nascimento，Santiago，Chile，1959.

Gudes，João，"Macau，Eça，Corvo e o Tráfico de Cules"，in *Revista de Cultura* 7 – 8（Edição em Português，Macau：Instituto Cultural de Macau，1998）.

Gunn，Geofferey C.，*Encountering Macau*：*A Portuguese City-State on the Periphery of China*，*1557 – 1999*，Macau：Geofferey C. Gunn，2005.

Inso，Jaime do，*Macau*，*o Mais Antiga Colónia Europeia no Extremo Oriente*，Macau：Escola Tip. do Orfanato，1929.

Lima，A. A. Lisboa de，*Portos Comerciaes Portugueses e Projecto das Obras do Porto de Macau*. Lisboa：Tipografia do Comercio，1914.

Marques，A. H. de Oliveira，dir.，*História dos Portugueses no Extremo Oriente*，3.° Volume，*Macau e Timor-Do Antigo Regime à República*. Lisboa：Fundação Oriente，2000.

Matta，J. Gaeiro da，*La Colonie de Macao et la Question du Trafic de L'opiu*，Lisboa：Imprensa Portugal-Brasil. 1940.

McCarthy，S. J. Fr. Charles. J.，"Coolie Chines in Peru 100 years ago，" *Boletim de Instituto Luis Camoes* Vol. X，1 e 2（1976）.

Morna，Álvaro de Freitas，*O Porto Exterior de Macau*，Lisboa：Imprensa da Armada, 1932.

Moura, Carlos Francisco, *Colonos Chineses no Brasil no Reinado de D. João VI*, Macau: Imprensa Nacional, 1973.

Oliveira, Albano de, "Macau e o Seu Movimento Maritime," *Boletim da Junta da Marinha Mercante* 37 (1958).

Pires, J. Barbosa, ed. , *Macau: The Habour in Construction*. Macau: Tip. Mercantil de Fernandes e Filho, 1924.

Pires, S. J. Pe. B. Videira, "A Emigração da China," *Religião e Pátria* Vol. XXXVIII, 6, 7 (1952).

Silva, Beatriz Basto da, *Emigração de Cules-Dossier Macau 1851 – 1894*, Macau: Fundação Oriente, 1994.

Silva, Beatriz Basto da, *Cronologia da História de Macau*, Vol. 3, Século XIX, Macau: Direcção dos Serviços de Educação e Juvetude, 1995.

Stewart, Walt, *Chinese Bondage in Peru (A History of the Chinese Coolie in Peru)*, Durham: 1951.

Teixeira, Pe. Manuel, *O Comércio de Escravos em Macau (So Called Portuguese Slave Trade in Macao)*, Macau: Imprensa Nacional de Macau, 1976.

Teixeira, Pe. Manuel, "Macau visto pelo Comodoro Perrt em 1854," *Revista de Cultura* (Edição em Português, Macau: Instituto Cultural de Macau, 1988/1989).

7. 工具书

Arquivo Histórico de Macau, *Arquivos de Macau: Boletim do Arquivo Histórico de Macau*, Tomo I e II, Macau: Imprensa Nacional, 1982.

Arquivo Histórico de Macau, *Arquivos de Macau: Boletim do Arquivo Histórico de Macau*, Tomo I e II, Macau: Direcção dos Serviços de Educação e Cultural, 1983.

Arquivo Histórico de Macau, *Boletim do Arquivo Histórico de Macau*,

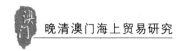

Macau: Instituto Cultural de Macau, 1991.

Abrantes, Maria Luisa, Miguel Rui Infante, e José Sintra Martinheira, eds. , *Macau e o Oriente no Arquivo Histórico Ultramarino 1833 – 1911*, Macau: Instituto Cultural de Macau, 1999.

Fonseca, António M. Ribeiro da (Compilador), *Índice Alfabetico e Cronológico de Todas as Disposições contidas nos Boletins da Provincia de Macau desde 1847 a 1887 e Relativa à Administração da mesma Provincia*, organizado por ordem do Governo de Sua Majestade. Macau: Tip. Correio de Macaense, 1888.

Santos, Isau, ed. , *Macau e o Oriente nos Arquivos Nacionais da Torre do Tombo*, Macau: Instituto Cultural de Macau, 1999.

后　记

　　在完成了"明清（鸦片战争前）时期的澳门海上贸易"研究后，我就有一个愿望，将研究的时段延伸至晚清，完成一部完整的"明清时期澳门海上贸易史"，但一直没有机会付诸行动。直至 2007 年，澳门特区政府文化局批准了我申报的学术研究课题"晚清澳门海上贸易研究"。这是我第四次受到特区政府的资助开展澳门历史相关研究。

　　鉴于晚清时期澳门治权的改变，有关澳门港口航运和贸易的史料，多以澳葡当局港口官员的葡语文件为载体，且多刊布于澳葡当局的政府公报及其他葡语报刊。因此，为完成该研究课题，我逐页翻阅《澳门宪报》及同时代的其他葡语报刊，查阅澳门历史档案馆的档案胶卷和保存本文献，并参照其他中外文文献，最后完成了这部《晚清澳门海上贸易研究》。

　　为了保障资料的可靠性并对研究结果真正负起责任，我不敢假手他人，从资料的查阅、复制、归类，到文献的翻译和数据的统计，都独自完成。与鸦片战争前的时期不同，晚清时期的澳门海上贸易是学者们关注较少的领域，可供参考的前期成果较少。从系列数据的构建，到框架结构的布局，都要从头做起。在我完成的多个课题中，这是用时最长、最费心力的一个，其间不仅进行了大量烦琐枯燥的计算，章节的布局也几经斟酌，经历了由专题论述到按时期阐述的转变。

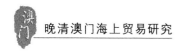

这是一份真正以葡语原始文献为基础完成的研究成果。当然，"原创"，也就意味着它不够成熟。以史料基础而言，早期阶段显然还比较薄弱，仅就目前所知，葡萄牙海外历史档案馆藏海事海外部海外总局档案第五箱（SEMU／DGU／2R／002／Caixa 005），尚有一些统计资料有待补充。此外，文中对相关历史事实的阐述和分析，乃至体系的布局等，都是可以进一步探讨的。我期待读者的批评指正。

在拙作付梓之际，我衷心感谢澳门特区政府文化局多年来对我的无私资助，可以说，没有文化局的支持，我的学术研究做不到今天的样子。对此大恩大德，我只有以更加认真地做好以后的研究工作来报答。

社会科学文献出版社的高明秀、沈艺、许玉燕等诸位编辑对书稿的加工付出了艰辛的劳动，不仅对书稿的文字进行了加工润色，还核对并修正了部分计算结果，为书稿增色不少，在此致以诚挚的谢意。

张廷茂

2015 年中秋节于广州暨南大学羊城苑

图书在版编目（CIP）数据

晚清澳门海上贸易研究/张廷茂著. —北京：社会科学文献出版社，
2015.11
（澳门文化丛书）
ISBN 978 – 7 – 5097 – 7542 – 4

Ⅰ.①晚…　Ⅱ.①张…　Ⅲ.①地方贸易 – 对外贸易 – 贸易史 – 研究 –
澳门 – 清后期　Ⅳ.①F752.865.9

中国版本图书馆 CIP 数据核字（2015）第 107638 号

· 澳门文化丛书 ·
晚清澳门海上贸易研究

著　　者／张廷茂

出 版 人／谢寿光
项目统筹／沈　艺　高明秀
责任编辑／许玉燕　李　婧

出　　版／社会科学文献出版社·全球与地区问题出版中心（010）59367004
　　　　　地址：北京市北三环中路甲 29 号院华龙大厦　邮编：100029
　　　　　网址：www.ssap.com.cn
发　　行／市场营销中心（010）59367081　59367090
　　　　　读者服务中心（010）59367028
印　　装／北京季蜂印刷有限公司

规　　格／开　本：787mm × 1092mm　1/16
　　　　　印　张：18.5　字　数：265 千字
版　　次／2015 年 11 月第 1 版　2015 年 11 月第 1 次印刷
书　　号／ISBN 978 – 7 – 5097 – 7542 – 4
定　　价／79.00 元